本书出版得到天津外国语大学"十三五"综合投资规划"天外法政学术精品培育计划"项目的资助。

青年学者文库

政策协同过程研究

以当代中国食品安全政策为例

蔚超 著

天津出版传媒集团

天津人民出版社

图书在版编目（ＣＩＰ）数据

政策协同过程研究：以当代中国食品安全政策为例 /
蔚超著. -- 天津：天津人民出版社, 2019.5
（青年学者文库）
ISBN 978-7-201-14738-3

Ⅰ.①政… Ⅱ.①蔚… Ⅲ.①食品安全法—研究—中
国 Ⅳ.①D922.164

中国版本图书馆 CIP 数据核字(2019)第 093754 号

政策协同过程研究：以当代中国食品安全政策为例

ZHENGCE XIETONG GUOCHENG YANJIU

出　　版	天津人民出版社
出 版 人	刘　庆
地　　址	天津市和平区西康路35号康岳大厦
邮政编码	300051
邮购电话	（022）23332469
网　　址	http://www.tjrmcbs.com
电子信箱	tjrmcbs@126.com
责任编辑	王佳欢
装帧设计	明轩文化·王烨
印　　刷	高教社（天津）印务有限公司
经　　销	新华书店
开　　本	787毫米×1092毫米　1/16
印　　张	18
插　　页	2
字　　数	230千字
版次印次	2019年5月第1版　2019年5月第1次印刷
定　　价	89.00元

前 言

    本书以食品安全多元治理为主线,以政策协同过程为核心,意在通过对我国食品安全监管历程的研究,利用食品安全政策演变过程中跨层级、跨部门的结构分析,来揭示食品安全政策协同的基本问题。一方面,寻找食品安全问题频发的政策原因,探索食品安全治理的有效途径和方法,以力图提升食品安全治理的水平和能力;另一方面,通过对食品安全这一典型跨域问题治理来思考政策协同失灵的主要原因,探索跨部门的政策协同过程中的一般规律,探求政策协同问题的破解之道。

    食品安全监管具有典型的跨域性、复杂性的特征,我国一直谋求通过优化监管权的有效配置来有效推动多部门合作以解决食品安全监管问题。一个职责清晰、权责明确、运作高效的食品安全监管体系虽然不是保证食品安全的充分条件,却是推动食品安全监管的必要条件。元政策层的努力核心问题是权力的整合与调配,即横向部门之间的权力分工与制衡和纵向部门之间的制度化分权来推动政策有效协同。我国政策协同是一种政府主导型政策协同,这种协同过程刚性有余、弹性不足,看似高效,但是容易产生伪协同的问题,伪协同问题的产生来源于中国政体内部的一个基本矛盾,即政府主导体制与有效治理之间的矛盾。由于伪协同现象的存在,元政策层的种种努力在部门执行过程中不断被消解,导致协同失灵,表现为冲击正常运作规则、协同效率低下以及资源分配的失衡。

伪协同现象的产生背后有深刻的制度、体制和环境因素。在制度层面,法律、标准、监管权的碎片化都是政策协同的阻滞因素。体制因素可归结为科层制和政府主导制的双重影响。在制度、体制因素的影响下,加上外部环境的制约,下层政府往往缺少推动政策协同的动力,整个食品安全监管形势也就愈发严峻。事实上,食品安全问题是世界各国面临的普遍问题,但成熟市场经济国家由于市场的发达、法制的完善、监督机制的健全,不同部门间往往可以借助于相关机制实现有效协同。但在政府主导制体制的影响下,政策协同过程存在着不同程度的失衡,表现为诸如中央与地方的失衡、政府与社会的失衡,政策协同缺乏一种内生的具有可持续性的平衡机制。加之制度的复杂性、评价主体不健全、监督不完善等原因,基层政府、外部主体均无法成为具有决定作用的推动力量,既有体制下元政策层则成为推动政策协同的最终推动力。

伪协同的出现影响了政策协同的效果,元政策层试图减少伪协同现象,但是具体采取什么样的政策将取决于元政策层的意愿与能力、再协同的成本与收益,是否拥有合适的政策窗口等。元政策层无法从根本上消除伪协同这一问题,但可以采取一系列程序性协同、结构性协同、功能性协同和机制性协同模式来缓解这一矛盾和冲突。程序性协同模式包括规范监管部门之间的权责配置、整合食品安全法律体系、完善食品安全监管标准等方式;结构性协同包括完善食品安全监管体系、整合监管部门、建立更加强势的部门间协调机构等方式;功能性协同模式主要包括问责、绩效评估、运动式治理等方式;机制性协同主要包括建立信息公开和整合机制、完善利益补偿和协调机制、完善政策协同激励机制、完善责任划分机制等方式。

　　政策协同面临着一种悖论，即政策协同依赖于跨部门的合作，而跨部门又成为政策协同的阻力。因此，政策协同会是国家治理过程中的一项长期任务，作为政策协同的副产品，伪协同也将会是一种长期现象，至少在转型时期会是一种历史常态。但随着制度的完善、体制的优化和环境的改善，元政策层的政策协同行为将会改变下层政府的多重目标比，推动下层政府的行为朝着中央政府期望的方向行动。尽管无法从根本上消除政策伪协同问题，但伪协同的空间将会逐步缩小，伪协同的行为将会逐步规范。中国并没有陷入循环协同的怪圈中去，更有可能是在"协同—伪协同—再协同"的推进模式中实现协同效果的优化，进而实现国家治理的转型和发展。

目录
CONTENTS

第一章
导　论

第一节　问题提出与研究意义

一、研究问题

现代管理理论是建立在组织专业化分工的基础之上的，组织通过专业化分工来将整体分为若干职能独立的部门，通过赋予权力、规定责任、明确边界的形式来确认权力的归属和责任的边界，各个组织之间通过相对独立的专业化运作来实现组织的总体目标。在科层体制内，组织的分工可以依据横向和纵向的模式进行区分，按照横向的模式，组织被划分成不同部门和不同区域；按照纵向的模式，组织形成不同层级。正是这种"纵横交错"构成了现代组织的基本雏形，通过横向和纵向的分工构成政府组织的巨大网络，国家也就是在这种相对清晰的边界中寻求治理的平衡。

随着技术的快速进步、社会的迅速发展和社会治理的整体转型，传统意义上"跨部门"的问题数量开始增多，治理难度不断增加，组织内部与组织之间的协同需求也就不断增加。亟须政府解决的政策问题日益复杂化和动态化，新生的问题突破了传统组织的边界，不断挑战政府的能力，传统的制度设计不断被新生的问题所质疑。跨部门问题涉及的领域众多，在面对诸如食品安全、环境污染、房价上涨、防治青少年犯罪、社会保障等问题上，公共组织的外部边界开始变得愈发模糊不清，仅靠单一部门的努力无法有效解决全部问题。跨界问题所涉及的层次也比较复杂，从微观的行动者到中观的组织、宏观的国家，乃至最宏观的全球问题，都是跨界问题的涉及领域。而对于这些跨界的问题，传统政府管理呈现出"碎片化"的管理特征，部门之间的职责权限往往不清楚、政府部门疲于应付，往往需要多个层级、多个部门之间通过各种合作来有效解决，不得不使用更高的成本。公共事务的解决需要几个部门共同完成，政策协同的主体、目标、范围和方式开始有了新的差异，这不但使得协同这一古老问题被赋予了新的内涵，同时也逐步形成了新的话语体系。因此，研究不同层级政府之间和同一层级政府不同部门之间如何围绕某一问题的解决展开相应的行动就显得十分重要，而本书的研究主题则在于研究跨部门政策协同问题。

当跨界问题积累到一定程度，政府逐步意识到合作问题的重要性时，采用必要的政策则是必然的选择。按照组织边界是否调整作为标准，政府基本上按照两种思路来解决相应的问题。首先，重新设计组织的边界是一种成本较低且收益持久的选择，通过拓展组织管辖的边界来使外部问题内部化的途径可以在一定程度上解决问题归属的模糊不清问题，明确责任归属。但是这种手段本身也是有局限性的，组织的调整是受到时间和范围限制，而且组织的扩张是有边界的，突破这个边界，组织之间的争功诿过、推诿扯皮问题也就变得频繁。那么当组织边界调整到一定规模时，如何通过建立有效的机制来破解政府管理"碎片化"的难题,实现政府管理的整体性、协同性、有效性也就变得十分必要和迫切。

在政策协同研究方面,西方学者作了许多基础性理论研究,取得了丰硕的成果,为我国政策协同方面的研究提供了知识基础和思路借鉴。但应该意识到,西方理论的中国适用性方面是需要慎重甄别的,西方学者相关研究的基点在于研究联邦制模式下的协同问题,部门与部门之间的关系大多稳定而且持久,但是中国协同的模式与西方有着根本上的不同。多洛威兹(Dolowitz,1998)等人认为,从长期的运作过程来看,每个国家的行政文化都是唯一且特色鲜明的,它们总是以不同的方式排斥所谓"最佳模型"的应用。①在政策协同方面,有关中国相关实践的研究无法简单套用西方模式。在中国这种典型的单一制国家中,中央政府在重要人事任免、重大决策方面拥有完全的决定权,在全国实行统一标准。这也就决定了跨部门问题的解决往往需要在上级允许的范围和空间内活动。新中国成立之后,特别是改革开放后,中国又经历着剧烈的社会转型,政府部门之间的关系又发生了和正在发生着巨大转变。在转型的背景之下以单一制为核心治理模式的中国,具有不同隶属关系的部门之间的政策既可能相互协调和促进,也可能互相牵制和约束,本书的研究也就此展开。

本书首先研究在中国政府主导制转型的大背景下,跨部门之间的政策是如何安排的。不同模式的政策协同的结构与功能,在面对需要协同的政策时,国务院与中央部委、地方政府之间的政策是如何选择的,进而思考如何破除政策协同的体制缺陷,调动多层次政府的积极性,以建构跨部门的监管协调机制,最大限度减少监管不力的现象。政策协同的制度安排是本书研究

---

① See Dolowitz, D., Marsh, D., Policy Transfer: A Framework for Comparative Analysis, in Minogue, M., Polidano, C., Hulme, D., eds., *Beyond the New Public Management*, Cheltenham: Edward Elgar, 1998, pp.38-58.

的第一个核心主题。

当国家意识到调动部门间合作的重要性时，中央政府则通过赋予下级政府权力等形式来调动政策协同的积极性。但是政策协同在朝着中央政府期望发展的同时也催生了下层政府的伪协同，这种伪协同应该是中央政府在最初的政策协同设计过程中极力避免却又无法消除的。这根源于单一制模式下的政策协同蕴含着的三种矛盾：资源配置的部门化和资源需求的跨部门化之间的矛盾、整体治理秩序与微观主体动力间的矛盾、科层制约束与行动者策略之间的矛盾。伪协同及其相关问题则是本书研究的第二个核心主题。

国家部委与政策执行层之间的伪协同危害了国家的整体绩效与整体信任。当中央政府意识到常规途径无法解决伪协同时，打破伪协同的治理机制和途径也就因此产生。而政策协同则在"协同—伪协同—再协同"的循环中展开，在目前的模式之下，这种矛盾无法得到根本性解决，只能在动态过程中寻求某种暂时的平衡。政策再协同的方式、途径、效果则是本书研究的第三个核心主题。

理论的进展需要来源于经验事实的积累与支撑。应该说，跨界问题比较突出的政策领域主要有食品药品安全、环境污染、反恐与国家安全、边境治理等。由于食品安全政策本身在理论和现实中的巨大意义，本书将食品安全作为经验事实的来源，分析政府在食品安全政策协同中的困难与对策。通过对食品安全问题的分析，本书试图对政策协同模式的整体设计进行思考，考察不同政策之间、同一政策所涉及的不同部门之间的关系，认识和思考长期政策和短期政策、宏观政策和微观政策、整体政策和微观政策之间的关系，深入理解改革的方向、力度和节奏，用更好的方式去解释中国改革的问题，也为中国式的政策协同提供经验借鉴与理论思考。

二、研究意义

（一）现实意义

1. 推动政策协同研究的中国思考

协同问题并不是一个新的概念，协同问题被持续广泛关注是根源于对现实问题的思考，跨部门政策协同的质量一直影响着政策制定、政策执行、政策反馈的效果。以我国的新医改政策为例，最多时有 20 个中央部门参与到决策过程中来，①部门之间的协同难度之大可想而知。原任北京市市长的孟学农在说到非典初期北京政府的"瞒报"问题时曾提道："北京市在信息收集、监测报告、追踪调查方面存在疏漏，这里既有主观原因，也有客观原因……比如说，北京有众多医院，但并不都归北京市政府管辖，在当时体制下，北京市只能是如实汇报自己管辖范围内能掌握的数字。"②当北京市市长在信息搜集方面都无能为力的时候，部门合作的效果也就大打折扣。这种跨部门、跨层级的政策协同问题，已经不仅是单纯的管理技术与管理方法上的问题，更多还需要放到更加宏观和更加复杂的背景下观察和思考政策协同困难的根源。

有关政策协同问题已引起了人们的高度关注。党的十七大报告中提出："加快行政管理体制改革，建设服务型政府，加大机构整合力度，探索实行职能有机统一的大部门体制，健全部门间协调配合机制。"③党的十七大之后，

---

① 参见王绍光、樊鹏：《中国式共识型决策："开门"与"磨合"》，中国人民大学出版社，2013 年，第 238 页。
② 张蕾：《孟学农赋闲这一年》，《中国新闻周刊》，2010 年第 6 期。
③ 《胡锦涛在党的十七大上的报告》，新华网，http://news.xinhuanet.com/newscenter/2007-10/24/content_6938568.htm。

大部制改革进入了公众的视野,学者对大部制改革投入了极大的热情。大部制改革的目的是通过减少部门和机构的数量,降低机构之间协调的成本,避免由于政府职能交叉、业务重叠而引发的政出多门、多头监管现象。通过将那些职能相近、管理业务重叠的部门相对集中,减少由于部门之间的问题而导致的协调困难等问题。

大部制改革之初,政府与公众对改革的效果抱有高度期望,经历几年的运行之后,大部制改革从一定程度上确实降低了政府部门之间的协同成本,但是并不能够从根本上解决跨部门的协同问题,部门再大也会有一个边界,超出了这个边界,部门之间的交叉问题也就不可避免。[①]这也就激励政府与学者的研究从调整政府边界转向了如何在不调整组织边界的情况下实现不同层级与不同隶属关系的政府部门间的协同问题。

党的十八大以来,政策协同开始引发了更多的关注。党的十八大报告指出,要"发挥基层各类组织协同作用,实现政府管理和基层民主有机结合"[②],"协同"一词正式出现在党的正式报告之中。党的十八届三中全会更是将政策之间的协同问题提升到了一个新的高度,《中共中央关于全面深化改革若干重大问题的决定》中指出,改革需要"坚定信心,凝聚共识,统筹谋划,协同推进","必须更加注重改革的系统性、整体性、协同性"。[③]

2014年2月17日,习近平在省部级主要领导干部学习贯彻党的十八届三中全会精神全面深化改革专题研讨班中提出并论述了关于全面深化改革政策的五个关系,指出要弄清楚整体政策安排与某一具体政策的关系、系统

[①] 参见周志忍、蒋敏娟:《整体政府下的政策协同:理论与发达国家的当代实践》,《国家行政学院学报》,2010年第6期。

[②] 《胡锦涛在中国共产党第十八次全国代表大会上的报告》,人民网,http://cpc.people.com.cn/n/2012/1118/c64094-19612151-1.html。

[③] 《中共中央关于全面深化改革若干重大问题的决定》,新华网,http://news.xinhuanet.com/politics/2013-11/15/c_118164235.htm。

政策链条与某一政策环节的关系、政策顶层设计与政策分层对接的关系、政策统一性与政策差异性的关系、长期性政策与阶段性政策的关系。①实践的快速发展对政策协同产生了更多现实的需要。

尽管现实已经意识到了政策协同的问题，但是反观政策研究领域，政策协同问题仍然是一个比较小的领域，尚没有引起足够的重视。中国面临着全面建成小康社会的重大战略机遇期，但是在转型过程中，中国所遇到的政策协同的挑战比发达国家曾经遇到的还要复杂。一方面，我们必须增强道路自信、理论自信、制度自信和文化自信；另一方面，也要深入思考这种自信实现的机制与途径，从政策协同的视角思考和把握国家决策模式的内在逻辑，对于理解并解释当下的中国政府的决策模式具有重要的作用。

2. 食品安全政策为研究中国政策协同模式提供了样本

党中央和国务院对食品安全监管工作高度重视，仅以近五年的政府工作报告为例，食品安全问题每年都在政府工作报告中大量涉及。2010 年政府工作报告指出，要"加强食品药品质量监管，做好安全生产工作，遏制重特大事故发生"②。在 2011 年的政府工作报告中，食品安全总体形势被总结为"食品安全问题比较突出"，需要"完善食品安全监管体制机制，健全法制，严格标准，完善监测评估、检验检测体系，强化地方政府监管责任，加强监管执法，全面提高食品安全保障水平"。③但 2012 年政府在总结工作时仍认为："食品药品安全、收入分配等方面问题还很突出"，仍然需要"增强食品安全监管能力，提高食品安全水平"，需要"完善食品安全监管体制机制，集中打击、整治非法添加和违法生产加工行为"。④ 2013 年政府工作报告再次重申

---

① 参见《习近平首提"政策五关系"加快推动全面深化改革》，新华网，http://news.xinhuanet.com/2014–02/21/c_119448815.htm。

② 《2010 年政府工作报告》，中国政府网，http://www.gov.cn/2010lh/content_1555767.htm。

③ 《2011 年政府工作报告》，中国政府网，http://www.gov.cn/2011lh/content_1825233.htm。

④ 《2012 年政府工作报告》，中国政府网，http://www.gov.cn/test/2012–03/15/content_2067314.htm。

食品安全问题,"食品药品安全、安全生产、社会治安等关系群众切身利益的问题不少","食品药品安全是人们关注的突出问题,要改革和健全食品药品安全监管体制,加强综合协调联动,落实企业主体责任,严格从生产源头到消费的全程监管,加快形成符合国情、科学合理的食品药品安全体系,提升食品药品安全保障水平"。①李克强在 2014 年的政府工作报告中又指出:"建立从生产加工到流通消费的全程监管机制、社会共治制度和可追溯体系,健全从中央到地方直至基层的食品药品安全监管体制。严守法规和标准,用最严格的监管、最严厉的处罚、最严肃的问责,坚决治理餐桌上的污染,切实保障'舌尖上的安全'。"②仅从近五年食品安全问题在政府工作报告中出现的长度、频率及表述内容来看,并未看出食品安全问题的重要性在政府工作中有弱化的趋势。这也从一个侧面反映出这几年的改革并没有从根本上解决食品安全治理问题,食品安全问题依然是政府工作中的一个难点与重点,食品安全治理形势依然非常严峻,我国食品安全治理的道路依然相当漫长。

由于食品问题关系人民群众的身体健康和生命安全,公众对此反映强烈,满意程度较低,影响到政府公信力的提升,容易引发群体性事件,进而关系治理能力的提升和国家的长治久安。当然,食品安全问题涉及环节众多,影响因素复杂,政府监管不力只是导致这一问题的重要而非唯一原因,改善监管并不能够从根本上一劳永逸地解决食品安全问题,将食品安全的责任全部推给政府是不科学和不负责的。从这个角度说,本书的主要目的也是为了通过对食品安全这一典型案例的演变过程的阐释来分析中国政策协同过程的基本特征和基本模式,而非完全解决食品安全问题。

反观我国的食品安全监管体制,在相当长的时间内我国食品安全监管

---

① 《2013 年政府工作报告》,中国政府网,http://www.gov.cn/test/2013-03/19/content_2357136.htm。

② 《2014 年政府工作报告》,人民网,http://cpc.people.com.cn/n/2014/0305/c64094-24536194-6.html。

采取多部门监管方式,最多时由工商、卫生、海关、公安、质量监督、环保、食品药品监督管理部门等多个部门负责食品生产链条的不同环节,共同监管食品安全。在政策方案的选择、政策制定、政策执行等多个环节中,多个部门是如何分工与合作的? 这种分工与合作的效果如何? 国家又是通过何种途径来解决相关问题的? 可以说,食品安全领域的政策协同为观察转型期的协同发展问题提供了一个良好的样本。透过这个样本,可以更好地认识政府在政策协同中的困难与挑战,理解政府处理政策协同问题的思路与对策,对中国式的政策协同提供了典型案例,也对理解其他跨部门问题提供了借鉴与思考。

(二)理论意义

1. 思考政策协同的基本方式

中国决策模式研究不但引发了国人的关注,伴随着中国的崛起和影响力的提升,对中国国家决策过程的研究引来了多国学者的关注和兴趣。对中国决策过程的研究从开始的边缘学科到成为西方的主流话题,西方学者的研究开始渐入佳境。李侃如也曾指出:"许多西方社会科学的概念模式并不适用于中国的经验,所以了解中国就更具有挑战性……"[1]梳理针对中国发展模式的探讨,学者们的态度呈现出对立的两端:要么认为中国现有的模式无法应对各种困扰和挑战而最终崩溃,或者认为中国政府将无法应对所遇到的种种困难,但是又无法实现必要的政治改革,进而陷入了悲观主义的陷阱;乐观的学者则认为,中国政治体系和社会结构内部是可以包容民主力量的产生和发展的,这种模式本身并不是封闭和停滞的,而是开放和不断发展

---

[1] [美]李侃如:《治理中国:从革命到改革》,胡国成、赵梅译,中国社会科学出版社,2010年,第6页。

的,这种模式在寻求一种弹性的权威主义发展模式,中国共产党的领导地位将在这种模式中实现稳定。两种讨论旷日持久,一直没有停止过,但整理相关讨论可以发现,很多学者仍旧停留在意识形态层面的低层次争吵,大多根据主观形成的结论进而寻找有利于自己的经验事实。事实上,这种层次的争吵并无特别大的意义。中国决策模式本身是一个复杂存在,用一个标签去概括这一复杂存在本身就有以偏概全之感,学者的关注点应该从意识形态的束缚之中超脱出来,探求政策发展中的实际问题。通过对实际问题的不断分析和思考,探求如何在保证既有的政治发展模式稳定的基础之上,不断提升政府公共政策的能力、不断提升制度的合法性和包容性来应对各种挑战,最终实现公共政策的民主化和科学化,进而推动中国发展模式本身的民主参与和科学理性。

2. 推动跨部门行为研究

作为一个重要的研究主题,学界对部门内部的横向和纵向协调行为进行分析,进而解释政策在不同部门之间的作用机制的研究成果很多,但是梳理相关研究可以发现,知识积累和创新的缺乏是政策研究过程中的一个主要问题。对公共政策的研究尽管在数量上有所提升,但研究方法不规范、研究成果缺乏积累性、理论和实践脱节等问题仍然大量存在,可以认为研究在很大程度上仍然处于探索和起步阶段,大量低水平的重复研究严重制约了知识的进步和学科的发展。而政策协同分析为探索如何通过建构有效的制度来实现改革的协同推进提供了一个独特的视角。

第二节　文献综述

一、关于政策协同文献综述

(一)关于政策过程的文献综述

1956 年,哈罗德·拉斯韦尔(Harold Dwight Lasswell)出版《决策过程》一书,该书确立了公共政策阶段论的分析方法。他将公共政策过程划分为七个阶段:信息(情报)、建议、制定、执行、运用、评价、终止。在拉斯韦尔看来,阶段论的分析方法不仅描述了公共政策事实上是如何制定的,而且描述了公共政策的制定方法。

拉斯韦尔拉开了政策研究阶段论的序幕,诸多学者在拉斯韦尔的基础上修修补补,出现诸如三分法、四分法、五分法、六分法、七分法、八分法、九分法等代表性的观点。尽管这些观点对政策阶段的数量有比较多的分歧,但在阶段论的作用上达成了诸多共识。这一分析路径在 20 世纪的六十至八十年代逐步成长为公共政策学者分析研究政策过程的主流范式。到了 20 世纪 80 年代之后,中村(Nakamura)和萨巴蒂尔(Sabatier)等学者开始对阶段论的分析范式进行进一步的讨论和反思,主要的观点包括:

第一,阶段启发法并不是真正意义上的因果关系理论,因为它从来没有确定一套控制各个阶段内部和各个阶段之间的进程的系列因果因素。

第二,阶段启发法所推崇的阶段顺序,常常在描述上不准确。

第三,阶段启发法存在一个合法和自上而下的偏见,它关注的焦点通常是某项重要法律的通过和实施，而不是在既定的政策领域对于众多细小的法规(它们都不显著)的实施和评估之间的相互作用。

第四，阶段启发法往往假设仅关注某项重大法律的单一的政策循环圈，该假设过于简化了涉及各层级政府众多政策建议和法令条例的多元与互动的循环圈。①

应该说，萨巴蒂尔(Sabatier)等学者的批评是有很强针对性的。公共政策过程是一个完整的整体，政策制定、政策执行、政策反馈、政策终结等过程必须作为一个整体去加以分析讨论，一个没有考虑到执行过程的政策不是一个完整的政策，而没有将政策执行过程考虑在内的政策制定也是不完整的。在公共政策阶段理论的高潮之后，政策过程理论开始成为政策研究领域的主流，比较有代表性的理论主要有：多源流理论、间断-平衡框架与倡议联盟等理论。

金登提出了多源流理论(Multiple-Streams Framework)。金登认为，在政策过程中可以区分出三种变量(流)，即问题流、政策流和政治流。问题流指的是哪些问题被看作需要政府介入加以解决的公共问题；政策流指的是围绕这些政策问题的观念，这些观念由与该问题相关的政策网络中的专家提出；政治流由国民情绪、利益集团、政府的变更、国会议席的重大变化、行政机构的重大人事调整等因素构成。只有当它们在某个时间恰恰结合在一起时，即出现了所谓的"政策窗口"时，政策问题才进入了政策议程。②

鲍姆加特勒、琼斯和特鲁提出了间断-平衡框架(Punctuated Equilibrium Theory)。该模型建立在有限理性决策和制度结构基础上，认为政府政策制定

---

① 参见[美]保罗·萨巴蒂尔：《政策过程理论》，彭宗超等译，生活·读书·新知三联书店，2004年，第9页。

② 参见[美]约翰·金登：《议程、备选方案与公共政策》，丁煌等译，中国人民大学出版社，2004年，第52页。

具有稳定性和间断性的特点。该模型有效解释了长期政策稳定过程中伴有偶尔急剧变迁的现象，为长期政策变迁提供了新的解释框架。间断-平衡模型将政策过程放在政治制度结构和有限理性的政策制定的双重基础上，其强调政策过程中的问题界定和议程设置两个关联因素。对问题的界定直接影响该问题能不能进入政策议程，对政策结果产生影响。问题界定和议程设置要么加强现有政策，使政策保持平衡；要么质疑现有政策，引起政策的剧变。政策图景关系对政策问题的界定，它是政策发生变迁的关键因素。间断-平衡模型用有限理性决策和制度结构两个变量来解释政策的变迁。决策者的决策随着注意力的转移、政策场景的改变而发生变化，这可以被看作有限理性决策方式。政策场域的作用，以及正、负反馈过程则反映了制度结构因素对政策变迁的影响。双解释变量相比于渐进主义模型的单一有限理性决策变量能更好地解释政策的变迁。①

史密斯与萨巴蒂尔提出了"倡议联盟解释框架"（Advocacy Coalition Framework）。政策过程的倡议联盟框架，把政策知识应用的主要研究成果——特别是政策分析的启发性作用，以及政策分析在政策倡议中的应用——综合到公共政策制定这一更加宏大的理论中。根据倡议联盟框架，政策随着时间的推移而发生变化，是三种过程共同作用的结果。第一种过程是在政策子系统中，各个相互竞争的倡议联盟之间的互动。一个政策倡议联盟由来自各个政府层级的公共机构和私营机构的人员组成，他们拥有共同的基本信念（包括政策目标及其因果关系，以及其他相关理念），试图通过干预规则、预算、政府机构的人事安排，最终达成政策目标。第二种过程是指社会经济环境下影响政策子系统的外部变化、在整个政策系统占据主导地位的倡议联盟，以及其他政策子系统的产出给竞争联盟带来的机会和障碍。第三

---

① 参见［美］保罗·萨巴蒂尔：《政策过程理论》，彭宗超等译，生活·读书·新知三联书店，2004年，第133页。

个过程指的是稳定的系统要素——比如社会结构和宪法原则——对各个政策子系统产生的约束以及对其资源状况产生的影响。①

弗朗西斯·贝瑞和威廉·贝瑞提出的政策扩散框架（Policy diffusion framework）也是以系统论的方法来阐释政策过程的努力之一。政策扩散框架对象是政策系统间的政策学习和创新问题。弗朗西斯·贝瑞和威廉·贝瑞认为，政策创新不仅由政治体制特点决定，也受到多种政策扩散过程的影响。他们主要研究联邦制背景下美国的州政府之间的政策扩散问题。由于政策制定者总是在寻求政策创新的捷径，政策学习是不同于渐进政策的另一条途径。州政府之间既要受到相同的联邦政府法规和政策制约，还存在资源和市场方面的竞争，公众对政府政策形成舆论压力。因此，政策制定者在一定的激励下对其他州政府进行模仿。在不同的理论假设下，研究者发展出不同的理论模型。例如，假设一个州采纳新政策的概率是其他已经采纳该政策的州的数目的函数，于是发展出国内互动模型；②假设一个州采纳新政策的概率是它与其他已经采纳该政策的州的距离的函数，并逐步发展出区域扩展等模型。

柯文、马奇和奥尔森提出了政策过程的"垃圾桶模型"（Garbage Can Model）。他们认为，政府机构处于充满模糊性的"有组织的无政府状态"中，政策的目标偏好是不清晰的，实现政策目标的技术是不确定的，而且政府中的人员又总是流动着的，因此政策的决策过程就像是充斥着各种问题方案、人员的"垃圾桶"，决策者根据当时的情况随机地作出决策。③

---

① 参见［美］保罗·萨巴蒂尔、汉克·史密斯：《政策变迁与学习：一种倡议联盟途径》，邓征译，北京大学出版社，2011年，第4页。

② 参见［美］弗朗西斯·贝瑞、威廉·贝瑞：《政策研究中的创新和传播模型》，载［美］萨巴蒂尔：《政策过程理论》，彭宗超等译，生活·读书·新知三联书店，2004年，第225~267页。

③ See Cohen, Michael D., James March and Johan Olsen, A Garbage Can Model Of Organizational Choice, *Administrative Science Quarterly*, 1972(3):1-25.

第一章
导 论

1962 年,美国著名科学哲学家库恩在其《科学革命的结构》一书中指出,对某一科学领域中一系列合理的和或多或少具有一致性的问题或方法的指导,这种实践可以被称为常规科学,而其共同遵循的理论基础和实践规范可以被理解为范式。范式指示出某些实际科学实践的公认范例——"它们包括定律、理论、运用和仪器在一起——为特定的连贯的科学研究提供模型"。[①]当传统的研究问题和方法被新的范式所取代,范式出现转换,科学的进步才可能发生。而政策执行意义上的范式转换则意味着现有政策研究范式合理性和一致性的削弱,进而通过结构与功能上的调适来探究适应于新的问题的解决方案。政策执行范式的转变一部分来源于学者思考的深入与认知的提升,另一部分来源于环境的不断转化所引发的实践者的行为调适。一定时期内政策理论与实践中居于主导地位的政策问题及问题解决途径的范式是相对固定的,而随着实践的推移,理论与实践之间的链接不断转化,政策研究的核心结构将会被替代。当然,政策核心结构的调整并不等同于社会结构的调整与变迁,在政策执行的研究范式中,核心的标准则是政策执行核心价值取向、政策执行的目标与手段以及主体之间关系的调整。在政策执行不断调整的过程中,政策执行范式也就拥有了突破的可能。总之,政策过程强调政策过程是一个由不同层次的政府机构、立法机构,以及利益集团和社会公众等共同作用的非线性政策过程。政策过程研究范式突破了传统的阶段启发法的分析模式,政策过程阶段理论成为政策过程理论的平台,为其后政策过程理论的发展奠定了基础,为进一步的理论建构提供了可能。

(二)关于部门间关系的文献综述

学者多用"政府间关系"或"府际关系"来描述和界定政府间关系的概

---

① ［美］托马斯·库恩:《科学革命的结构》,金吾伦、胡新和译,北京大学出版社,2003 年,第 9 页。

<<<< 15

念。林尚立教授认为:"政府间关系的核心是不同层级政府之间的关系以及横向的各地区政府间关系。政府间关系主要由三种关系构成,即权力关系、财政关系与公共行政关系。"①谢庆奎教授也认为:"府际关系是指政府之间在垂直和水平上的纵横交错的关系,以及不同地区政府之间的关系,包括利益关系、权力关系、财政关系与公共行政关系,其中,利益关系决定着其他三种关系。"②美国学者多麦尔在《政府间关系》中认为:"如果说政府间关系的纵向体系接近于一种命令服从的等级结构,那么横向政府间关系则可以被设想为一种受竞争和协商的动力支配的对等权力的分割体系。"③

政府间关系是一种结构复杂、影响因素众多、涉及面广的复杂关系。政府间关系的复杂性基于社会公共事务的错综复杂性:从结构上看,涉及横向和纵向的多重组织和部门;从内容上看,涉及权力、资源、法律、职能、税收等多种关系。美国学者莱特在考察美国联邦制中各级和各类政府机构之间的关系时,概括了政府间关系的五大特征:"政府间关系是多方位的关系;政府间关系实际上是政府中官员之间的关系;政府间关系是一种持续的、灵活的动态关系;在政府间关系中,公务员起的作用越来越重要;与法律和司法的制约力量相比,政策在影响和决定政府间关系中所起到的作用越来越重要。"④

综合以上的观点,学者的分析可以分为如下三个类型:

其一,从部门预算的角度研究部门间关系。帕特里克·敦利威在官僚重塑模型中阐发了部门间关系的观点。他将政府预算和官僚机构类型进行了理性的边界划分和对应性组合。针对预算的使用方向,官僚组织预算应当由核心预算、机构预算、项目预算、超项目预算构成。继而对于不同的机构而言,核

---

① 林尚立:《国内政府间关系》,浙江人民出版社,1998年,第22页。

② 谢庆奎:《中国政府的府际关系研究》,《北京大学学报》(哲学社会科学版),2001年第1期。

③ 转引自[美]理查德·宾厄姆:《美国地方政府的管理:实践中的公共行政》,九州译,北京大学出版社,1997年,第162页。

④ 转引自[美]斯蒂尔曼:《公共行政学》,李方等译,中国社会科学出版社,1989年,第252~254页。

心预算、机构预算、项目预算水平的相对水平在机构之间有系统地摇摆。①

　　其二，从信息共享的角度研究部门间关系。近年来，随着电子政务向纵深发展，如何打破行政信息壁垒，实现不同业务之间、不同政府机构之间的信息互联互通和协同应用成了部门间关系的研究热点。莎伦·道斯（Sharon Dawes）利用文献整理、访谈和问卷的方法对政府部门信息共享的收益和风险进行了卓有成效的研究。在他看来，政府部门信息共享既存在收益也存在风险，排除既有的技术困难并不难，组织性障碍和政治性障碍同样是部门间信息共享的阻碍因素。②

　　其三，从法律角度研究部门间关系。从法律化角度研究部门间关系，主要是探讨如何从立法设计与法制约束的角度来规范部门间的关系，是部门间关系由以往的随意性、非规范性、不稳定性转向制度化、规范化以及稳定化，从而减少或避免部门间由于行政职权不清、职能交叉而争权夺利或推诿扯皮的现象。

　　薛刚凌对府际关系法律调整的必要性进行研究，并强调："要保证府际关系的理性发展，必须将府际关系纳入到法律框架之中，通过立法程序科学地在各级政府之间配置权力，避免其随意性和不稳定性。研究者重点阐述了府际关系中需要借助于法律手段予以处理的相关领域：包括中央与地方的基本关系、地方政府的层级、府际财权的分配、政府间的合作、对各级政府的监督和控制等。最后，研究者还提出制定一部'府际关系基本方法'的基本设想，用于解决府际关系的基本问题。"③

　　部门间关系的视角对观察跨部门政策问题具有一定的优势，但也有一

---

　　①　参见［英］帕特里克·敦利威：《民主、官僚制与公共选择——政治科学中的经济学阐释》，张庆东译，中国青年出版社，2004年，第194~231页。

　　②　See Sharon Dawes, Interagency Information Sharing: Expected Benefits Manageable Risks, *Journal of Policy Analysis and Management*, 1996(3): 377-394.

　　③　薛刚凌：《论府际关系的法律调整》，《中国法学》，2005年第5期。

定的不足。对于跨部门问题的解决,大部分研究都归结于部门间关系问题。这种研究大多没有注意到部门本身的不确定性。部门并不是一个稳定的常量,当部门成为改革的阻力时,部门也会成为调整的对象。同时,部门间关系大多侧重于同级政府部门之间的关系,但同一系统内部的上下级部门之间的关系也是一个复杂的存在,单纯从部门间关系去研究政策协同问题则忽略了协同的纵向复杂关系。最后,部门间关系的研究单位是部门,这种研究忽视了行动者在政策执行中的作用。很多设计貌似完美的政策往往忽略了微观行动者在执行政策过程中的复杂机理和行动逻辑,进而导致政策的失败。因此,部门间关系大多将跨部门政策协同问题简单化或者泛化了,因而解释的能力比较有限。而政策协同则可以比较好地避免这一概念的不足,因此本书使用"政策协同"这一概念来分析跨部门的协同问题。

(三)关于中国决策模式的文献综述

1. 西方学者的相关研究

中国政治体制和政策过程蕴含着丰富的创新土壤,国外的政策分析框架建立在西方政治系统之上,其政治体制、政治文化与中国有巨大差异,并不一定适用于中国国内的需要。但中国决策模式是一个复杂的存在,中国决策模式在过去、现在和未来的相当一段时期都会成为学者关注的焦点。西方学者对中国决策模式的分析为国内学者提供了诸多思考与借鉴。

其一,分离集权模式。分离集权的组织间的竞争推动中国国家治理的转型研究,这一模式以李侃如(Kenneth Lieberthal)、谢淑丽(Sunsan shirk)等一批学者为代表。李侃如(Kenneth Lieberthal)和奥克森伯格(Michael Oksenberg)两位学者于20世纪80年代在对中国水利政策分析的基础上,提出了"碎片化威权主义"(Fragmented Authoritarianism)的框架来解释中国政策制定过程。这一模式通过对中国政策过程的分析认为,虽然我国决策的民主化程度在提升,但是重要事项的最终决策权仍掌控在少数领导手中。在决策过程中,包括社会组织、公民、企业等外部力量仍然没有进入政策制定的核心过程,整体决策过程仍然呈现政府主导的特质。但是由于政策决策系统之中上级对下级控制力量的削弱,决策权在纵向和横向分离的决策部门中被层层分割,政府系统内部的决策权力呈现出日益分化的"碎片化"特质。"中国的决策体制缺少一个能够将分散决策聚集起来的机制和能力,而实现决策则依赖于建立在不同政治资源基础上的讨价还价和相互妥协。"①

其二,精英治国模式。以沈大伟(Parivd Shambaugh)等人为代表的学者主要关注精英政治在政策决策中的影响。研究者将注意力集中于毛泽东、邓小平等精英人物,代表的著作有巴赫曼(Doak A. Barnett)的《干部、官僚制与共产主义中国的政治权力》②,傅高义(Ezra F. Vogel)的《邓小平时代》③等。沈大伟认为,自 20 世纪 90 年代之后,精英参与政治决策的结构、功能和规范性方面均日趋规范性、合理性和可预测性。他分析,这种变化并不是来自于中央政府本身的规划与设计,更多是国家重新认识精英在治理中的作用,并通过增加精英来源和精英运作的合法性来提升政治决策的合法性。④

精英治国模式认为,中国政府决策权集中在国家的最高政策层,重要事项的最终决策权由少数党政领导干部控制,少数领导人的政治权威在政治决策中占据主要地位。当然,精英治国模式并没有关注到中国共产党在战争时期就已经形成并发挥作用的民主集中制的优良传统,在新中国成立后的

---

① Lieberthal and Oksenberg, *Policy Making in China: Leaders, Structures and Process*, Princeton: Princeton University, 1988.

② See Barnett, A. Doak, Cards, *Bureaucracy and Political Power in Communist China*, New York: Columbia University Press, 1967.

③ 参见[美]傅高义:《邓小平时代》,冯克利译,生活·读书·新知三联书店,2013 年,第 8 页。

④ See David Shambaugh, The Dynamics of elite politics during the jiang era, *China Journal*, 2001(45): 101–111.

相当一段时间里,民主集中制仍然发挥着重要作用。尽管由于"文化大革命"的爆发,民主集中制的很多原则并没有有效发挥作用,但"文革"之后民主集中制逐步得到恢复和发展。精英治国模式也没有意识到精英内部的分歧和矛盾,以及由此所引发的政策执行变形等现象。最后,精英治国模式将研究重点放在政治体制的顶层,放大了决策过程中个人权威的重要性而忽略了部门政策层和政策执行层的自主性和能动性。

其三,派系治国模式。随着我国"文革"的爆发,西方学者开始关注政治领域的不同派系是如何相互影响的。在早期,极具影响力的文章为安德鲁·纳尔森的《中国共产党政治的派系模型》[1]和邹谠的《中国共产党政治中的非正式团体研究》[2]。纳尔森将派系界定为"通过面对面的个人关系纵向组织起来的庇护人–受惠人的网络"。在权力的多元化方面,中国决策体制内部同样存在着类似西方决策体制的多元化的利益主体,只是西方的决策过程的分歧大多通过利益集团及其代表、新闻媒体等公开方式来呈现;但中国的决策权力的分歧则集中在党和国家权力组织与部门的内部,决策过程的分歧并不公开。中国决策权形成了事实上的多元政治平台,政策形成其实是不同政治派系之间相互竞争的结果。

随着社会的发展,参与达成共识的派系范围不断扩大,而且派系之间的活动形式更加隐蔽化、利益化和跨界化。派系研究侧重于从功能性的角度研究中国政策过程,但这种研究囿于实证性资料的匮乏而使得很多研究停留于纸面,学者们很难证实某一派系存在的真实性,也难以验证某一派系与某一政策制定之间的必然联系。因此,用派系的观点来解释政策过程也有一定

---

① See Nathan, Andrew, A Factionalism Model for CCP Politicals, *The China Quarterly*, 1973(53):33–66.

② See Tsou, Tang, Prolegomenon to the Study of the Informal Groups in CCP Politic, *The China Quarterly*, 1976(65):98–114.

的局限性。

其四,科层制政治模式。派系模式有其固有缺陷,学者转而通过科层制的视角来观察权力集中程度对政策的影响。这一结构性视角立足于分析中国决策模式中的政府主导特征,在基本观点上坚持韧性、弹性、适应性与持久性的分析,思考中国决策模式本身的能动性和创造性。如沈大伟(David Shambaugh)认为:“中国共产党采取的一系列政治改革相当有效地应对了(党所面临的)许多挑战……从而维持了它的政治合法性和权力。”[①]领导人借助于意识形态的许诺和良好的政绩表现,通过允许社会的有限开放和社会组织的多元存在来获取政策目标的有效实现。这些解释总体上普遍摒弃崩溃论的“悲观态度”和民主转型论的“乐观态度”,转而从公共组织的治理机制建构上挖掘这一模式的适应性和有效性。

西方学者的研究模型大多突出了中国政策决策过程中的互动、渐进的特征,但是却没有有效地指出导致这种渐进的根本原因是什么,同时,这种渐进型的决策又为何会突然呈现出激进的变化。

2. 国内学者的相关研究

国内学者在政策过程研究方面也提出了一系列富有研究价值的理论模型。国内学者从不同的视角分析了中国特色政策过程和政策决策体系的独特性,如朱光磊、胡伟、盛华宇、徐湘林。这些学者在分析政策过程时,过多地关注中国政策决策体系中的“分”。近年来,王绍光、樊鹏、陈玲等学者针对这种研究倾向进行了反思,提出“合”,即以共识为特征的中国政策过程分析框架,将制度作为环境因素,研究动态、多层次、多角色的共识形成过程。比较典型的有宁骚的“上下来去”模型、以王绍光为代表的“共识型”决策模型、陈玲的“制度–精英”双层决策理论等。

---

① Shambaugh, David, *China's Communist Party: Atrophy and Adaptation*, Berkeley, CA: University of California Press, 2008.

宁骚教授提出了"上下来去"模型。他认为,鉴于以当代中国公共决策实践为原型的政策过程理论模型中政策制定在认识论上是一个从"形而下"到"形而上"的过程,政策执行过程在认识论上是一个从"形而上"到"形而下"的过程,与此同时整个政策过程在政策主体与政策客体的关系上则是"从群众中来,到群众中去"的过程,所以就从整体上把政策运作过程描述为"上下来去"的过程。①

王绍光与樊鹏提出了"中国式共识型决策"模式,认为中国政府决策模式由过去的"个人决策""集体决策"转向一种民主化、科学化水平更高的"共识型"决策模式。它有两个关键特征:参与结构方面的特征是"开门",沟通机制方面的特征是"磨合"。这一模式有两大支柱,即通过"开门"与"磨合"机制实现更大的包容性与参与性。②

陈玲通过对 1980—2000 年中国集成电路产业政策的制定过程进行了深入细致的案例研究,发现政策过程的体制障碍和共识决策导致产业政策的断续、模糊和执行困难,从而进一步导致整个产业发展的滞后。通过对中国政策过程的分析,陈玲认为"共识"是中国政策过程的核心概念和目标,并进一步提出了中国政策过程的"制度−精英"双层决策理论。③

(四)关于政策执行的文献综述

1. 西方学者的相关研究

作为一个学术命题,西方学者在政策执行方面的研究要早于中国。公共

---

① 参见宁骚:《公共政策学》,高等教育出版社,2011 年,第 260 页。

② 参见王绍光、樊鹏:《中国式共识型决策:"开门"与"磨合"》,中国人民大学出版社,2013 年,第 3 页。

③ 参见陈玲:《制度、精英与共识:寻求中国政策过程的解释框架》,清华大学出版社,2011 年,第 3 页;deLeon P and deLeon L,Whatever Happened to Policy Implementation? An Alternative Approach,*Journal of Public Administration Research and Theory*,2002(4),467–488.

行政学的开创者威尔逊曾经提出政治与行政的两分法，美国行政学家古德诺进一步深化了威尔逊的两分法，指出"政治与政策和国家意志的表达相关，行政则与这些政策的执行相关"①。这标志着政策执行已经被纳入学术视野。但相当长一段时间以来，政策执行一直被认为是政策过程中的一个组成部分而缺少足够的重视。1973 年，普雷斯曼（Pressman）和威尔达夫斯基（Wildavsky）出版的《执行》一书标志着政策执行开始成为一个独立的研究主题。②此后，研究公共政策执行的文献大量出现，政策执行研究也变成了政策研究中的一门显学。梳理国外研究可以发现，西方学者主要是从制度理论视角、组织理论视角和网络分析视角三个角度观察和分析政策执行力。

制度理论视角主要关注通过建立完善的制度来遏制行动者的机会主义行为，通过协调行动者的行为来推动政策执行力的实现。奥斯特罗姆（Ostrom）提出了制度分析与发展（Institutional Analysis and Development）的理论框架。③制度分析强调通过历时分析来观察执行过程中的操作层面、集体选择层面和宪政层面之间的关系，试图通过制度整合来实现政策执行力的提升。米特尼克（Mitnick）拜可夫（Backoff）④和福克纳（Falkner）⑤也从制度视角对此问题进行了系统阐释。

组织理论视角主要解释组织结构、组织运作过程以及组织文化与政策执行之间的关系。早期的公共政策研究忽视了组织在政策执行中的作用，将

---

① ［美］古德诺:《政治与行政》，王元、杨自朋译，华夏出版社，1987 年，第 12 页。

② See Pressman，Wildavsky，*Implementation:How Great Expectation in Washington are Dashed in Okaland*，Berkeley:University of California Press，1973.

③ See Ostrom，Institutional Rational Choice:An Assessment of the Institutional Analysis and Development Framework，in Sabatier，*Theories of the Policy Process*，Boulder:Westview 1999.

④ See Mitnick and Backoff，*The Incentive Relation in Implementation*，Public Policy and Implementation，London:JAI Press Inc，1984.

⑤ See Falkner，Worlds of Compliance:Why Leading Approaches to the Implementation of Eulegislation are Only "Sometimestrue Theories"，*EUI Working Paper*，Westport:Greenwood Press，2006.

其视作一个必然过程而无须审视。埃默尔(Elmore)[1]则明确指出了组织理论对政策执行研究的重要性。敦泽尔(Dunsire)[2]将官僚机构内部活动的特点视为政策执行的出发点,用执行主体—官僚机构—内部的信息传递过程来解释政策执行失败的缘由。

网络分析视角主要分析那些涉及两个或两个以上政府部门的政策执行,也包括政府与私营部门、非营利组织以及公民之间的执行情况。随着政府需要处理的问题日益复杂,单凭政府或者政府的单一部门已经无法有效实现政策的有效执行。网络分析视角则超越了传统组织理论单一视角的局限性,开始借助组织间关系理论来思考政策的有效执行。网络分析视角认为,组织间存在着不同程度的资源依赖关系,组织间的关系会随着资源依赖关系的差异性而体现出不同的特点,而组织间的不同关系将影响政策执行力。具有代表性的有门泽尔(Menzel)[3]的组织间模型,该模型将焦点集中在互动网络中组织的相对属性上,认为组织间的依赖包括资源依赖和结构依赖两个重要的方面。

乔伊对政策执行研究范式的划分已经过去了二十余年,这种划分已经不能够说明此后公共政策的发展脉络和最新进展。事实上,进入 20 世纪 90 年代后,公共政策研究者依然对政策执行保持高度的关注与持久的兴趣。西方学者对相关进展的讨论开始增加,学者的分析大体持两种态度。一些学者认为,政策执行研究已经开始变得不合时宜,相关的研究开始减少,包括一

① See Elmore, Organizational Models of Social Program Implementation, *Public Policy*, 1990.

② See Dunsire, Implementation Theory and Bureaucracy, in Yonis, *Implementation in Public Policy*, Brookfield: Gower, 1990.

③ See Menzel, An Interorganizational Approach to Policy Implementation, *Public Administration Quarterly*, 1987(11).

些认为政策执行非常重要的人也已经认为这一领域在本质上已经消失了，①甚至有部分学者开始放弃了政策执行研究，转而关注政策变迁、政策网络等更加新颖的领域。当然，更多学者认为，政策执行领域依然方兴未艾，代表人物如斯科菲尔德②和绍斯曼③。

进入 90 年代后，在继承前三代政策执行研究的基础之上，学者们继续深入研究。这些研究减少了对整体理论宏大叙事，更多是将其分析聚焦于某一领域的深度挖掘，通过长时间的积累来推动政策执行研究的知识创新和理论发展。学者们的研究比较集中于以下三个领域。

（1）政策执行中的学习能力研究

以赫克洛为代表的政策学家不同意公共政策变迁完全是一个政治冲突和方案冲突的过程，并在不同的立场上提出了政策学习理论。④赫克洛在政策变迁的框架下解析了政策执行过程中做正确的事和正确地做事之间的区别与联系，这样就为建立政策学习与政策执行之间的关联性提供了一个支点。进入 20 世纪 90 年代，政策学习再次唤醒了政策研究者的兴趣。作为政策执行领域最有代表性的研究者，保罗·萨巴蒂尔将政策学习的概念引入了他创立的倡议联盟理论框架之中。⑤萨巴蒂尔通过观察许多历时二十至二十五年的政策执行情况来验证其框架的合理性。他认为，倡议联盟框架可以将

① See deLeon P and deLeon L, Whatever Happened to Policy Implementation? An Alternative Approach, *Journal of Public Administration Research and Theory*, 2002(4):467–488.

② See Schofield J, Time for a Revival? Public Policy Implementation: A Review of The Literature and Agenda for Future Research, *International Journal of Management Review*, 2001(3):245–263.

③ See Sausman C, Symposium on Implementing Public Policy: Learning FromTheory and Practice: Introduction, *Public Administration*, 2004(2):235–248.

④ See Heclo H, *Modern Social Politics in Britain and Sweden: From Relief to Income Mainte-nance*, New Haven: Yale University Press, 1974, pp.304–305.

⑤ See Sabatier, P.A. and Jenkins–Smith, H.C., The Advocacy Coalition Framework: Assement, Re-visions, and Implications for Scholars and Practitioners, in Sabatier, P.A. and Jenkins–Smith, H.C., *Policy Change and Learning: An Advocacy Coalition Approach*, C Boulder, CO: Westview Press, 1993, p.16.

自上而下和自下而上两种执行理论有效地结合到一起。这种模型本身包含着三种假设:其一,政策学习是政策变迁的一个组成部分;其二,政策研究的焦点应该是政策亚系统,比如亚系统内部的行动者,特别需要从政府间关系的视角去观察政策亚系统;其三,公共政策的变动应该通过"信念体系"来考察,这与价值、优先权、因果假设相关。萨巴蒂尔的特别贡献在于观察到了技术信息的角色,以及重要的行动者在信息扩散中的功能和作用。诸多学者采用了倡议联盟理论体系作为分析框架,近期比较有代表性的是撒尔卡的分析。①他在萨巴蒂尔观点的基础上重新解释了主要文献,尝试通过对政策文本的内容分析来获取精英信念在子联盟中的作用。他在对欧洲风能政策的研究中发现,倡议联盟尤其是其中居于核心位置的成员在很大程度上是稳定的。但是相关联盟的利益可能影响其均匀性和稳定性,同质化联盟可以通过政治或自身利益受到损害联盟成员。联盟内部的信仰未必是非常稳定的,也可能有在其政策的核心和次要方面的信念和子联盟。一些联盟成员可以变化,甚至发生在联盟内的倒戈行为。

　　当然,倡议联盟框架本身也有一些缺陷,其中一个隐含的缺陷就在于缺乏对政策学习证据的搜集与验证,单纯的政策文本往往无法解释和说明政策学习过程(如不同城市所推行的类似政策)之间的因果关系。由于之前的政策执行理论研究往往侧重于整体政策计划的评价问题,政策学习框架在解释社会现实时往往陷入全盘成功或全盘失败的二元分类,宏观上很难从国家的角度进行有效总结和深入归纳,微观上也难以揭示现实世界中行动者的个体行动和背后隐含的行为逻辑。最后,倡议联盟框架并没有充分强调遵从自上而下的行政命令本身的作用和影响,这一框架更多地强调行动者是如何运用官方的指令作为启动政策执行的必要依据而忽略行动者本身的

---

① See Szarka Joseph, Bringing Interests Back In: Using Coalition Theories to Explain European Wind Power Policies, *Journal of European Public Policy*, 2010(6):36–53.

能动性。

（2）政策执行的过程研究

政策过程的阶段模型不能给研究者提供一种"把握整个系统如何在可以检验证实的理论中运作"的工具,[①]政策执行的阶段模型也因此受到很多质疑。但是阶段模型为政策执行中的认知活动提供了合法化的探索路径,进而为政策执行理论和实践提供了规范性的视角。因此,完全否定阶段模型的观点也是错误的。

如果对政策执行下一个可接受的定义,那么需要对政策执行进行一个动态的审视。事实上,政策执行过程内部包含着诸如政策沟通、谈判甚至是冲突和矛盾等多个要素,链条上的各个动态因素是互相制约的连续统一体。为了实现政策理论和政策现实的有效沟通,就需要进行动态的分析。豪尔和马茨曼迪安开辟了政策网络视角去探求决策本身及其后果的思路。二人的研究试图从方法论上进行突破,他们从单纯的量化研究方法中跳出来,主要通过深度访谈和对地方政治的深入观察来进行研究。与传统的公共管理定量的研究方法截然不同,这种模型将政策执行摆到了与政策制定同等重要的位置,通过质的研究方法来观察行动者在政策执行过程中的作用。[②]沿着这一研究思路,梅（P.May）将冲突作为影响政策执行的重要变量并建构了模糊冲突模型,这一模型区分了四种类型的政策执行方法:行政执行、试验执行、政治执行和象征执行。政策执行的效果取决于信息交流、权力的使用与讨价还价,最终通过强制或者讨论的形式来达成协议。[③]

---

① See P DeLeon,The Stages Approach to the Policy Process:What Has It Done? Where Is It Going? in P.A.Sabatier(ed.),*Theories of the Policy Process*,C.Boulder,Colo.:Westview Press,1999,pp.19–32.

② See Hall,J.S. and MacManus,S.A,Tracking Decisions and Consequences:the Field Network Evaluation Approach,in Williams W. (ed.),*Studying Implementation:Methodological and Administrative Issue*,Chatham,NH:Chatham House,1982,pp.100–118.

③ See May,P.,Policy Design and Implementation,in B. G. Peters and J. Pierre,*Handbook of Public Administration*,London:Sage,2003,pp.223–233.

（3）政策执行中的行动者研究

政策执行研究对政策理论的一个非常重要的贡献就是,研究官员在工作过程中是如何运用其自由裁量权的。学者们从 20 世纪 70 年代就开始了相关研究。利普斯基在其 1980 年出版的《街头官僚》一书中深入分析了基层官员所拥有的广泛自由裁量权,这一研究本身揭示了行动者的权力是如何将政策与公众有机地结合在一起。基层官员往往是他所在领域的专业人才,从事着诸如教师、医生等专业技术工作。利普斯基的研究引发了对行动者自由裁量权的广泛讨论,深刻影响了后来的研究。此后学者们试图整合一般组织中行动者的行为逻辑,有的学者从行动者的角度对政策执行进行重新分类研究,比较典型的是费尔曼的研究。①他认为,基层官员的自由裁量行为包括了对命令、控制和责任的思考,对于他们来说,潜在的困境则是如何在工作的自由裁量权、履行对公众的义务以及执行上级命令之间进行博弈进而选择行动。

作为一种典型的自下而上的研究路径,这些政策执行研究都非常重视行动者和行动者赖以存在的组织在政策执行中的功能与作用,既有的研究大多是基于学者的学科背景和研究特长,因而对政策行动者本身行为的解释受制于研究者本身的理解。但是相关研究却很少从行为科学或者社会心理学的角度研究行动者的行动目标及其排序对政策产出的影响,而这些内容本身恰恰需要成为研究设计的组成部分。学者们注意吸收来自于更多学科的支持,比较有代表性的是鲁丁从社会心理学的视角对政策行动者的观察,他从社会语言学的角度将政策行动者分为了政策设计者、政策执行者与政策评估者三类。三种类型的主体在投票、控制、国家治理过程中相互影响。这一模型的分析聚焦于行动者本身的作用,并且可以研究现实过程中权力

---

① See Fineman,Street-level Bureaucrats and the Social Construction of Environmental Control, *Organization Studies*,1998(6):953-974.

和责任博弈过程中的基本逻辑与演化路径。①

综上，西方的政策执行的思路成果为我国执行力的研究奠定了一定的理论基础，也提供了很多研究思路的借鉴和研究方法上的思考，对推动我国政策执行力研究起到了重要的推动作用。

2. 国内学者的相关研究

梳理国内研究可以发现，国内学者对相关问题的研究主要包括以下三个方面：

（1）政策执行力的内涵研究

中国学者主要是从政策执行过程和政策执行效果两种角度对政策执行力进行界定。前者认为，公共政策执行力是政策执行的拓展和延伸，以政策执行的效果和能力来评价政策执行力。如"公共政策执行力是公共政策执行主体为达到政策目标，通过对各种政策资源的调度、控制和使用，有效地执行公共政策的能力和效力"②。后者则认为，政策执行力的内涵远比政策执行的能力和效力的内容丰富。政策执行力是一种由内在品质决定的向外张力，其内核是决定政府行动是否集中统一的意志力，内核之外是在政府意志统一基础上产生的规划力、组织力、文化力和昭示政府行动正义性和可信度的公信力。也就是说，政策执行力是从内在意志到外在行动、由自身行为到公众形象所构成的政府张力系统。③

（2）政策执行力弱化的原因研究

当前我国公共政策执行力不足的原因是多方面的，是整个执行过程中多种因素相互作用、相互影响、由量变到质变不断积累的结果。申喜连将执

① See Lundin M, When Does Cooperation Improve Public Policy Implementation? *Policy Studies Journal*, 2007(4):629–652.

② 申喜连：《论公共政策的执行力：问题与对策》，《中国行政管理》，2009年第11期。

③ 参见王学杰：《对政策执行力含义的再思考》，《学习论坛》，2010年第8期。

行力弱化归结为利益冲突、公共政策运行机制不健全等七个因素。[①]孙增武等人则将执行力弱化的原因归结为执行主体的原因、执行环境的制约等五个要素。[②]总结国内学者的研究，从不同角度对弱化原因进行了介绍和分析，有助于研究者从更深层次和更广领域开展更加深入的研究。

（3）政策执行力提升途径研究

如何促进政策执行力的提升是政策执行力研究较为集中的一个问题。国内学者大都思考如何提升政策执行力，认为高效的政策执行力是将政策目标转化为政策现实的唯一途径。任何政策一经制定，在获得合法性之后都须通过有效的政策执行才能将政策理想转化为政策现实。所以如何实现高效的政策执行力具有很强的现实意义和实践性，如何提升政策执行力已成为学界研究的兴奋点，关于这一主题的文献最为集中。学者主要从提高公务员政策执行能力、完善公众参与制度、完善政策执行的利益均衡机制、提高中央政府对政策执行的控制能力等角度进行深入分析。

综上所述，政策执行力研究已然引发了研究者的广泛兴趣，但是无论从研究数量还是从研究质量而言，我国学界对执行力的研究与国外同类研究的差距仍然比较大。研究方法不规范、理论缺少积累性、理论和现实脱节等问题仍然困扰着国内的研究者。本书将尝试从以上几个方面尝试突破，寻求地方政府执行力新的解读，进而获取更为全面和有效的研究结论和政策建议，也将在更大程度上进一步提升政策执行研究的水平和质量。

（五）关于政策协同的文献综述

20 世纪 90 年代中后期以后，英国工党政府发起了政府协同运动

---

① 参见申喜连：《论公共政策的执行力：问题与对策》，《中国行政管理》，2009 年第 11 期。

② 参见孙增武、刘大中、高艳：《我国政府执行力的模式分析与途径选择》，《国家行政学院学报》，2006 年第 4 期。

（Joined-up Government），其核心是"联合若干政府，有时甚至是多级政府一起提供整体化服务"[1]，在不取消政府部门边界的前提下通过整合互不隶属的各种组织，调动参与各方的积极性，进而将各种力量进行整合以实现政府的进步。

协同政府理念的提出与布莱尔政府的执政理念有关。1997 年布莱尔政府上台，领导人意识到政府和市场都各有局限，正确的选择是充分调动公共部门和私营部门的主动性，共同为社会提供满意的服务。[2]其主要做法包括决策统一、目标整合、组织整合、文化整合四个有机部分。[3]

国外学者中，克里斯托弗·波利特（Christopher Pollit）认为，"协同政府"是指一种通过横向和纵向协调的思想与行动以实现预期利益的政府治理模式。他从四个方面界定协同政府的构成："排除相互破坏与腐蚀的政策情境、更好地联合使用稀缺资源、促使某一政策领域中不同利益主体团结协作、为公民提供无缝隙而非分离的服务。"[4]

"整体型政府"与"协同型政府"的主要差异是什么？佩里·六（Perri6）以活动、协调、整合等关键词汇进行说明：活动意指手段与目的之间的关系，全观型政府展现的是相互增强的手段与目标，手段以相互增强方式支持着目标的达成，协同型政府展现的是相互一致的目标与手段，各类手段支持一致性的目标。"整体型政府"和"协同型政府"之间的区别，核心在于目标和手段的兼容程度，协同型政府意味着不同公共部门在目标和手段上不存在冲突，整体政府则更高一个层次，要求目标和手段之间相互增强。协调泛指信息、认

---

[1]　［美］斯蒂芬·戈德史密斯、威廉·D.埃格斯：《网络化治理：公共部门的新形态》，孙迎春译，北京大学出版社，2008 年。

[2]　See David Richards and Martin J.Smith, *Governance and Public Policy in the U K*, Oxford University Press, 2002, p.238.

[3]　参见解亚红：《"协同政府"：新公共管理改革的新阶段》，《中国行政管理》，2004 年第 5 期。

[4]　Christopher Pollitt, Joined-up Government: a Survey, *Political Studies Review*, 2003(11).

同与决策事务。整体型政府展现整体式的协调，例如了解相互涉入的必要性，但尚未定义出明确的行动；协同型政府展现中度的协调状态，例如两个机关可能初步对协议有一致性看法。整合包括执行、实务行动等。整体型政府展现高度整体式治理，建立无缝隙计划；协同型政府其整合关系主要展现在对负面外部性的预防，或重要计划使命间的冲突。佩里·六也提出过建构整体型政府的各项建议：①政策层次的整合（policy-level integration），②中央政府勇于创新并扩大授权，③审慎运用整合型预算（integrated budgets），④负责监督者须重塑新价值，⑤中央与地方政府皆应传播新知，⑥政府应更新信息科技系统，⑦人事行政之改革，⑧政治人物要勇于处理整合工作之困境。①

　　佩里·六等人的整体型政府理论不仅仅着眼于一个国家府际关系的整合，还着眼于某一层级部际关系的整合。尤其是后者，虽然建立整体型政府是一项浩大工程，但是该理论为中国地方政府部门间政策执行中的协调合作提供了方向性的指导。对于中国的政策执行来说，整体型政府是政策执行的一种最优选择，它不仅专注于一致性，还专注于政策目标的相互增强、政策手段的相互增强，形成一种有机关系模式。协同型政府是一种次优选择，政府部门间目标和组织关系不冲突亦不相互增强，部门间关系的这种状态最大的特点是保证了部门间的一致性。这一点对于成功的政策执行来说无疑是一个福音。然而这种部门间关系状态并非政策执行过程中的最佳状态，因为这种一致性缺少相互促进的因子。

　　除了模式研究之外，政策协同的组织模式也是学者研究的重点，英国学者汤姆·林（Tong Ling）将整体政府的组织模式概括为"内、外、上、下"四个维度："内"指的是组织内部的合作，合作途径包括新的组织文化、价值观念、信

---

① See Perri 6, Diana Leat, Kimberly Seltzer and Gerry Stoker, *Towards Holistic Governance: The Reform Agenda*, New York: Palgrave, 2002.

息管理、人员培训等,它意味着新的组织形式;"外"指的是组织之间的合作,合作途径是领导权的分享、捆绑式预算、组织的整合、项目组等,它意味着组织之间新的工作方式;"上"指的是目标设定的由上而下,以及对上的责任承担,合作途径是结果导向的目标分享、绩效评估等,它意味着新的责任和激励机制;"下"指的是以顾客需要为服务宗旨并让服务对象介入服务过程,合作途径是"一站式服务"、顾客参与、非执行董事等,它意味着新的公共服务供给方式、新的责任机制、新的激励机制、新的服务方式四者结合起来,代表了既不同于传统的科层制又不同于市场化的新型管理趋势,形成了最佳实践的"整体政府"组织模式。①

在政策协同的层次方面。在佩里·六有关"整体政府"的文献评估中,从整合、协调和深度卷入三个角度提供了有关部门间合作关系的分类,三个角度代表了三种不同的合作层次。其中,深度卷入对于我们认识整体政府所要求的组织结构设计提供很大的帮助。佩里·六所说的部门间的深度卷入,是一些在组织上要求很高的设计,具体则包括战略联盟、同盟和合并三种类型。战略联盟包括长期的联合规划以及在那些与参与部门使命相关的核心议题上的长期合作。同盟指的是每个机构还保持自己独立的身份,但是机构之间建立正式的联合。合并则是指建立具有新的单一身份的新机构。这主要涉及四个层次:①政策制定中的协同或政策协同,②项目管理中的协同或项目协同,③服务供给中的协同,④面向个体的服务协同。②

西方学者的研究成果推动了早期国内学者的研究。在研究相关问题时,早期研究者大多将"Joined-up Government"翻译为"合作政府"。如陈玲认为:

---

① See Tong Ling, Delivering joined up government in the UK: dimensions, issues and problems, *Public Administration*, 2002(4):615-642.

② See Perri6, Joined-up Government in the Western World in Comparative Perspective: A Preliminary Literature Review and Exploration, *Journal of Public Administration Research and Theory*, Vol.14 (1):103-138.

"合作政府的目标是要超越以往只关注以功能导向的预算、目标、激励、机构管理和责任机制方面的改革,转向追求包括在政策制定、机构内部和机构之间、财政预算以及信息系统上的整合,以此打造以包容性(inclusive)和整合性(intergreted)为特征的'合作政府'。"①而进入 21 世纪之后,"合作政府"的概念逐步淡出了学者的视野,"协同政府"的概念开始被更多学者认同和接受,如麻宝斌、李辉认为:"协同型政府本质上是一种使命驱动的、无边界的和灵活应变的政府,其内涵包括:集体行动的自发性、治理过程的自组织性、治理结构的有序性和治理结果的有效性。"②

　　在协同政府的特征方面,学者基本的观点如下:曹堂哲将战略协同型政府的特征总结为三个方面,包括公共部门战略决策和规划的协同,战略要素、结构和过程的协同,战略绩效的协同三个方面。③解亚红将"协同政府"的特征总结为四点:其一,"协同政府"代表着政府角色某种程度上的回归;其二,协同政府认为良好的服务只能来自多方合作;其三,"协同政府"更关注政府自身决策行为的完善;其四,为公共服务的核心机制只能是信任。④

　　对于以上的分析可以看出,相关学者往往在政策协同的描述和分析中先验式地将政策协同视为解决现有跨部门问题的灵丹妙药,视为超越现有管理模式的不二法门。"科层制政府是传统公共行政时期政府形态的典范,协同型政府是治理时代政府形态的典范。"⑤事实上,政策协同模式早已有之,只是早期的研究大多从政策操作层面提供建议,而近期研究的重点则更多强调解释不同制度变化的内在机理和影响因素。随着社会研究的进一步

---

① 陈玲:《"合作政府":英国行政改革的新走向》,《东南学术》,2002 年第 5 期。
② 麻宝斌、李辉:《协同型政府:治理时代的政府形态》,《吉林大学学报》,2010 年第 7 期。
③ 参见曹堂哲:《战略协同型政府模式的缘起、途径和特征》,《广东行政学院学报》,2012 年第 8 期。
④ 参见解亚红:《"协同政府":新公共管理改革的新阶段》,《中国行政管理》,2004 年第 5 期。
⑤ 麻宝斌、李辉:《协同型政府:治理时代的政府形态》,《吉林大学学报》,2010 年第 7 期。

深入,中国改革背景下的政策执行问题激发了学者的强烈兴趣,围绕政策协同失败的原因探讨和对策研究,我国的政策协同的研究文献已经积累出了部分成果。但是我们也应该清醒地认识到,无论是从数量还是以质量来看,国内研究与国外研究仍然存在着一些差距,研究方法不规范、研究成果缺乏积累、理论和实践脱节等问题仍然比较突出。比如在研究方法方面,国外政策协同研究大多遵循了实证主义的研究思路,诸如提出研究问题、界定相关概念、提出研究假设、研究假设的验证、观点总结以及后续研究展望等内容,实证主义研究方法在西方的政策协同研究文献中占据了研究文献的主流,但反观国内研究,这种趋势尚需加强。

二、关于食品安全政策的文献综述

本书研究的重点在于食品安全政策。食品安全监管体制不仅以"多头"闻名,而且背后还涉及复杂的中央和地方关系。食品安全产业链长,包含从源头到餐桌的全过程,包括源头检测、流通、生产、销售等一系列环节,跨越了农业、食药监等多个部门,每一个环节也需要不同部门的合作,涉及横向和纵向的权力、责任、利益整合。相关学者对食品安全的研究成果众多,大体可以划分为如下角度:

(一)食品安全内涵研究

对食品安全问题的早期研究主要侧重于食品获取安全(Food Security)方面,随着人们的认识不断发展,人们逐渐将关注点转移到食品的质量安全(Food Safety)方面。在1974年联合国粮农组织(FAO)等机构举行的世界粮食会议上,"食品安全"的概念被定义为:"所有人在任何情况下都能获得维持健康的生存所必需的足够食物。"①

1994 年联合国开发计划署人类发展报告中提出了促进人类安全的结构,这一结构包括许多要素,其中食品安全是其中一个重要组成部分。②这个概念是从人权的视角讨论人类安全, 但这一讨论也深化了对食品安全的认识。1996 年 11 月在意大利罗马联合国粮农组织总部召开的世界粮食首脑会议(World Food Summit),"食品安全"被冠以更复杂的定义:"食品安全是在个人、家庭、国家、区域和全球各个层级实现所有人在任何时候都能获得充足、安全和有营养的食物物质和经济条件,以满足他们的膳食需要及食物喜好积极健康的生活。"③ 2001 年粮农组织将上述"食品安全"的定义进一步提炼:"食品安全是所有人在任何时候,都能够获取足够、安全和富有营养的食物物质, 能够在社会和经济上获得了满足其积极和健康生活的饮食需要及食物偏好的情况。"④这一概念主要强调关注弱势人群在食品获取方面的便利性, 强调的重点依旧是通过增加粮食生产来避免饥荒和营养不良现象的发生,进而减少由于食品数量问题所带来的贫困、健康和社会稳定问题。

(二)食品安全的原因研究

食品安全问题涉及领域广泛,行政学、政治学、社会学、法学、药物学等学科的学者都在以各自的方式探索着食品安全问题, 并且形成了既有联系又有差异的话语体系。

---

① United Nations, *Report of the World Food Conference*, New York, November 1974, pp.5–16.

② See The list of threats to human security is long, but most can be considered under seven main headings:economic security,food security,health security,environmental security,personal security,community security and political security(UNDP, *Human Development Report 1994*, Oxford and New York: Oxford University Press,1994).

③ FAO, *Rome Declaration on World Food Security and World Food Summit Plan of Action*, World Food Summit,Rome,1996(11):13–17.

④ FAO, *The State of Food Insecurity in the World 2001*, Rome.

1. 技术因素

美国农业经济学家提姆·朗(Tim Lang)指出,影响食品安全的主要因素有六个方面:①水、土壤和空气等农业环境资源的污染,②种植业和养殖业生产过程中使用化肥、农药、生长激素致使有害化学物质在农产品中残留,③农产品加工和贮藏过程中违规或超量使用食品添加剂(防腐剂),④微生物污染引起的食源性疾病,⑤新原料、新工艺带来的食品安全风险,如转基因食品的安全性,⑥科技进步对食品安全控制带来新的挑战。①国内陈君石等人也从类似角度分析了引起食品安全问题的主要因素,认为目前影响中国食品安全的主要原因是微生物污染所造成的食源性疾病,如沙门氏菌等引起的食物中毒;其次是农药、兽药、生长调节剂等农用化学品的不当使用,导致农作物和畜产品中农、兽药残留超标,如瘦肉精事件等。②

食品安全并不单纯来源于食品本身在生产和加工过程中所产生的问题,事实上,许多外部因素也会影响食品的质量,诸如环境污染、水资源污染、食品科技落后、耕地面积减少,技术标准混乱,等等。从风险与危害的基本概念出发,食品安全问题可以分为已知风险和未知风险。在已知风险方面,目前大致有以下分类方法:按照食品在不同环节的过程,已知风险包括食品原料中的危害物(天然有毒物质、农药残留、兽药残留、有害金属、环境持久性有机污染物、生物性污染物等)、食品加工过程的危害物(热加工产生的危害物、新技术的安全问题、新资源的安全性问题、食品添加剂的副作用、加工环境等)、食品的容器与包装材料污染(塑料卫生问题、橡胶制品卫生问题、涂料卫生问题、其他材料卫生问题等)、食品在储存和运输过程中的危害物(上述某些化学物质的污染、温度不当导致的卫生问题、相关人员的卫生

---

① See Tim Lang,Food Industrialisation and Food Power:Implications for Food Governance,*Development Policy Review*,2003,21(5—6):555—568.

② 参见陈君石:《食品安全——现状与趋势》,《第三届中国食品与农业科学技术讨论会会议资料》,中国农业科学院农产品加工研究所编印,2004年第10期。

污染）。①

2. 过程控制因素

食品安全问题涉及食品从生产、加工到销售的整个供给链过程。在以上表征危害因素的基础上,许多学者将化学性污染、微生物污染等因素细化到食品生产、加工、流通、销售、食用等环节,认为食品供应链各环节的不安全因素是导致食品安全问题的主要原因。周婷等人认为,种植、养殖、生产、加工、运输、销售、烹饪、食用等任何一个环节出问题均有可能导致食品在食用后影响人体健康。②在食品的生产到上桌的全过程监管未能形成紧密的链条是食品安全问题产生的根本原因。

王志刚等人对消费环节的食品安全问题及因素进行了研究,分析了不同特征的个体消费者食品安全认知的程度和消费行为的特点,认为收入、消费者的安全忧虑度、对绿色食品的了解度、对健康信息的关注度等是影响消费者选择政府食品安全信息管制方式的重要因素。③

3. 制度因素

中国食品安全监管权在法律体系、标准体系、监管权配置体系等方面存在不足,相关学者从完善法律、提升监管标准、完善监管权配置、强化激励制度等不同角度探讨食品安全问题的基本解决思路。如陈兴乐认为,政府监管投入成本过高、监管体制与机制不到位、部分监管人员责任心不强、监管信息不畅、监测与预警机制失灵等是中国食品安全监管中存在的主要问题。④在这些制度缺陷的影响下,食品安全的多部门监管过程中大量出现重复监管、

---

① 参见谢明勇、陈绍军:《食品安全导论》,中国农业大学出版社,2009 年,第 13 页。

② 参见周婷、王宪:《食品安全控制浅论》,《中国公共卫生管理》,2005 年第 3 期。

③ 参见王志刚:《食品安全的认知和消费决定:关于天津市个体消费者的实证分析》,《中国农村经济》,2003 年第 4 期。

④ 参见陈兴乐:《从阜阳奶粉事件分析我国食品安全监管体制》,《中国公共卫生》,2004 年第 10 期。

相互冲突等问题,部门之间的推诿扯皮严重降低了行政效率,制度的缺陷导致并未形成监管合力。

(三)食品安全的对策研究

食品安全问题产生的原因是复杂的。食品生产者机会主义明显,而消费者往往只具有有限理性,生产者和消费者之间的信息不对称加剧了食品安全问题治理的难度。监管的滞后同样也是造成食品安全问题频发的主要原因。2013年前,我国食品安全监管采取多部门的监管方式,共同监管食品安全。这种配置看似完备,但是在实际执行过程中,各个部门之间职能相互交叉,一方面容易造成监管缝隙,另一方面造成重复监管。各部门之间权力不清、责任不明,很难形成监管合力。食品安全监管问题的复杂性与特殊性是造成食品安全监管失灵的重要因素,而市场竞争和政府监管的缺陷又加剧了食品安全监管失灵的严重化和普遍化。

对于食品安全治理"碎片化"的治理困境,学者大多从批评政府管理机制的弊端与缺陷的角度进行对策性研究,其中的很多研究是概括性和宏观性的研究,低水平的重复建设比较多,深入的研究尚比较少见。而对策建议大多停留在表面,缺少可操作性,对我国食品管理体制的形成机制及其演化过程缺少深入系统的研究,缺少政策演化过程中的因果机制研究。

食品安全事件层出不穷,从政府监管的角度,既有的研究思路是从解决"碎片化治理"的角度进行思考。在现实过程中,这种碎片化监管模式往往导致各部门之间存在着复杂关系,各部门权责不明,相互推诿扯皮,监管效率低下。部分学者认为,我国现阶段食品安全监管采用多部门分环节的监管是导致食品监管效率低下的原因。这种认识有两个不足:首先,食品领域涉及领域复杂,单一部门往往难以监管如此漫长与复杂的产业链。跨部门监管是当今各国食品监管的常态,并非所有国家都通过机构合并的模式来有效解决相关问题。其次,随着经济和社会的急剧转型,传统意义上跨部门问题日益增多,跨部门、跨领域的监管也是当下政府治理的主要障碍,并非所有问题都能够通过机构合并得到有效解决。那么政府解决复杂问题的思路是什么?

食品监管本身有其特殊性,既有的管理体制很难适应食品质量安全全程监管的要求,但是机构合并未必能解决所有问题,只有整个食品链都是安全的才能确保食品安全。如果单纯从部门管理的角度去衡量和评价食品问题,其结果只能是头痛医头、脚痛医脚,无法从整体的高度和政策协同的视角来解决不同行动之间的匹配,进而解决食品安全保障政策的相互协调问题。这就要求建立一个包含食品安全管理体制、食品安全标准体系、食品安全管理手段与安全食品供给体系的有机协同体系。

在《中国政府食品质量安全管理的分析框架及其治理体系》一文中,陈锡进认为我国政府食品质量安全治理失败的原因在于政府缺乏一个全面、综合、动态的食品质量安全管理体系。他建立了一个在食品质量安全突发事件与食品质量安全风险、食品质量安全危机之间、"广泛联系、相互链接、动态发展"基础之上的中国食品质量安全管理分析框架,并以此分析框架为理论基础,构建了一个以"食品质量安全风险管理""食品质量安全应急管理""食品质量安全危机管理"三位一体的全面管理与全程管理的治理体系。[①]

杨嵘均则从城市化与道德缺失的视角思考食品安全问题。他认为,我国食品安全问题的国家政策根源在于国家快速城市化、工业化的发展战略而导致的社会发展、城乡发展、区域发展以及农工商业发展失衡;道德文化根源在于人们的欲望在社会快速转型的特殊时空极力膨胀而导致的道德阙如、诚信缺失、责任意识淡薄;治理根源在于政府食品安全治理部门因缺乏

---

① 参见陈锡进:《中国政府食品质量安全管理的分析框架及其治理体系》,《南京师大学报》(社会科学版),2011年第1期。

有效的协调、合作机制而导致的治理失败。针对这些根源，食品安全治理体系的再建构必须重视发展均衡、治理协调、道德防范体系的建立，从根本上调整国家层面上发展不均衡的顶层政策设计，关注社会公平，实现均衡发展，建构合作协调的多属性与层级性治理体系，营造崇尚礼德、趋利守信、厚责忠义的社会道德氛围。①

　　政策协同问题对中国国家治理能力而言是一个巨大的挑战，而食品安全问题在政策协同中占据着重要位置。作为困扰我国公众社会生活质量的重大民生问题，食品安全涉及多级主体，比如地方政府就在政策执行过程中扮演着非常重要的角色，在政策执行过程中拥有较大的自主性和灵活性。这种灵活性在推动经济增长方面拥有较大的动力，但是在食品安全管理过程中却往往与地方经济发展相抵牾。食品安全政策本身的跨域性和复杂性也使得食品安全监管责任很难被明确落实到具体的某个监管环节或者某个监管主体，因此食品安全问题也就比一般意义上的政策协同问题更加突出和困难。目前学者对政策协同的问题和困境进行了有效的分析，关注中国食品安全的个案研究已经越发丰富和多元，但从过程角度对政策协同问题进行的分析相对比较薄弱。当然，食品安全问题产生的原因是多方面的。食品安全治理的"碎片化"只是其中的一个方面的原因，从政策协同的角度并不能够完全解决食品安全问题。而本书的目的则在于，透过我国食品安全政策的演化过程来研究不同治理主体的行动逻辑，进而为更广泛领域的政策协同提供经验支持与理论借鉴。

---

　　① 　参见杨嵘均：《论中国食品安全问题的根源》，《政治学研究》，2012 年第 5 期。

第三节　研究思路与研究方法

一、总体思路与基本结构

(一)总体思路

大多数政策协同的研究往往将其研究单位限制在同一行政层级政府部门之间的协同。但透过表层分析可以观测到,政策协同的过程往往涉及多级主体与多个部门, 在复杂问题的解决中不能单纯考察某一级主体或某一机制的作用机理, 而是需要考察多级主体和多种机制相互关系和相互作用的复杂过程。尽管学界的分析大多强调在复杂关系中提炼出若干变量的方法来理解政策协同过程,这种模式往往限制了研究者的理论视野和想象,对于复杂的相关关系和复杂现实的理解则可能仅仅是管中窥豹, 难以实现逻辑统一与现实统一之间的一致,进而可能得出简单甚至片面的结论。因此,本书将影响政策协同的要素分为元政策层、部门政策层和政策执行层的三重层次,三种层次所对应的主体分别是党和国家最高领导人、国家部委和政策执行层官员。本书力图从整体上关注食品卫生政策的变迁,从元政策层上分析党和国家最高决策层的考量, 从政策执行层上观察政策执行层官员的行动逻辑, 并借助于部门政策层国家部委的政策观察来搭建宏观制度协同与微观群体协同之间的桥梁,进而勾勒三级决策主体之间的不同逻辑,分析不同逻辑之间的相互关系和相互作用。

1. 元政策层

本书主要研究党和国家最高决策层在食品安全政策协同中的作用。所谓元政策层,是指一个国家内部拥有最高决策权的主体。在封建社会,这种主体表现为个人,也就是皇帝。中国地域广大,情况复杂,防范来自各个方面对政权的威胁和挑战构成了保证国家治理最重要的前提,也是理解中国元政策层变动的基本依据。这种模式长期演化,中央集权成为各个朝代的不二选择,皇帝拥有着至高无上的权力,形成普天之下、莫非王土,率土之滨、莫非王臣的权力结构。皇帝对国家内的大小事务拥有最终决策权,而这种中央集权体制逐步发展,到明清时期逐步发展到顶峰。进入现代社会,皇权退出了中国的历史舞台,民主国家逐步兴起。新中国成立后,拥有最高决策权主体由个体演变为集体。尽管这一集体的数量比较有限,但在制约个人权力的过度膨胀方面能够发挥一定的制约作用。这一主体决策模式的核心特征则在于超越了部门利益,从整个国家公共利益的角度进行政策规划和政策选择。

进入现代社会,党和国家最高决策层成为元政策层,它们是可以超越部门利益而从国家整体考虑的党和国家级核心领导。对于最高决策层而言,实现国家的公共利益是其根本目标,维护政权的合法性与稳定性则是实现这一目标的最重要的前提条件,稳定的局势、团结的政权和发展的经济则是实现这一目标的基本要求。为了实现这个目标,新中国成立后国家沿用了单一制(unitary system)模式。尽管这种模式相对于联邦制而言显得高度集权化,但这种模式并不是从计划经济时代开始确立,而是根源于庞大帝国的现实条件和深厚历史传统。几千年来,中国最重要的事实是其超大的规模,以及这种庞大规模背后蕴含的巨大差异性和不平衡性。为了实现对超大规模的有效控制,中国选择了大一统模式。但大一统模式无法有效照应差异性,而为了满足差异性的要求,中国历史上并非没有过分权的尝试,但往往以失败告终。布热津斯基曾经指出:"蒙古帝国的国土变得太大,一个单一的中心统治不了。但是曾经试图采取的解决办法——将帝国分成几个自给自足的部分——反而在当地促进了更快的同化和加速了帝国的瓦解。"①对于一个庞大的国家而言,"在缺乏民主宪政体制的条件下,分权以及区域竞争不但不能提升公共服务的水平反而可能导致公共福利水平的下降甚至国家政权的不稳定"②。政府主导型模式一直是历代中央政府的不二选择,但是这种模式面临着不断收缩的国家权力与保证国家的统一之间的冲突、政治竞争与公共利益之间的冲突、国家控制与地方活力之间的冲突。这也在保证中央权威的同时从根本上限制了各个部门的合作关系,政策协同也大多停留在理想的层面。进入现代社会后,随着改革开放不断发展,单一制模式虽然在整体上没有改变,但是在活动方式上,市场和外部力量的刺激极大地调动了地方政府发展经济的动力。但来自区域之间的差异和不平衡更显突出,单一制的模式遭遇了前所未有的巨大挑战。一方面,如果激发不同部门合作的动力则会放纵部门和地方势力的强大,而这则有可能引发地方政府之间的无序竞争甚至影响国家政权统一;而如果遏制地方的差别意识,推动"一刀切",那么不同部门之间的合作动力也就大打折扣,治理的效果可能差强人意,协同治理也在两难中寻求均衡。

2. 部门政策层

在中国古代,君权虽然是国家内最为崇高的权力,但这种权力的实现却不得不依赖一套行为规范、相互制约的科层体系。在中央,科层体系的顶层是宰相,下面又有各个部门官员,而在地方则体现为各级的省、府、州、县的官员。在这种科层体制的运行下,君权得以通过对官员的层层控制而实现对国家的层层控制。但是这并不意味着科层制本身就是对君权的绝对服从。随

---

① [美]布热津斯基:《大棋局:美国的首要地位极其地缘战略》,中国国际问题研究所译,上海世纪出版集团,2007 年,第 15 页。

② 周飞舟:《锦标赛体制》,《社会学研究》,2009 年第 3 期。

着科层制的不断发展,"在官员任免和用人制度方面,则逐渐发展出一套循资以进的官员提拔制度。这套制度是以官员的出身、履历、职任等形成的'资历'而非政绩为升迁的主要依据"①,论资排辈在一定程度上限制了君权对科层制的控制。科层体系在政策执行过程中表现为下层官员的推诿与变通,体现为下层官员对君权的制约。

具体到我国的食品安全政策,这一部分主要研究卫生部、农业部等各部门在食品安全政策协同中的主要功能与作用。其决策的主要表现为涉及食品安全政策的农业部、卫生部、原国家质监总局、原国家工商总局、原食品药品监督管理局等部门的部门规章及其机构设置等政策行为。大部分研究将国家部委视作国家的代表与公共利益的象征。但是本书将国家部委单独分离出来,分析其在政策协同中的地位、角色与作用。面对纷繁芜杂的国家事务,元政策层试图通过部委间权力的分配来有效实现国家的目标。当国家部委被赋予了相应的职能时,国家部委会执行最高决策层的意志,而同时部门利益的拓展也演变成了其追求的目标。在计划经济时代,政府部门之间的协同主要依赖国家指令与行政计划,但是"条块之争"从来没有停止过。而市场化的改革使得这种问题和矛盾被赋予了新的内容和形式。在需要多个部门协同解决问题之时,不同政府部门间多重不一的目标和利益之间的互动、竞争和妥协成为影响政策协同的重要变量。这一部分则主要研究涉及食品领域的国家部委之间的协同机制与协同模式,以及相应的部委层级的反协同问题。

3. 政策执行层

本部分主要研究政策执行层涉及食品安全的卫生、农业、工商等各部门及其工作人员在食品安全政策协同中的主要功能与作用,为了研究方便,本书主要研究县级食品安全部门工作人员的行动逻辑。地方政府的行动者并

---

① 邓小南:《祖宗之法与官僚政治制度——宋》,载吴宗国主编:《中国古代官僚政治制度研究》,北京大学出版社,2005年,第10页。

不是国家和国家部委的对立面，而是试图通过政策执行官员的活动模式来理解政策协同的行为动机和约束条件，而食品安全政策恰恰为观察这些活动提供了窗口和媒介。在我国，很多政策设计看似完备周详，从文本设计上的确看不出缺陷和漏洞，但是在运行过程中却出现偏差甚至走样，这其中的一个重要原因是制度本身并没有考虑到政策执行层的治理逻辑。政策执行层面临着由自上而下的多方政策和行政指令所构成的任务环境，必须在日常工作活动中对不同任务的权重进行考量和应对。因此，元政策层的逻辑和政策执行层政府的逻辑很多时候是不一致的，当中央的逻辑在政策执行层执行时，反而会由于政策执行层的强大逻辑而改变中央政策的运行理念和执行模式，进而出现一种伪协同现象。

　　选择县级政府主要是由于县级政府在我国食品安全监管中的地位、作用与功能。其一，县级政府在食品安全方面安全监管责任重大。县级地方政府是直接负责管理一线食品安全，一线食品安全监管机构直接参与到食品安全执法一线，也就意味着县级地方政府食品安全监管的水平和质量直接决定食品安全的总体水平和质量。其二，县级政府在食品安全方面权责关系的复杂程度相对突出。县级食品安全监管工作涉及众多监管主体，包括工商局、食药监局等等，这些监管主体有些是垂直监管，有些属于分级监管，且不同部门的隶属关系经常发生调整。复杂的部门关系涉及复杂的监管与职能分配，对政府协调水平也是一个重要考验。其三，县级政府的监管水平和监管能力尚待进一步提升。尽管监管机构众多，但我国县级食品安全监管机构的监管水平仍然不足，县级政府的监管水平往往成为制约我国食品安全总体水平的重要因素。对此现象，学界在政策协同方面的研究大多强调宏观而失于微观，泛化而失于具体化，对微观机理探讨不足，研究缺少具体深入的分析。

（二）基本结构

基于以上的逻辑，本书的结构主要如下：

第一，将提出本书的研究问题、研究的理论意义与现实意义，在此基础上从政策协同和食品安全两个维度系统分析相关的理论，说明本书的研究方法，提出本书的研究思路，并对全书的分析框架加以系统说明。

第二，在界定研究问题之后，本书将对政策协同的基本理论进行阐释。首先，分析政策协同的内涵与基本特征。其次，分析政策协同的必要性与合理性。最后，分析政策协同的类型与实现途径。通过在本书第二章的分析，为引入中国食品安全政策奠定相关理论基础。

第三，在厘清相关概念的基础之上，本书将从政策过程的视角来分析食品安全政策协同的基本过程。协同治理是一个相对复杂的过程，本书试图在界定、分析政策协同的内涵、历史类型并分析政策协同内在逻辑困境的基础之上，结合食品安全的具体案例，探求国家、国家部委和政策执行层是通过何种途径来实现政策协同的解决，并尽可能使之在案例分析中具体化，在此基础上努力形成一个相对严谨的政策协同的分析体系。本书主要说明新中国成立之后我国食品安全政策协同的基本变迁过程，将我国食品安全政策协同划分为三个阶段，对应的时期分别是计划经济时期、市场经济改革初期和市场经济改革深化时期，分析国家最高决策层、国家部委、政策执行层在不同时期的协同模式，进而分析不同时期政策协同的基本特征及其基本模式。当然，通过机构调整、职能的规范来有效推动部门间的合作，这种合作有其积极意义，但是有一定的制约因素。这些内容构成了本书的第三章。

第四，在中国，新中国成立后的相当一段时间国家更多考虑的是食品的有效供给问题，食品安全问题并没有成为制度设计初期所考虑的主要方面。

而改革开放之后,食品安全问题愈发引起公众的关注,当单一部门无法有效解决食品安全问题时,食品安全政策凸显出了不同部门之间协同的重要性,而有关食品安全的政策协同也就逐渐展开。元政策层的制度安排看似规范合理,但是在实际运行过程中却出现了严重的变形。尽管各部门分工明确,但在现实中各部门的合作并没有发挥相应效果,这背后的原因是伪协同的普遍存在制约了改革运行的效果。本部分主要分析不同层级部门在食品安全政策协同的基本逻辑及其基本行动,最后分析不同政策运行逻辑背景之下产生的政策伪协同现象。本文的第四章将通过系统分析政策伪协同的内涵、表现及其成因,来剖析政策协同的阻滞因素。

第五,当伪协同影响政策协同的效果时,元政策层谋求通过再协同机制来推动食品安全的有效合作。本书主要从三个层次分析政策再协同机制。首先,为了应对政策伪协同现象,国家最高决策层会产生政策再协同的要求,本部分主要分析政策再协同的基本条件,研究食品安全政策再协同的途径、形成过程和领导机制。然后从程序、结构、功能和机制的角度对再协同的基本方式进行分类,本书将在第五章对相关内容进行分析。

在"协同—伪协同—再协同"的治理过程之中,部门之间的协同治理效果得到了改进,食品安全状况得到了改善。通过以上章节的基本分析,本部分首先从政策协同的角度提出进一步提升食品安全的政策建议。同时,食品安全政策的协同是一种政策协同的典型政策,本书也将通过对食品安全政策协同的分析解释我国政策协同的基本路径、优势、困境及其出路。最后,分析本书的研究局限并对未来的研究进行展望。以上内容将作为本文的结论部分。

二、研究方法

(一)案例研究法

政策科学界对政策过程的研究尚未形成系统和深入的研究，本书主要采用案例研究方法进行归纳式研究。本书主要选取我国的食品安全政策的制定过程进行案例研究，在实证的基础之上思考理论建构和发展，并试图在形成一定规模的归纳式研究之后，进而借鉴演绎式的研究方法来寻求政策过程中的知识和规律。在研究过程中，通过调研和访谈来获取资料。具体包括通过搜集和整理政策制定过程中的文献档案、政府文件、政策初稿、会议记录等资料，了解食品安全政策制定过程的发展和演变。通过对涉及食品安全的不同政策执行层部门的工作人员的访谈、调研等方法研究，了解政策执行层公务员的基本逻辑和实际行动，进而建立案例研究的数据库，建立完整的证据链。

(二)资料分析方法

本书收集资料的方法主要有三种：第一类是通过文献法收集的政策资料，以文字的方式呈现；第二类是通过资料室以文献法收集的政府统计资料，以数字的方式呈现；第三类是通过个别深度访谈和小组访谈资料，通过对食品安全的政府部门的工作人员的访谈获取相关资料，进而用于全书的分析。

(三)分析比较方法

分析研究方法的特征在于研究者开始时并没有一个等待用细节来填满

的类似于空盒子的总体上的模型。相反,他要从已有的理论或归纳中,形成关于规则或模式关系的想法。①本书很多内容涉及分析性比较方法。在理论分析方面,本书通过对已有研究的分析、比较和归类,并进行反思和抽象而得出相应结论或提出新的分类框架的。在结论方面,本书通过对已有研究的比较和逻辑论证,得出研究结论。

---

① 参见[美]劳伦斯·纽曼:《社会研究方法——定性和定量的取向》,郝大海译,中国人民大学出版社,2007 年,第 579 页。

第二章
政策协同的基本理论

第一节　主要概念

一、政策的内涵

　　"政策"是现代社会生活中使用得非常广泛的概念之一,国内外对政策内涵的界定林林总总,不下数百种。综合学者的研究,可以将其研究区分归纳为如下不同类型:

　　1. 侧重于过程说

　　詹姆斯·安德森(James E.Anderson)认为:"政策是一个有目的的活动过程,而这些活动是由一个或一批行为者,为处理某一问题或有关事务而采取的";"公共政策是由政府机关或政府官员制定的政策"。①

叶海卡·德洛尔(Yehezkel Drer)认为,政策科学或政策研究的核心是把政策制定作为研究和改革的对象,包括政策制定的一般过程,以及具体的政策问题和领域;政策研究的性质、范围、内容和任务是:理解政策如何演变,在总体上特别是在具体政策上改进政策制订过程。②

2. 侧重于功能说

侧重于功能说的主要观点有:政策科学主要的倡导者和创立者哈罗德·拉斯韦尔(Harald D.Lasswell)与亚伯拉罕·卡普兰(A·Kplan)认为,政策是"一种含有目标、价值与策略的大型计划"③。

美籍加拿大学者戴维·伊斯顿(David Easton)认为:"公共政策是对全社会的价值做权威性的分配。"④

国内学者宁骚也持相似观点。他认为:"公共政策是公共权力机关经由政治过程所选择和制定的为解决公共问题、达成公共目标、实现公共利益的方案。"⑤

3. 侧重于主体说

托马斯·戴伊(Thomas R.Dye)认为:"凡是政府决定做的或不做的事情就是公共政策。"⑥

盖伊·彼得斯(B.Guy Peters)认为,公共政策是"政府活动的总和,无论行为是直接的还是通过代理的,因为其行为对公民的生活产生影响"。

---

① [美]詹姆斯·安德森:《公共决策》,唐亮译,华夏出版社,1990年,第4页。

② 参见[美]S. S. 那格尔等:《政策研究百科全书》,林明等译,科学技术文献出版社,1990年,第7页。

③ H. D. Lasswell and A. Kaplan, *Power and Society*, New Haven: Yale University Press, 1970, p.71.

④ D. Easton, *The Political System*, New York: Kropf, 1953: 129.

⑤ 宁骚:《试论公共决策的现代化》,载《现代化进程中的政治与行政》(下册),北京大学出版社,1997年,第722页。

⑥ Thomas R. Dye, *Understanding Public Policy*, Englewood Cliffs, N.J.: Prentice-Hall Inc., 1987: 2.

综上所述,学者大多基于自身研究的需要对公共政策进行了界定。在这些定义中基于过程的角度对公共政策的认知能够更好地反映出政策本身的动态特征,所以本书主要采用这一派别的观点。在本书中,政策理解为公共权力机关经由政治过程所选择和制定的为解决公共问题、达成公共目标、实现公共利益的方案与行为。

二、政策协同的内涵

在研究跨部门合作问题方面,相关学者采用了诸如"整体政府""协同政府""合作化治理"等概念展开了大量的研究和讨论。本书侧重于从政策演变与政策运行角度来理解相关现象,而且政策协同也能够更好地覆盖相关概念,同时这一概念也凸显出了类似改革的动态性、长期性和复杂性的特征,覆盖了不同层级和不同领域之间的政府关系,因此本书采用"政策协同"这一概念来分析和解释政策的相关现象。

(一)内涵

政策协同有许多提法,如政策协调、政策整合等,但对其内涵的解读尚未达成一致。马尔福德和罗杰斯(Mulfordand and Rogers)把政策协调界定为一个过程,"两个以上的组织创造新规则或利用现有决策规则,共同应对相似的任务环境"[1]。梅吉尔斯(Meijers)等人则钟情于"政策整合"概念,用以指政策制定过程中对"跨界问题"(cross-cutting issues)的管理,这些问题超越现

---

[1] Mulford, C.L. and Rogers D.L., Definitions and Models, in Rogers, D.L. and Whetten, D.A.(eds.), *Interorganizational coordination:theory, research, and implementation*, Iowa State University Press, 1982. 转引自周志忍、蒋敏娟:《战略整体政府下的政策协同:理论与发达国家的当代实践》,《国家行政学院学报》,2010 年第 6 期。

有政策领域的边界,也超越单个职能部门的职责范围,因而需要多元主体间的协同。政策整合可以发生在不同政府部门之间,被称为决策的"组织间"(inter-organizational)协同;也可以发生在同一部门内不同的业务单位之间,因而称为决策的"组织内"(intra-organizational)协同。两者之间没有本质区别,只是在主体的相互依存度和面临的控制方面,组织内协同要大于组织间的协同。[①]

基于以上分析,本书将政策协同界定为政府为超越现有政策领域的边界,超越单个职能部门的职责范围而整合不同部门之间政策的行为。

政策协同包括政策之间的协同关系,也包括围绕某一政策内部的政策协同关系。而本书则限定在政策协同的视角下分析食品安全政策演化过程的分析,力图通过对单一政策内部协同关系的分析和解释,进而丰富政策协同的理论内涵与逻辑关系。

本书中政策协同主要指如何在不同层级官员不同逻辑的前提下,如何通过部门之间的有效合作,推动部门之间实现交互式、一体化的管理模式,以达到功能整合的政策目标,实现公共服务的无缝隙提供。需要说明的是,政策协同尽管是一个概念,但是它所涉及的主体是多方面的。一般而言,"政策"所涉及的主体相比而言比较狭窄,它主要是政府通过正式的权威结构以及相关的政策结构联系在一起提供公共产品的行为;而"协同"则涉及更加广泛的政治主体,包括所有层次(包括国际层次在内)的主体在超越本部门边界所实现的公共产品的供给。

协同不意味着单纯通过组织合并为一个部门来实现外部问题的内部

[①]　See Meijers,Evert and Dominic Stead,*Policy integration:what does itm ean and how can it be achieved? A multi-disciplinary review*,paper presented at the 2004 Berlin Conference on the Human Dimensions of Global Environmental Change:Greening of Policies-Interlinkages and Policy Integration. 转引自周志忍、蒋敏娟:《战略整体政府下的政策协同:理论与发达国家的当代实践》,《国家行政学院学报》,2010 年第 6 期。

化,政策协同的核心是通过将组织内部与组织间的关系、结构、功能的优化组合和系统改进进而实现系统的整体优化。所谓协同,更多的是强调建立一种机制,能够让各个层级和各个部门的政府能够通过一种整合机制来有效推动政策的实现,这种协同过程对各个层级的政府而言可能都不是最好的,但是却可以达成共识,形成彼此认同的方案并有效执行。政策协同的要义在于恰到好处,允许不同部门对各自部门观点甚至是部门利益的合理主张,但通过建立相关机制,将部门间的态度、利益和偏好有机结合,寻找系统优化的最佳结合点。

(二)相关概念辨析

目前在政策协同方面的类似概念比较多,诸如强调消除组织边界的整体政府(Whole of Government/Holistic Government)、强调治理主体之间结构关系的部门间关系(Government by Network)、强调公私伙伴关系的跨部门协作(Cross-agency Collaboration)等。这些概念在表述的内涵及外延上大体相似,主要是侧重点略有差异。

1. 整体政府与政策协同

整体政府也是一个比较常用的概念。挪威学者汤克腾从结构、文化和迷思三个角度来界定"整体政府"的内涵,强调整体政府是更加注重培养牢固而统一的价值观、团队建设、组织参与型、信任、价值为本的管理、合作、加强公务员培训和自我发展等意识。①但两者之间有细微差别。整体政府强调一种静态目标,提供无差别的公共服务,而协同更多地强调这是一种动态的不断循环的过程。同时,整体政府是一个理想化的概念,更多强调消除部门间的边界,通过建构大部门模式来将各个独立部门整合为统一的部门,事实上

---

① 参见[挪威]汤克腾:《后公共管理改革——作为一种新趋势的整体政府》,《中国行政管理》,2006年第9期。

这种目标既不可能也没必要,部门再大也有一个边界,超越这个边界,部门之间的协同也就无法避免。

2. 部门间关系与政策协同

部门间关系又称为"府际关系",主要是一个国家政府行政体系内的不同层级之间、不同部门之间、不同地区之间的关系。谢庆奎将府际关系研究分为四类,分别是中央政府与地方政府之间的府际关系、地方政府之间的府际关系、政府部门之间的府际关系以及各地区政府之间的府际关系。[1]马伊里将政府部门合作障碍的原因概括为四种:第一,机构间自由流通与共享存在障碍,这些障碍包括体制性障碍、技术性障碍和各部门把握规则的人为不确定;第二,机构间信息的选择、判断存在障碍;第三,机构间在合作生产提供新的"公共服务产品"方面缺乏有效的动力支持;第四,机构间在合作过程中缺乏达成共识的机制。[2]比较部门间关系和政策协同两个概念,部门间关系研究大多将部门看作一个理性设计的产物,是一个常量,相关研究大多是在正式组织框架的视野下研究如何通过改变工艺流程、激励和惩罚等措施来分析不同部门之间的合作问题。而组织事实上是一个变量,当环境的调整需要组织进行变革和调整时,组织本身就变成了一个调整的对象。同时,部门间的研究组织间关系大多将组织作为最基本的分析单位,将行动者视作组织的附属,但行动者本身并不是单纯贯彻上级命令的组织人,而是一个个带有个人情感、利益和思想的社会人,他们必然需要成为政策执行过程研究的主体,往往缺少影响政策的宏观视角和微观观察。

3. 协同治理与政策协同

协同治理也是学者近期研究的重点领域。政策协同与协同治理都强调治理过程中的多元主体参与,但是二者有一定差异。需要指出的是,尽管有

---

[1]　参见谢庆奎:《中国政府的府际关系研究》,《北京大学学报》,2000年第1期。

[2]　参见马伊里:《合作困境的组织社会学分析》,上海人民出版社,2008年,第5~7页。

学者将协同治理翻译为"Synergy Governance",并将德国物理学家哈肯创立的协同学作为协同治理的理论基础,但是通过对西方学者的学术搜索可以发现,并没有西方学者对"Synergy Governance"的分析和解释,更没有将协同治理与物理学意义上的协同学联系到一起。因此,本书将协同治理翻译为"Cooperative Governance"。

政策协同和协同治理存在两方面的差别。首先,从研究主体来看,协同治理研究的主体更为多元,协同治理更加强调非政府组织、公民甚至企业在协同治理中的作用。如多纳休(Donahue)认为:"协同治理的核心就是社会不同部门之间进行的一种新层次的社会参与和政治参与,以期更有效地满足当代社会的诸多跨部门的需求。"①其次,从研究的范围来看,协同治理的讨论边界更为广泛,甚至可以跨越国家的边界,突出多元主体在治理过程中的平等作用。政策协同的研究边界更为清晰,主要研究政府内部的合作行为,核心是政府内部的不同层级之间,同一层级政府不同部门之间的关系。在政策协同过程中,政府要为协同提供承担最终的责任。

协同治理理论是传统多中心理论的拓展,其基本逻辑是当单一主体特别是政府出现问题时,多元主体的参与会推动问题的解决。毫无疑问,协同治理能够推动决策的科学化和民主化,但是多中心并不必然带来问题的解决,决策质量高低与决策主体数量并不呈现直接必然联系。同时,协同治理也并不必然带来参与者的积极性,即使是与个人的切身利益相关,相关公共问题未必有多主体的参与。协同治理提供的大多数产品都是利益外溢性很强的公共产品,多部门的参与未必带来合作的积极性。

当下中国政府建设的主要目标是建构一个高质量运行并拥有较强管理能力的政府,实现国家治理体系与治理能力的现代化。这并不意味着排斥社

---

① John Donahue, *On Collaborative Govnrnance*, Cambridge: Harvard University, 2004, p.1.

会组织、企业等主体参与到政策协同过程中来。相反,推动政策协同同样需要社会组织、企业等主体的成长与成熟,建构一个双强的互补模式。但是这容易模糊政府的责任。不能够将政府解决不好、解决不了的问题全部推卸到社会上面,以为社会就是万能良药,能够解决政府解决不了的问题,克服政府克服不了的困难,承担政府本应承担的责任。同时,中国的社会组织仍然比较弱,尚达不到协同治理的要求。各种社会因素在并未成为意见表达的载体,社会组织在监督制约方面发挥的作用不足,自身也存在着公信力不足、责任意识不够等问题。政府作为社会治理的能动主体抑制了社会力量有序参与协同治理的动力。社会组织参与渠道的狭窄和表达渠道的阻塞使得社会组织较难有效纠正政策协同过程中的缺陷和问题,而为了治理这些问题,单纯依赖科层制无法有效解决,权威发动又成为一种必然的选择。

综上所述,鉴于政策协同的概念能够较好地涵盖上述概念所涉及的基本内涵,能够界定上下级政府和同级政府之间的协同关系。也能够凸显这种新型管理理念的"动态"特征,因此本书将采用政策协同这一概念术语,并在这一概念之下开展相关研究。客观而言,元政策层在制度设计的初始阶段以及随后的制度运行过程中就一直考虑到了政策协同问题。从这个角度来看,政策协同并不是最近才产生的新话题。政策协同在现代公共治理中所扮演的角色越来越重要,对政府管理模式、治理理念和技术方法提出了更高的要求。本书的研究也不是提出替代现有管理模式的新范式,更多地还是侧重于探讨传统政府管理中已经存在和延续着的一种管理方式。

三、伪协同

当上级特别是中央部门从整体出发出台各种政策时,相关政策可能符合整体需要,但各地情况千差万别,具体政策落实到基层各地政府时,有可能脱离地方政策实际。对于地方政府而言,基层政府并没有权力和能力去对抗上级政府的政策,但严格执行上级政策往往会导致基层政府的运作困境。面对这种冲突,基层政府往往采用共同的行动来拖延甚至改变上级的政策。在实际过程中,这种行动往往涉及多个部门及其工作人员,其行为表现形式多样。本书将这种下级政府官员之间互相合作,采用多种方式来变相执行上级政府政策的现象界定为"伪协同"。伪协同指的是下级政府之间,以及下级政府与其直接上级(非最高层级政府)之间的集体性对政策协同的变通行为以及对协同不力的默许行为,通过有效串通,进而有效地规避来自更为上级的规制。伪协同现象从正面来看往往体现出基层政府执行政策过程中所体现出来的灵活性,但是这种现象的负面效应却是上级政府不能够接受的,而这也就引发了再协同的需求与行动。

第二节 政策协同的特征

一、主体多元性

政策协同行为属于公共权力的运作范畴,其基本目标在于通过对特定公共权力关系的建构与重构,寻求相关部门对相关政策目标、过程及其内容的认同,进而实现跨部门的有效合作。随着社会发展,需要参与的部门越来越多,协同性公共管理将在未来治理过程中扮演越来越重要的角色。政策协同涉及的主体可以分为横向层面和纵向层面两个维度。从横向上看,涉及两个或两个以上的政府部门之间的监管与合作。中央各部委被赋予了综合监管职能,职能之间的交叉与重叠在所难免。在 2008 年进行大部制改革时,在国务院当时的 66 个部门中,职责多达八十多项。根据一些学者的不完全统计,"仅建设部门就与发改委、交通部门、水利部门、铁道部门、国土部门等 24 个部门存在职责交叉。另外,农业的产前、产中、产后管理涉及 14 个部委"①。从纵向上看,相关部门的隶属关系并不相同,部门业务有重叠,部门边界相互交叉,权力与责任关系无法简单划分。协同行为期望有多元平等的主体参与到协同过程中来,但是参与的主体并不是越多越好,如果参与主体过多,必然会带来更高的行动成本。由于不同主体之间异质性较为明显,存在着诸如目标、利益、资源、能力等方面的差异,不同主体与不同层级之间的沟通和协调难度较大,治理的复杂性相应提升。一旦协调不力,极易产生矛盾和冲突,反而阻滞了共识的产生。

主体多元性带来了利益多元性。在计划经济时代,社会利益结构分化不明显,政策协同所需要满足的利益对象较为清晰。但是随着市场的多元化也造成了政策主体的多元化,权力分属于不同的专门机构,不同部门拥有自身的利益,对不同问题的立场和认知不同,都希望自身的权力最大化。由于利益结构更加多元,政策协同过程需要统筹、协调各类利益主体的利益诉求,谋求将某一政策领域中的部门、人员进行整合,寻求不同主体之间利益、矛盾、观点的融合与统一。

二、相互依赖性

协同的需要源于不同部门的相互依赖,任何一个单一部门都无法拥有完成一项任务所需的不同类型和不同层次的技术与资源。只有部门之间相互依赖才能推动部门之间联系的频率和密度的提升,这反过来会促使部门

---

① 邓聿文:《大部制改革的核心是转变政府职能》,新浪网,http://finance.sina.com.cn/review/20080116/02404409663.shtml。

之间的联合决策,进而实现部门之间的相互信任和有效合作。可以说不同部门之间依赖性越高,不同政策主体能够在一定的价值目标的引导下,根据相应的制度环境来推动合作发展,协同的成效就越大。

协同治理要求将制度、体制、机制等诸多因素引入政策协同的因素中,与政策协同有关的行为主体和政策相关者都应当纳入到政策协同的结构中来。政策协同涵盖了与协同治理有关的制度安排、政治文化等环境变量加以系统分析和考量。伴随着社会发展,整体治理就呈现出一种更加复杂的多层次、多主体与多维度的治理结构。

三、政府主导性

政策协同取得成功的前提是相关部门能够在心理和思想层面取得认同,相应执行认同感的形成来源于三个层面,主要包括价值观、行为动机和利益。价值观直接作用于个体观念,通过价值观念的引导和灌输,可以有效培养个人观念。利益层面的协同取决于通过相关的利益安排来建立政策,通过一定的利益补偿来形成服从或者配合政策就有利可图的观念。在协同治理过程中,相关的利益补偿机制在一定阶段发挥了重要作用。在这两种观念导向中,价值观的层面较为稳定,一旦从价值观的层面塑造了政策协同个体的观念,那么政策协同的效果也就具有相当的稳定性。但是意识形态本身建构的难度很大,通过意识形态的建构来有效实现政策协调的效果不明显。在当下的社会,利益补偿成为协调主体之间关系的重要工具。但是很多主体出现了利益工具目的化的取向,一个隐形的阻力就是公权力的既得利益化,这非常容易导致意识形态本身的影响力受到稀释,也大大增加了协同的难度。当然,这需要高层领导人本身廉洁自律、勇于牺牲,要有调整既得利益的智慧和勇气,把握住良好的战略机遇来实现利益有效调整。

当其他主体无法成为主导因素时,元政策层成为最为重要的因素。在食品安全问题的监管过程中展示了一幅动态协同治理过程。上级政府首先通过部门间横向的分工和中央和地方间的纵向分权来分解转移事权,然后横向部门和纵向层级之间的种种不合作行为的产生消弭了上级政策的最初目的,当不合作行为变成普遍和严重现象的时候就影响了政策执行效果。最终,上级政府再一次作出调整,将食品安全问题摆上政府最为重要的议事日程,再次承担起推动食品安全的责任。

政策协同的过程是同一层级的不同部门、中央和地方的关系以及国家和市场关系的整合。在政策协同的逻辑中,蕴含着一种紧张性,这种紧张性来源于两种不同运行的逻辑,一方面是立足于一元运行轨迹的国家逻辑,另一方面则是来源于多元运行轨迹的市场逻辑。在一定时期,二者的运行逻辑之间存在一定的一致性。但是这两种模式的混合运行内含着一定的紧张性。在经济建设初期,借助于执政党的权威地位,有效推动了经济发展并维持着社会稳定,借助于竞争机制推动了经济的跨越式发展。但是经济的快速发展需要法律提供公平的秩序,要求通过竞争来破除政治垄断,进而将市场的张力发挥到极致,谋求实现市场的自发协同,所以这种逻辑紧张性和有效协同之间存在着一种冲突。而为了寻求国家发展的制度保障,这种紧张性事实上是必须解决的制度难题。

四、渐进性

社会转型的复杂性会冲击体制的稳定性,面对复杂的社会系统,无论是个人还是集体都很难参透所有的因素及其变动过程,人类理性的有限性暴露无遗。但是协同的渐进性决定了转型过程是一个不断试错的过程,而恰恰是不断试错才使得协同过程不断前进。尽管改革方向会呈现出一些盲目性甚至对立性,有时可能面临 180°的大转弯,但是这个改革过程整体上是平稳的和有序的,整个政策系统内部包括社会并未发生系统性分裂,而这是整个政策协同过程保持稳定的前提。渐进性是基于人类自身的理性,也是基于改革策略的选择。中国的政策协同过程往往是有一个大体上的方向与基本原则,但是在改革过程中往往不设定具体策略。如果改革伊始就为政策目标设计较为宏大、理想与根本性的目标,这往往很难推动相关改革。在改革策略选择上,与外层改革的频繁与变革不同,内核改革体现为一种相当保守与抵抗的局面。内核体系的核心是维护政党与政府之间的关系,其策略是渐进的。在这种渐进性的改革中,维持和巩固执政党的领导地位是其基本原则,通过有限调适来推动变革的有效推进。在这种调适中,核心是价值目标的调整。在改革过程中,通过对外围层的改革来推动核心层的调整,进而实现内外统一。在这个意义上,政策协同只有进行时,没有完成时。对待政策协同过程的不合理过程和不合理问题,既不可徘徊不前,也不可操之过急。

中国政策协同的模式背后有一个复杂的体系支撑。中央依赖政党与国家体系来有效管控协同的模式,进而实现对政策协同过程的一元统领和有效管理。从结构来看,这一模式拥有内、外两层结构。从内层结构来看,政党通过一系列的制度安排来实现对政府的全面控制,进而控制国家制度安排的总体力量。在外层结构中,主要是涉及部门与部门以及中央和地方的关系。正是通过这种结构来实现对相关资源的全面整合和对整体结构的整体把握,进而实现对改革进度的系统掌控。

五、有限性

政策协同的过程符合了我们国家改革的渐进改革和增量改革的路径,在政策执行过程中按照从高层到基层,从外围到核心的步骤来推动改革。政策协同的本质是政府内部不同部门和不同层级之间的权力、义务、关系、资源配置方式等方面的重新分配。但在政策协同的实际过程中,面对相关问题呈现出局部应激式的调整,改革往往缺乏明确方向和实现方向的整体思路,相关改革缺少系统规划。

尽管政策协同对于推动组织间合作有巨大作用,但是协同本身是有限度的,并非所有的合作行为都是有益的,缺少适度冲突的组织反而更容易僵化和衰落。人类社会无法消除冲突本身,冲突的产生是必然的而且必要的。对冲突的正确的态度并不是要消除,而是将矛盾和冲突控制在某一范围和某一水平上。西方政治运作过程中也通过党派间的有序冲突实现了体制上的稳定和整体的进步,适度的冲突将有利于组织更深层次的合作与发展。协同并不意味着不同层级、不同部门的政府在所有问题上都能实现合意,也不是单纯强调下级服从上级或者上级迁就下级。协同并不等于等同,不同部门的完全等同反而失去了组织之间的相互制约,宏观组织反而有可能走向混乱乃至失衡。更为严重的是,微观部门的系统协同往往导致组织缺少了明辨是非的能力,甚至可能导致集体性的盲目服从。

尽管协同是一个比竞争、冲突更受欢迎的概念,但是这并不意味着协同的效果一定会优于竞争与冲突。协同过程中伴随着复杂的资金、权力、关系、价值的重新整合与重新分配,这一过程往往耗费的成本可能会大于部门之间竞争过程产生的收益。尽管竞争缺少协同过程中的和缓气氛,但在一个效率为主要目标的背景下,相关部门之间拥有竞争是部门间关系健康的体现而非存在问题。同时,由于政策协同所涉及的主体众多,多个领域之间相互依赖,利益关系相对复杂,那么政策协同过程也就可能出现僵局的可能性。尽管政策协同内嵌着政策制定以接近民众和具有更强民主性的理念,但是如果多元主体之间并不存在解决矛盾和争议的裁判程序的话,它本身也会具有牺牲决策本身效率的可能性。

总之，政策协同具有一些重要特征，随着部门间合作在现代治理过程中发挥越来越重要的作用，那么它对传统模式下的管理思路、管理方法和管理能力都提出了新的挑战，那么研究并思考协同性公共管理也就具有更为重要的意义。伴随着经济发展与社会进步，中国具备了政策协同调整的压力和动力，通过政策主体、内容和结构的不断调整来不断适应新的形势。高层意志的连续性确保了中国政策的持续性和稳定性，这一政策过程是一个有待于不断完善、发展，在实践中不断调整的一种长期的制度安排。

第三节　政策协同的支撑理论

一、委托–代理理论

1973 年罗斯（Stephen A.Ross）发表《代理的经济理论：委托人问题》一文，最先提出委托–代理理论。该理论主要研究委托人如何设计出一个激励结构来促使代理人为委托人的利益来行动。委托人之所以选择代理人为其服务，主要原因可能是代理人缺少某种经验、知识、信息和实践，也有可能工作的规模大和复杂性高以至承担者本人无法完成，需要他人协调行动。在这种关系中，有两个关键之处。其一，委托人与代理人的利益和目标可能不一致；其二，委托人与代理人之间的信息不对称。[①]

此后这一理论逐步扩展到政治领域。在科层体系内部同样存在着委托人与代理人的关系问题。在私人公司中的委托人为股东，代理人为企业管理

---

① 参见张维迎：《博弈与社会》，北京大学出版社，2013 年，第 274 页。

人员；在政府机构之中，委托人则演变为立法机关或者其代表的选民，代理人是各行政官员。委托-代理理论提供了分析部门间合作的新视角。按照这一理论，国家的一切权力属于人民，但是全体人民不可能全部亲自参与管理国家具体事务，只能够以委托人的身份将管理权交给作为代理人的政府，由政府代为行使，由此形成了政治领域的委托-代理关系。

在食品安全监管领域也同样存在着这种委托代理关系。孙宝国对我国食品安全进行研究之后认为，基层政府作为中央政府食品安全的代理人，是否按照中央政府的加强食品安全监管的要求行动，主要取决于中央政府所能提供的激励的大小。激励机制由两部分构成：一部分是努力监管获得中央政府奖励的概率，还有一部分是奖励的力度。"由于中央政府在多层委托代理链条中无法有效观察到基层政府在食品安全监管方面的努力程度，加上上级政府对食品安全监管的绩效考评的主观性较大，只要没有发生食品安全事故即可，除非发生重大事故，否则被发现失职的概率不高。"[①]在这种情况下，基层政府在食品安全监管方面的动力明显不足。

二、交易费用理论

交易费用理论产生于新制度经济学，这一视角将制度视为形塑个体行为的规则集合体，即制度通过界定行为者的行为方法与方式来影响特定的行为结果，个体对于这些由制度所建立起来的激励和约束都能作出理性的反应。诺斯、威廉姆森、奥斯特洛姆、古丁等学者就是其中的代表人物。英国经济学者科斯（Ronald H. Coase）最开始提出交易成本的思想。在1937年发表的论文《企业的性质》中，科斯提出，在任何交易之前要花代价做些"事前

---

① 孙宝国：《中国食品安全监管策略研究》，科学出版社，2013年，第217~218页。

的工作"，如果交易成本过高交易就无从发生；企业之所以存在是为了降低产业分工和市场价格机制中的交易成本，而企业采取不同的组织方式同样也是为了降低交易成本。[1]科斯在1960年的论文《社会成本问题》中对市场中的交易成本作了更明确的解释：为了完成市场交易需要发现谁是所期望交易的对象、告知他愿意与之交易和就何种方式进行交易、开展谈判来讨价还价、起草交易契约、进行监督以确保契约中的条款得以履行，等等。[2]诺斯（North）将制度定义为"人类设计出来塑造人们之间相互关系的一系列约束，包括合法安排、程序和组织规范"[3]。威廉姆森（Williamson）感兴趣的是导致个人和企业在各类交易中的行为模式的规则和行为准则，考虑的是市场和科层的制度结构在降低交易费用方面的作用。[4]埃里克·菲吕伯顿（Eirik G. Furubotn）和鲁道夫·瑞切特[5]（Rudolf. Richter）认为，除了经济领域中日常的交易成本外，还包括建立、维持或改变体制基本制度框架的费用，并将交易成本分为市场型交易成本（Market Transaction Costs）、管理型交易成本（Managerial Transaction Costs）和政治型交易成本（Political Transaction Costs）。其中市场型交易成本是指日常交易成本，而管理型交易成本和政治型交易成本则是建立、维持或改变体制基本制度框架的费用。市场型交易成本包括搜寻和信息费用、讨价还价和决策费用以及监督和执行费用；管理型交易成本包括建立和改变组织的费用、运行组织的费用；政治型交易成本费用包括建

---

① See Ronald H. Coase, The Nature of the Firm, *Economica*, 1937(11), Vol.4:386–405.

② See Ronald H. Coase, The Problem of Social Cost, *Journal of Law and Economics*, 1960(10), Vol.3:1–44.

③ [美]道格拉斯·C. 诺斯：《制度、制度变迁与经济绩效》，杭行等译，上海三联书店，1994年，第4页。

④ 参见[美]丹尼尔·布罗姆利：《经济利益与经济制度——公共政策的理论基础》，陈郁、郭守峰、汪春译，上海人民出版社，2006年，第49页。

⑤ 参见[美]埃里克·弗鲁博顿、[德]鲁道夫·瑞切特：《新制度经济学—— 一个交易费用的范式》，姜建强、罗长远译，上海三联书店、上海人民出版社，2006年，第59~67页。

立和改变一个体制中正式和非政治组织的费用和政体运行的费用。

交易费用理论启发我们将眼光转移到对各种行为主体背后的结构性因素的考察，赋予协同行为之外的宏观制度环境以自变量含义，极大地丰富和扩展了政策协同行为研究的内容。

三、政策网络理论

早在 1967 年，来自不同研究领域的学者已经意识到许多公共问题具有动态的复杂性。这种复杂性主要表现为两方面：①很多的公共问题很难界定其因果关系，即对于问题是什么及如何解决该问题很难达成一致意见；②很多的公共问题是由多元的、相互重叠的、相互联系的次问题组成的，这些次问题涉及不同的领域及跨越不同的政府层级。这种问题的解决需要整合不同政府部门的职能，整合不同政策领域的职能，整合公众、专家和政府的职能，整合不同的资源。"政策网络"被看作应对这种问题的有效思路。治理意味着政府和社会关系的转变，认为政府是在一个复杂的社会环境中运作的机构，而不是孤立存在的。在治理的框架下，不仅需要社会自治力量来协助政府进行社会管理，而且应当是政府与社会自治力量一道去进行治理，从而形成多元政策网络的局面。英美国家将政策网络看作利益协调关系，是各种利益团体与国家关系形态的统称，是在美国亚政府（sub-government）和英国政策社群（policy communities）概念的基础上发展起来的。亚政府的观点认为，在特定政策领域内，政策制定并非是开放的，而是由国会委员会议员、机构官员，以及掮客团体所组成的亚政府作出的实质决策制定，即传统的"铁三角"关系。对英国来说，政策制定是分割性的，政策是在无数相互关联与相互依赖的组织之间制定，政策制定是涵盖国会委员会、行政机构与各种利益团体的政策社群关系。

美国是多元主义传统,有参与政策决策的惯例,但政策网络仍限于选择有限的利益团体作为政策的代表。美国"铁三角"的网络特性使得政策制定过程中网络的参与者相当有限,而且交易谈判是一系列的双边讨论而非多边协商。所以微观层次中主要行动者之间的个人关系而不是制度间的结构关系是美国政策网络的主要特点。但美国 20 世纪 90 年代的重塑政府运动极大地强化了第三部门、专家学者参与政策过程的力量,政策过程不再是稳定的"铁三角"之间的博弈,而是出现了一些不太稳定的组织结构。民营化的主旨是服务外包,集中于将先前由政府提供的公共服务外包,例如垃圾收集、街道维护以及监狱作业等,愈来愈多的地方公共服务以承包契约方式脱离联邦管理范畴。政府可以确保公共服务的提供,但不必亲自生产,生产功能可由私人企业承包,而达到小而有能力的政府目标。大量的第三部门组织参与政府治理,与政府一起解决社会问题,形成了治理中的政策网络。政府掌舵的思想和放松管制的民营化强调管制与自我组织,主张政府应多运用诱因,依赖具有问题解决能力的网络行动者。

英国是单一制国家,同时与美国一样,地方自治也很发达。在政策制定与执行方面,中央在决策中处于垄断地位,但在执行方面很弱,英国公务员制度一向重视通才培养而缺少专才。政策执行主要依靠地方当局、自我规制的组织(城市、大学、自由职业者组织等)和各类非政府组织。所以在按行业组织的政策网络中,中央负责确定方针政策,而执行必须与政策网络中的其他角色谈判协调。英国地方政府之间、地方政府与自我规制组织、非政府组织之间结成的关系影响中央决策。英国是内阁制的国家,行政与立法合一,英国立法部门在决策过程的政治重要性与美国立法部门不同,因此英国政策网络的主要参与者通常仅包括政府官员与政策利益相关者。政策网络中至关重要的是制度间结构关系而不是这些制度中人与人之间的关系。英国自撒切尔改革以来,国家越来越碎片化和空心化,作为整体的政府部门化,部门的政策参与越来越多,从而形成了部门主义。政策制定与执行机构的分开使公共物品供给和公共事务治理的主体变得非常多元,形成了治理网络。同时,政府事务民营化重新划分了国家与社会的关系,由国家承担的事务由政府出资,具体业务由社会中其他组织来经营。与美国民营化对政策过程的影响一样,第三部门积极参与公共事务治理,政府和第三部门形成了服务提供的政策网络。国家碎片化、空心化以及政府事务民营化是英国政策网络涌现的背景。

四、历史制度主义

最早从严格的学术意义上使用和阐述"历史制度主义"的是瑟达·斯考切波(Theda Skocpol)、凯瑟琳·瑟伦(Kathleen Thelen)和斯温·斯坦默(Sven Steinmo)等人。他们认为:"广义地说,历史制度主义代表了这样一种企图,即阐明政治斗争是如何受到它所得以在其中展开的制度背景的调节和塑造的。"[1]关注历史过程是历史制度主义大多数研究的核心。历史中的制度和制度的历史可以看作历史制度主义的主要关注点。将历史纳入制度分析中是历史制度主义区别于其他新制度主义的特殊之处。制度影响政策结果,历史则创造出制度。历史制度主义强调历史制度塑造人和组织的利益,因果关系是:历史-制度-利益-行为-政策,也就是历史创造制度,制度影响利益,利益支配行为,行为导致政策。历史制度主义最重要的两个分析界面是其历史观和结构观。

---

① [美]凯瑟琳·西伦、斯温·斯坦默:《比较政治学中的历史制度主义》,载何俊志、任军锋、朱德米:《新制度主义政治学译文精选》,天津人民出版社,2007年,第156页。

（一）历史观：路径依赖、关键时机、否决点

历史制度主义一般用"路径依赖"（path dependence）这个词来强调历史的重要性。早期历史制度主义强调过去的选择和决定对现在的重要影响。某种政策方案的选择和实施往往受制于现有的政策模式，而现有的政策模式的形成往往是个历史的过程，前一个阶段的政策选择往往会决定和影响着后一个阶段的政策方案。例如霍尔（Hall）在对英、法国家干预政策的比较研究中指出，要理解英、法两国 20 世纪 70 年代在国家干预政策上的差异，就必须深入了解这两个国家的政治和政策发展史。在对这种观点进行发展的基础上，历史制度主义借用并发展了经济学中的"路径依赖"概念，形成了自己的路径依赖观。皮尔逊（Pierson）认为，路径依赖的含义是：特定的时间方式的顺序是非常重要的，起点条件相同，但结果却千姿百态，重要的结果可能来自相对"微不足道"的或偶然的事件，特定的行动过程一旦被引入，几乎不可能被扭转过来，政治发展可能在塑造社会生活基本轮廓的关键时刻或关节点上改向。广义上的路径依赖指，前一阶段的事件可能会影响后一阶段出现的一系列事件的可能结果；狭义上的路径依赖则主要指，社会过程展现出回报递增的特点，即一旦进入某种制度模式之后，由于扭转成本非常昂贵以及制度壁垒的阻碍，沿着同一条道路深入下去的可能性会增大。或者说，回报递增的过程是自我增强或正反馈的过程。的确，在一个序列中，前面的事件影响结果和轨道，但并不是必然地沿着同一方向向深度推进。路径非常重要，因为它常常引发向其他方向的发展。不同因果的"路径"可能交汇一处从而引发制度的变化，这个交汇点也叫"关键时机"（critical juncture）。它是历史发展中的某一重要转折点，这一时期的偶然性因素将会影响其后较长时期稳定阶段的制度模式。关键节点也是历史观的重要内容之一。盖尔（Gal）和巴盖尔（Bargal）运用关键节点理论分析了以色列劳工运动和职业福利制

度发展的关系 。

历史观的第三个重要概念是"否决点"。否决点是一套制度的薄弱环节,在政策运动的这一否决点上,反对力量的动员可以阻挠政策的革新。各国的制度性否决点到底位于何处也为该国的利益集团提供了不同的活动机会和限制,为利益集团的目标确立和手段运用设置了范围。伊玛格特(Immergut)在比较瑞士、法国和瑞典三个国家的健康保险政策时发现,通过比较利益集团所拥有的权力差异明显不能解释这三个国家的健康保险政策的差异,因为这三个国家的医生集团和药品采购集团都拥有强大的组织能力,并且在医疗谈判中也享有大致相当的权力,但是这三个国家的医生集团和药品采购集团在达成各自目标的程度上却存在着相当大的差异。问题的关键就在于利益集团理论没有注意到政治制度中"否决集团"或"否决点"的存在。在政府和医药集团的对立格局中,医药集团实际上是充当了健康保险政策的否决性集团(Vetogronp)。健康保险政策的成功与否,依赖于制度为各个决策场所的行政官员所提供的机会或限制。

(二)结构观:变量之间的排列方式

历史制度主义"结构观"主要强调的是影响政治结果的各政治变量之间的结构关系,或者说变量之间的排列方式。在现实的政治生活中,制度并不是决定政府策略和行为者的单一因素,例如,行动者的界限、行动者的利益和策略、行动者之间的权力分配等,制度的研究途径并非是要取代其他变量。历史制度主义强调将制度视为一种模式化的关系位于制度框架的核心,并不会代替其他变量——博弈者、他们的利益与策略,以及他们之间权力的——的重要性。它从来不会提出某一简单的单一变量来对政治现象进行解释,而是试图将其他因素放置在由制度所建立的政治情境中,观察其互动关系,阐明一系列变量之间的相互关系和相互作用。正如霍尔所说:制度的作用在于通过构造政治变量间的相互关系而影响政策产出。制度框架通过提供一种视角来识别这些不同的变量是如何联结的，从而对某一政治现象作出解释。

历史制度主义要阐明的是不同的变量是以何种方式联结到一起的。正是因为某些变量在特定时期内在某一地区的集合，才构成了某种结构性的框架并决定着政治进程。但是在某一具体层面或某个时刻上究竟会集合哪些因素，并不具有普遍的必然性。随着时间变迁，同样的变量有可能产生出不同的结果，同一现象的出现也有可能是由与原来完全不同的原因所造成的。利益、观念和制度三者间的结构性关系一直是历史制度主义关注的核心。戈尔茨坦（Goldstein）在分析美国贸易方面的制度结构时，强调了这种制度结构强化某种观念的同时而弱化了另一种观念。当存在着多种利益的竞争时，观念能起到聚焦和黏合剂的作用，帮助形成合作联盟，观念能转化为制度，发挥持久的影响。道宾（Dobbin）在比较 1825—1900 年美国、英国和法国的铁路政策时发现，各个国家的不同历史造就了人们关于秩序和理性的不同观念，而各个国家的现代产业政策正是围绕着这些不同的观念建立起来的。他分析了文化、观念、制度和历史之间的相互作用。这些国家蕴含的经济规律反映了当地的制度历史，而不是外在的、超历史的规律。强大的利益集团在政治斗争中失利，是因为制度化的政治文化为他们的反对者提供了令人信服的论点，且没有给他们反驳的论据。道宾主张从人类学的角度来分析现代国家制度，这样就可以将制度为行动提供的组织途径和制度提供的文化规范看作同一个事物的两个维度，这两个维度共同影响着政策过程。制度化的政策范式影响我们如何思考原因和结果，制度化政策范式影响我们如何思考原因和结果，也为了解组织行为提供了路径。

第三章
我国食品安全监管体制的形成及其演变

　　对食品安全政策的分析,既需要侧重于食品安全政策的微观技术分析,更需要在政策演变的宏观历史进程中考察食品安全政策演进的基本规律。我国食品安全监管具有较长的历史,相关食品安全政策的调整也具有较强的渐进式的特征。了解食品安全监管体制的变迁,一方面可以更加深入地剖析当前食品安全监管的政策核心,另一方面也能够更加深入地了解既有体制在食品安全监管未来制度变迁过程中所可能产生的限定和约束。本章借助于制度分析的宏观视角,对我国食品安全政策演变的基本过程进行分析说明,探讨我国食品安全监管的不同模式。基于部门间关系的不同,本书将新中国成立以来的食品安全监管划分为单一部门负责阶段、分段监管阶段和整合监管阶段。把握食品安全监管的基本特征,进而谋求在宏观历史架构中寻找制度演进的一般规律,把握政策实际过程的发展脉络,分析政策变迁背后的多重逻辑。

第一节　食品安全的单一部门负责监管阶段

单一部门负责阶段是新中国成立初期到 2004 年。在这一阶段中,卫生部门开始承担起食品安全监管的责任,并逐步成为食品安全监管的负责部门。在卫生部门的领导下,其他食品安全相关部门按照职权明确了各自的职能和权限,相互配合负责食品安全监管工作。根据卫生部门在食品安全监管中的地位,大体上可以将这一过程划分为以下三个阶段:

一、初步确立阶段(1949—1978年)

(一)基本监管历程

卫生部门是最早介入食品安全监管的部门,在监管过程中一直发挥着重要作用。早在 1949 年,东北原中长铁路管理局借鉴苏联管理模式首先建立了卫生防疫站,食品卫生管理被纳入卫生部门的职权范围之内,主要关注食品消费环节中的食物中毒问题的预防和治疗。新中国成立之后,在人员、物资、技术均不充分的条件下,卫生部门负责食品安全监管的模式在全国范围内大规模铺开。"到 1952 年底,全国已经建立各级、各类卫生防疫站 147个,各类专科防治所(站)188 个,共有卫生防疫人员 20504 人,其中卫生技术人员 9750 人。"[①]

1953 年 1 月政务院召开第 167 次会议, 会议决定成立与行政区划一致

---

① 戴志澄:《中国卫生防疫体系五十年回顾——纪念卫生防疫体系建立 50 周年》,《中国预防医学杂志》,2003 年第 4 期。

的省、市、县三级卫生防疫站,承担食品卫生监督检验和管理工作。在防疫站内设卫生科,由卫生科负责包括食品卫生技术指导与宣传职责在内的公共卫生技术服务工作。1954年,卫生部颁布了第一部卫生防疫方面的监管法规——《卫生防疫站暂行办法和各级卫生防疫站组织编制规定》。这部法规明确了卫生防疫站的主要任务是预防性、经常性卫生监督和传染病管理。"到1954年底,全国共成立了卫生防疫站(队)337个。两年以后的1956年底,全国29个省、市、自治区及其所属的地市、州、县(旗)全部建立了防疫站。"①

到1956年,借鉴苏联式食品安全监管模式,我国基本形成了由卫生部门负责的食品安全监管模式。这一模式在当时发挥了积极的作用,弥补了食品安全监管的空白。但是伴随着食品行业的不断发展,食品行业全产业链的特征也就不断凸显。涉及食品安全的部门不断增加,农业部、粮食部、轻工部、水利部、商业部、对外贸易部、供销合作社等行业主管部门的监管职能都与食品安全相关,相关部门也都参与到食品安全监管过程中来。各个部门在职能范围之内管辖食品安全,相应建立起了一些食品卫生检验机构和相应的法律法规。这一时期的食品监管既没有采用分段监管的模式,也没有采用单一部门主导的形式,而是各个职能部门按照相应的权限关系划分职能。

"大跃进"和三年自然灾害时期,国民经济受到严重破坏,同时也严重冲击了我国刚刚确立起来的卫生防疫体系,许多地方卫生防疫机构大幅度地裁减合并。与医疗卫生相关的政府部门包括卫生行政机构、卫生防疫站、专科防治所和医疗保健机构被整合到了一起,同时也造成了大量医疗卫生人员的流失和相关工作的停滞。混乱的监管也造成了一些食品中毒事件的发生,给人民群众的身体健康和社会稳定造成很多负面影响。自1960年起,中央重新强调集权的重要性。1962年,党中央提出"调整、巩固、充实、提高"八

---

① 《在第一届全国人民代表大会第一次会议上代表们关于政府工作报告的发言(之三):李德全代表的发言》,《人民日报》,1954年9月25日。

字方针,进一步明确了改革路线,不仅恢复了原本撤销的部门,还新增加了若干新的管理部门。1964年,《卫生防疫站工作试行条例》颁布,该条例第一次明确了卫生防疫站的职能、性质和任务,对推动卫生防疫站正常工作的开展提供了法律保障。到1965年年底,全国共有各级各类卫生防疫站2499个,专业防治机构822个,人员合计77179人,其中卫生技术人员63879人。[①]与1952年比较,无论是机构的数量还是人员的数量都获得了大量的增长,这种增长也体现出卫生防疫机构初步实现了从无到有的转变。

1965年8月17日,国务院颁布《食品卫生管理试行条例》,该条例共17条,发布单位涉及卫生部、商业部、中央工商行政管理局、全国供销合作总社、第一轻工业部5个部门,但《条例》中并没有具体明确相关部门的具体名称,仅是以相关"食品生产、经营主管部门"统称,而其职能也被概括为"与卫生部门密切配合,互相协作,共同做好食品卫生工作"。

《食品卫生管理试行条例》是我国第一部将食品卫生上升到国家层面的综合性法规。该条例尽管并未明确食品卫生的具体执法主体及其相关职能分配,但是规定"卫生部门应当负责食品卫生的监督工作和技术指导"。这一法规的颁布标志着以卫生部门为主导的监管局面初步确立,其他部门包括食品生产、经营主管部门要"与卫生部门密切配合,互相协作,共同做好食品卫生工作"。

表3-1 《食品卫生管理试行条例》(1965—1979年)相关部委职能分工

相关部门	相关部门主要职能
卫生部门	食品卫生的监督工作和技术指导。
食品生产、经营主管部门	与卫生部门密切配合,互相协作,共同做好食品卫生工作。

图表来源:根据1965年颁布的《食品卫生管理试行条例》整理。

在"文革"时期,国家的经济生活陷入全面的混乱和停滞阶段。以卫生部

---

① 参见戴志澄:《中国卫生防疫体系及预防为主方针实施50年》,《中国公共卫生》,2003年第10期。

主导的卫生防疫体系及其工作秩序受到严重冲击,日常管理难以为继,各级卫生防疫站被取消,卫生防疫工作陷入停滞,食品安全监管工作也就无从谈起。1972 年,国务院曾经发出《健全卫生防疫工作的通知》,由于相关通知并未从职能上进行深入规范和调整,依然无法改变比较混乱的局面。

(二)食品安全监管的特征

1. 碎片化监管逐步形成

在改革开放之前,我国食品安全监管体制就已经呈现出明显的"碎片化"的特征,这也符合部分西方学者将中国体制概括为"分离化"的基本属性。[①]在新中国成立之后确立的食品安全监管体制中,卫生防疫部门负责相应的食品卫生管理工作。但是卫生防疫部门承担着卫生防疫和卫生监督双重任务,由于卫生防疫的任务很重,卫生防疫部门工作的重点就在于卫生防疫,所以卫生监督并不是卫生防疫部门的重点工作。而卫生监督又可以细分为环境卫生、食品卫生、劳动卫生等几大类,食品卫生在卫生系统处于相对比较次要的地位,一直没有成为卫生系统的核心职能。

2. 协同监管机制的匮乏

尽管《食品卫生管理试行条例》确立了卫生部门在食品安全中的领导地位,但是食品安全监管中的部门间协同机制并未建立。新中国成立之后的计划经济时期,由于生产力水平和认知水平的限制,食品产业本身发展比较缓慢,食品供给结构简单,食品流动性低。国家和公众对食品问题关注的重点在于食品的生产和供给方面,对于食品安全问题的认识尚处于基本阶段,协同监管机制也就非常不健全。尽管卫生部门在这一阶段中逐步取得了食品安全监管的主导性地位,但是这一地位是名义上的。食品安全监管的相关职

---

① See Lieberthal,Kenneth and Michel Oksenberg,*Policy Making in China Leaders*,*Structure and Process*,Princeton University Press,1990.

能仍然是分散在相关的食品生产领域的各个部门，比如粮食部门、农业部门、商业部门等相关部门均取得了食品卫生的执法主体资格，食品安全监管职能分散在各个部门之中，事实上仍然以行业管理为主。

3. 协同监管的不足尚未充分暴露

在改革开放之前，食品安全政策协同的要求相对简单，必要性不突出，监管问题暴露不够充分。首先，计划经济的严密控制严重束缚了私营食品企业的发展。这一时期食品卫生事件大多是由于生产经营过程中的技术的限制以及个人食品安全知识的限制。食品的运输、保鲜条件限制了食品的大规模、长距离的运输，食品多在当地生产、销售和食用，跨地区的食品安全事件相对较少，这大大降低了食品安全的危害程度。

其次，国有企业并不是完全追求利润的主体，公私合营之后，我们国家逐步确立了公有制经济的主体地位。对国有企业而言，国家控制了企业生产的方方面面，从采购、生产、销售到定价，企业并没有太多的自主权。国有企业的领导人大多由官员兼任，领导行为的主要行为是晋升导向而非利益导向，组织运行的基本结构也呈现出政府化运作的基本模式。这种导向使得食品生产企业为了获取利润而掺杂使假，降低食品质量的行为并不多见。决策层内部并未出现明显的利益集团。食品生产经营企业都在各自主管部门的管理之下，利润也不是企业经营者的核心目标。这个时期的政府与企业的关系并非监管与被监管的关系，而是体现为科层体系中上级与下级之间的关系。食品安全部门对食品安全质量监管更多依赖于行政任免、道德说教等方式实现相应的管理，而采用市场、技术、法律等手段使用较少。

最后，技术水平限制了食品安全问题的暴露。由于缺少现代化的检测手段，许多监督人员依赖眼观、鼻嗅、手摸、嘴尝等经验方法判断食品卫生状况，这制约了监管人员对食品安全的整体认知。以肉类加工工业为例，新中国成立后到1954年，我国肉类屠宰主要采用传统手工操作方式，检测项目简单,检测技术落后,只检验酮体,而不检验头蹄、内脏等部位,漏检问题严重。1955 年,商业部开始统一领导屠宰厂的领导工作,卫生部门负责卫生监督,畜牧兽医部门负责兽医的监督工作,肉类食品检验才逐步规范。再如,在农药的使用方面,我国 20 世纪 50 年代至 70 年代曾广泛使用过"六六六""DDT"等有机氯农药,这些农药在环境中的残留半衰期最长可达十年,造成农田严重污染。1983 年我国停止了有机氯农药的生产,1984 年彻底停止使用。①

总之,在计划经济为主的模式之中,食品安全监管意识不强,政府各个部门之间的职能划分模糊,但整个社会对食品的重点在于解决食品供应问题,这掩盖了公众对食品安全问题的关注。这种体制尽管有其粗糙之处,但在传统计划经济模式之中,其从生产、加工、销售、食用等各个环节上的缺陷并没有充分暴露,也并没有对监管体制提出过高要求。

二、改革开放后食品安全职能的初步调整时期(1978—1995年)

改革开放之后,我国食品生产企业获得了巨大发展,食品产量不断增加,食品工业获得了巨大发展。1979 年,我国食品工业总产值仅有 471.70 亿元,而2014 年,我国食品工业总产值已经达到 12 万亿元,35 年增长了 254 倍。②食品生产企业数量获得了大量增长,多种所有制形式企业均获得了快速发展。但是在当时的环境下,大量的集体和私营企业游离于主管部门的监控之外,改变传统的管理模式迫在眉睫。不断通过调整法律规范和相应职能

①　参见王茂起、王竹天、包大跃、冉陆:《中国 2000 年食品污染状况监测与分析》,《中国食品卫生杂志》,2002 年第 2 期。

②　参见《聚焦 2014 中国食品行业"十大新闻　十件大事"在京发布》,人民网,http://nb.people.com.cn/n/2015/0109/c365610-23501398.html。

成为重要选择。

(一)相关法律规范演变

1978—1995 年，全国人大共颁布三部食品安全相关的法律，分别是1979 年颁布的《中华人民共和国食品卫生管理条例》、1982 年颁布的《中华人民共和国食品卫生法(试行)》、1995 年颁布的《中华人民共和国食品卫生法》。以这三部法律为主要标志,我国卫生部门在食品安全监管中的作用不断增强,最终成为食品安全监管的主管部门。

1.《中华人民共和国食品卫生管理条例》阶段

改革开放后百废待兴,为了重新恢复"文革"期间被破坏的食品安全监管体系,卫生部门对 1965 年颁布实施的《食品卫生管理试行条例》进行了调整,1979 年 8 月 8 日,国务院转发了卫生部门制定的《中华人民共和国食品卫生管理条例》。该条例进一步明确了卫生部门作为食品卫生工作的领导部门,同时规定涉及食品卫生的相关部门的基本职能,相关部门的监管职能有了初步划分,但这种综合化和模糊化的规定并未有效规范部门职能与部门间关系,卫生部门领导的格局开始初显弊端。

表 3-2 《中华人民共和国食品卫生管理条例》施行期间(1979—1982 年)
相关相关部委职能分工

相关部门	相关部门主要职能
卫生部门	食品卫生工作的领导部门。
农业、林业、畜牧、水产、粮食、商业、供销、轻工、外贸等部门	食品原料和食品的收购检验工作。
粮食、农业、商业、供销、轻工、外贸和铁道、交通	防止食品和食品原料的霉变。
化工、轻工等部门	生产符合卫生标准的食品添加剂。
国境食品卫生监督检验机构	进口的食品、食品添加剂、食品容器、包装材料和食品用工具及设备的监督、检验。
国家进出口商品检验部门	出口食品的监督、检验。
海关	进出口商品证书查验。

图表来源:根据 1979 年颁布的《中华人民共和国食品卫生管理条例》整理。

该条例只是一部具有过渡性质的法律。从表3-2可以看出,1979年制定的这个条例中涉及食品安全的相关部门很多。该法律规定了卫生部门承担食品卫生的领导工作,但是食品卫生相关部门的职能划分仍然非常模糊,相关部门之间的协调难度可想而知,实际效果也会大打折扣。这部条例满足了"文革"之后食品监管法律从无到有的需要,但并未从根本上明确相关部门的职能划分问题,这也就注定了该条例本身的短暂。从作用来看仅仅是一个过渡,甚至在其发布之时就已经无法有效监管当时的食品卫生企业。该条例"虽分别'指明'卫生部门应当负责食品卫生的监督工作,但实际上只能起到技术指导作用;食品卫生标准的贯彻执行、食品生产经营部门的卫生管理都是通过企业的主管部门进行的,卫生部门无权处理卫生不符合要求的企业"①。

2.《中华人民共和国食品卫生法(试行)》阶段

1978年改革开放之后,国家进入新的历史发展时期,改革开放极大促进了生产力和生产关系方面的改革,与食品相关的产业也获得了极大发展。在相关政策的支持和鼓励下,包括国营、集体、个体等不同所有制企业均获得了快速发展,食品产量大量增加。食品生产的基本结构、经营模式均发生了很大变化,集体、个体生产企业的异军突起改变了国营食品企业垄断的局面。随着食品工业的不断发展,建立在传统计划经济模式基础之上的以卫生部门监督管理为主、行业主管部门监管为辅的监管模式已经无法满足现实的需要。尽管拥有名义上的领导权,新兴的私营生产企业和私人生产者没有纳入主管部门监管的范围,而卫生部门又缺少相应的权力来进行监管,卫生部门这种有名无实的监管权力逐渐显露出来, 这给当时的食品安全带来了相当大的隐患。

经过近三年的施行,不断总结其中的问题,1982年11月,第五届全国人

---

① 李小芳、王晓玲、刘瑕、李成捷:《新经济体制下食品卫生监督管理的变化》,《中国公共卫生》,1998年第8期。

民代表大会常委会第二十五次会议通过《中华人民共和国食品卫生法（试行）》，宣布要正式建立和开展国家食品卫生监督制度。该法明确了工商、农、牧、渔，国境食品卫生监督检验机构，国家进出口商品检验机构，海关七类机构的基本分工。

表3-3　1982年《食品卫生法(试行)》期间职能分工(1982—1995年)

相关部门	相关部门主要职能
卫生行政部门	领导食品卫生监督工作。
工商行政管理部门	城乡集市贸易的食品卫生管理工作和一般食品卫生检查工作。
食品卫生监督机构	由卫生行政部门所属县以上卫生防疫站或者食品卫生监督检验所承担食品卫生监督检验工作。
农、牧、渔业部门	畜、禽兽医卫生检验工作。
国境食品卫生监督检验机构	进口的食品、食品添加剂、食品容器、包装材料和食品用工具及设备的监督、检验。
国家进出口商品检验部门	出口食品的监督、检验。
海关	进出口商品证书查验、放行。

图表来源：根据1982年颁布的《中华人民共和国食品卫生法(试行)》整理。

3.《中华人民共和国食品卫生法》阶段

1995年，《中华人民共和国食品卫生法》颁布，该法标志着以卫生部门为主导的食品安全监管格局的正式形成。该法律将全国食品卫生监督管理工作的管理权交由卫生部门负责，将公共卫生执法主体由卫生防疫站调整为各级卫生行政机关，卫生监督与防疫逐步分开。该法进一步明确规定"各级政府的食品生产经营管理部门应当加强食品卫生管理工作"，"卫生行政部门是食品卫生执法主体，县级以上地方政府卫生行政在管辖范围内行使食品卫生监督职责"，"有关部门在各自职责范围内负责食品卫生管理工作。工商部门和出入境检验部门的职责不变"。

表 3-4　1995 年《中华人民共和国食品卫生法》期间相关部委职能分工（1995—2009 年）

相关部门	相关部门主要职能
卫生行政部门	发放卫生许可证、食品卫生监督检验。
工商行政管理部门	城乡集市贸易的食品卫生管理工作。
口岸进口食品卫生监督检验机构	进口食品、食品添加剂、食品容器等工具和设备。
国家进出口商品检验部门	出口食品检验。
海关	进出口商品证书查验、放行。

图表来源：根据 1995 年颁布的《中华人民共和国食品卫生法》整理。

（二）相关部门职能的演变

1. 卫生部门的监管职能演变

1982 年 11 月，第五届全国人民代表大会常委会第二十五次会议通过的《中华人民共和国食品卫生法（试行）》明确了各级卫生行政部门领导食品卫生监督工作，第一次明确了卫生防疫站为食品卫生监督机构。卫生部成立卫生防疫司，由防疫部门进行监督。各级卫生防疫站负责食品安全监督工作，作为食品卫生监督机构一直设置到县级，负责辖区内的食品安全工作。这种监管模式仍未从根本上解决卫生部门的监管权限，卫生部门"集执法、科研及技术服务于一体的模式，淡化了卫生监督的执法属性，削弱了执法力度"[①]。

到 1985 年年底，卫生部在全国已建立起各级、各类卫生防疫站 3410 个，比 1965 年增加了 911 个，专业防治所（站）1566 个，比 1965 年增加了 744 个。卫生防疫人员增至 194829 人，比 1965 年增加 117650 人，其中卫生技术人员增加了 87821 人。[②]

1996 年卫生部《关于进一步完善公共卫生监督执法体制的通知》揭开了卫生监督体制改革的序幕。通知规定："卫生防疫站仍是法人单位，继续行使

---

① 崔新、何翔、张文红、王汉松、李程跃、张天旭、郝模：《我国卫生监督体系的历史沿革》，《中国卫生监督杂志》，2007 年第 2 期。
② 参见戴志澄：《中国卫生防疫体系及预防为主方针实施 50 年》，《中国公共卫生》，2003 年第 10 期。

卫生防病职责,但可以原有卫生监督队伍为基础,组建公共卫生监督所挂卫生行政牌子,在卫生监督中成为卫生行政部门'内部'的办事机构。"在监督检测分开的思想下,卫生监督体系逐步从卫生防疫系统中独立出来。

卫生部先后于 1996 年发布《关于进一步完善公共卫生监督执法体制的通知》,2000 年发布《关于卫生监督体制改革的意见》,2001 年发布《关于卫生监督体制改革实施的若干意见》等通知,逐步将卫生防疫体系与卫生监督体系脱离,实现了监督、检测的分开。2002 年,卫生部成立中国疾病预防控制中心,具体履行食品安全相关管理工作。

2. 农业部门监管职能的演变

农业部门主要负责种植养殖环节初级农产品的监管工作。在计划经济时代,农业部门作为食品安全监管的主要部门,拥有食品安全监管的天然责任。但是在新中国成立之后相当长的时间里,农业部门的重点仍然是解决食品短缺问题,工作的中心是解决如何"吃得饱",农业部门的食品安全监管职能并不是特别突出。加之之前的食品安全监管职能的主要监管部门为卫生部门,农业部门的食品安全监管职能被忽视。改革开放之初,我国食品安全的重点是"细菌战",而到了 20 世纪 90 年代之后,"化学战"逐步成为食品安全监管的重点。食品安全的全产业链特征逐步凸显,卫生部门的监管模式也无法适应新时代发展的需求,农业部门的监管职能也就被广泛重视。农业部门进入了一个数量安全与质量安全并重的新阶段。自 1999 年以后,种植养殖环节农产品质量安全问题开始凸显,一些农户抵制不住巨大利益带来的诱惑,置消费者的健康安全于不顾,产生很多违规甚至违法行为,诸如在芝麻中添加色素、在福尔马林中浸泡的海参等。由于卫生部门很难监管这些处于生产阶段的问题,农业部门的食品安全监管职能逐步得到重视。农业部门不断总结农业综合行政执法试点的基本经验,逐步解决农业系统内部不同部门之间的协调问题,有效增强食品安全监管的力度。2002 年颁布实施的

《中华人民共和国农业法》规定："县级以上地方人民政府农业行政主管部门应当在其职责范围内健全行政执法队伍,实行综合执法,提高执法效率和水平。"农业部门按照职能划分为专业科室,由各专业科室负责食品安全。这也就造成了几乎所有的科室都与食品安全监管相关,各个相关科室形成了分散执法的局面。1999年之后,农业部整合相关监管部门,农业部门承担着农业产业的行业管理以及质量监管执法工作,农业部门的监管工作逐步被分离出来。

3. 质监部门监管职能的演变

质监部门参与食品安全监管的主要原因是其在食品安全方面的专业化优势。改革开放之后,不断出现的产品质量问题引发了国家的重视。1978年8月,我国在国家标准总局内设了一个产品质量管理局。1988年,原国家标准局、国家计量局和原国家经贸委质量管理局合并组建国家技术监督局,负责统一管理和组织协调全国技术监督工作。1993年,国家技术监督局成立,专门负责产品质量监管。1998年,根据国务院机构改革方案,国家技术监督局更名为国家质量技术监督局,并将原来由卫生部承担的食品卫生国家标准的审批和发布职能转移过来。1999年,国家决定将省以下质量技术监督系统实行垂直管理。2001年4月,国家质量技术监督局与国家出入境检验检疫总局合并,成立国家质量监督检验检疫总局。

(三)食品安全监管的主要特征

总结这一阶段的食品安全监管,可以归纳出如下特征:

1. 部门之间的协同需要大大增加

客观分析我国食品安全问题多发的主要原因,对于理解相应的食品安全问题有一定的帮助。从世界各国食品安全的监管来看,食品安全问题多发是世界各国在工业化初期的必然现象,我们国家也很难完全迈过去。当然,随着技术的进步、环境的改进与管理的改善,我们可以大大缩短食品安全问题爆发的频率,降低食品安全问题出现的危害性。在这一时期,食品安全风险的主要原因是由于食品生产者在利益驱使下的所引发的食品质量问题。伴随着市场经济体制的确立和发展,对食品的关注重点从食品供应逐步转移到食品安全上来。食品生产经营主体在所有制、数量、规模等方面发生了重大变化,食品安全监管的难度和强度大大增加,食品安全监管的重点从侧重于事后消费环节逐步转向事前—事中—事后的全过程管理。面对这种复杂的监管形势,迫切需要多部门共同合作来解决相关问题。

尽管《中华人民共和国食品卫生法》对相关部门的监管职能进行了明确,但是这种明确的背后是大量的模糊说明,在这一法律文本中诸如"国务院主管部门""国务院授权部门"等这类模糊词语有 12 处之多,多部门监管的模糊性可见一斑。这种模糊性反映了制度设计过程中谋求综合监管的努力,却在复杂的食品安全监管过程中凸显不足。元政策层通过这种模式试图调动多元主体来相互协作、共同监管。但具体执行过程中权力被分散而无法形成绝对的权威管理,没有一个部门拥有绝对权威去推动监管,出现问题无法明确监管主体与负责主体。

2. 卫生部门的协调职能发挥有限

尽管已经明确卫生部门应当负责食品卫生的监督工作,规定了卫生部门的领导责任,但是这种主导权更多停留在名义上。一方面,传统计划经济模式下的监管模式并未有效破解,各个企业主管部门的管理权依然被纳入其他相关部门监管,大量的食品生产经营者不在卫生部门管理范围之内。另一方面,作为平级的监管部门,卫生部门仅对其他相关部门有业务上的指导权,实际上只能起到技术指导作用。这种平级之间协同效果有限,如果没有其他部门的理解与配合,卫生部门的协调也就难以为继,食品安全难以有效保障。在这种监管模式中,各个部门独自为政的现象并没有得到明显改观,由于没有对涉及食品安全的相关部门进行明确规范，不断恶化的食品监管形势也需要新的监管模式。

3. 协调手段的匮乏

改革开放后我国政府的监管模式脱胎于传统的计划经济监管模式，政府部门在制定和执行相关政策时，必然会倾向于传统的管理模式。在计划经济时代，更多采取强制性的形式来推动部门间的合作，通过对意识形态的传播和教育来有效实现各个部门思想的一致性，并通过频繁的人事调整来保证行动的一致性。在这种协调过程中，专业和能力的重要性往往比不上政治素质，干部选拔的标准往往也强调对党的忠诚。改革开放之后，利益主体多元化、利益关系复杂化、利益冲突表面化，意识形态规范的作用开始弱化。强制式的行政监管模式往往缺少足够的监管，这也就无法完全依据法律授权来制定和执行监管政策，间接导致监管质量的弱化。

4. 食品安全风险形势更为复杂

全球范围内多种多样的变化影响着人类的食品安全。伴随着食品贸易量的逐步增加，食品种类和地域来源不断复杂化，农产品生产的集约化和产业化，新的食品添加剂和食品加工方法不断出现，细菌的耐药性不断增强。人们的饮食结构也发生了变化，其中部分因素可直接导致人体食源性疾病风险的增加，部分因素则需要更科学严格的风险评估，进而对相关食品安全标准进行修订。另外，传统的感染性细菌、病毒、真菌，化学性危害如农药残留、环境污染物已经被人们认知并成为食品安全控制的目标。但是随着食品安全环境因素不断变化，除了传统安全因素之外，许多新的危害不断增加，成为广受重视的安全问题。比如阮病毒引起的疯牛病、烘烤油炸食品中丙烯酰胺的残留、食品中抗生素耐药菌增多导致新食品危害的出现。由于不同食品安全问题需要不同的方法进行检验，这也大大增加了食品安全监管的难度。

随着监管水平的不断进步，政策监管的工具的使用开始逐步增加，在市场经济初期,国家主要通过加强立法、推动执法、强化司法等途径来推动政府监管。随着市场经济的不断发展,在传统工具的基础上不断引入质量体系认证、信息披露、行业技术标准等一系列工具,这些工具的使用和扩展有效弥补了原有政策工具的不足。当然,传统的工具中诸如思想教育、直接的行政干预等手段不断弱化。卫生部门的领导作用开始逐步淡化,分部门监管成为一个新的选择。

第二节　食品安全分段监管阶段(2004—2013年)

改革开放之后的一系列改革并没有有效遏制食品安全问题的蔓延,一系列食品安全事件层出不穷,食品安全问题严重危害人民群众的身体健康,社会关注度极高,公众意见极大。阜阳奶粉事件成为这一阶段的典型事件,"2003年1月到2004年4月,安徽阜阳农村因食用劣质婴儿奶粉导致229名婴儿患营养不良病,12人死亡。"①阜阳大头奶粉事件爆发,直接暴露了传统监管模式的不足,同时也直接推动了我国食品安全分段监管体制的建立。2004年,我国正式确立了分段监管体制。

一、相关法律规范演变

(一)《国务院关于进一步加强食品安全工作的决定》施行阶段(2004—2009年)

2004年9月,国务院颁布《国务院关于进一步加强食品安全工作的决定》,

---

① 《阜阳奶粉事件基本查清共造成12名婴儿死亡》,央视国际网,http://www.cctv.com/news/china/20040516/100527.shtml.

标志着我国食品安全监管体制正式确定为分段监管为主、品种监管为辅的分段监管方式。这一决定规定："农业部门负责初级农产品生产环节的监管；质检部门负责食品生产加工环节的监管，将现由卫生部门承担的食品生产加工环节的卫生监管职责划归质检部门；工商部门负责食品流通环节的监管；卫生部门负责餐饮业和食堂等消费环节的监管；食品药品监管部门负责对食品安全的综合监督、组织协调和依法组织查处重大事故。"我国食品安全监管正式进入分段监管阶段，我国卫生部门的主导地位正式退出历史舞台。在分段监管的模式之下，各个部委获得了食品安全监管的合法权，各部门按照相关要求履行食品安全监管职能，食品安全监管的"五龙治水"格局正式形成。①

(二)2009年新《中华人民共和国食品安全法》施行阶段(2009—2013年)

2008年9月，中国发生三鹿婴幼儿奶粉的重大食品安全事件。由于奶农在原料奶中加入大量化学原料三聚氰胺，直接导致一些婴幼儿泌尿系统出现异常。据卫生部通报，截至2008年11月27日8时，全国因三鹿牌婴幼儿奶粉事件累计筛查婴幼儿2238万余人次，泌尿系统出现异常的患儿共29万余人，累计住院治疗的共5万余人。②三聚氰胺事件以极其沉重的代价集中暴露了我国食品安全监管体制的缺陷与不足，推动了全国人大对1995年《中华人民共和国食品卫生法》作出进一步调整。1995年《中华人民共和国食品卫生法》自2009年6月1日起废止，取而代之的是2009年2月28日第十一届全国人民代表大会常务委员会第七次会议通过的《中华人民共和国食

---

① 参见《13部门涉及食品安全管理 各个环节谁在管》，新华网，http://news.xinhuanet.com/politics/2011−05/05/c_121379279.htm。

② 参见《22家奶粉厂家69批次产品检出三聚氰胺》，新浪网，http://news.sina.com.cn/c/2008−09−16/193816300199.shtml。

品安全法》。

新的食品安全法以建立严格的食品安全监管制度为重点，用法律形式固定监管体制改革成果，完善食品安全监管体制机制度，强化监管手段，提高执法能力，落实企业的主体责任，动员社会各界积极参与，着力解决当前食品安全领域存在的突出问题，以法治思维和法治方式维护食品安全，为最严格的食品安全监管提供法律制度保障。新食品安全法的颁布施行，对于更好地保证食品安全，保障公众身体健康和生命安全具有重要意义。通过建立最严格的法律责任制度，对违法生产经营者加大惩处力度，提高违法行为成本，发挥法律的重典治乱威慑作用。有利于从法律制度上更好地保障人民群众食品安全，促进食品行业的健康发展。

该食品安全法中对相关机构的职能进行了进一步规范。除原有农业、卫生、工商、质检、食药等部门外，还出现了一个新的机构——国务院食品安全委员会，通过法律的规定给分段管理一个明确的身份和职权范围。以前的工作中，无论是食药还是工商，在行使协调的权力时，由于各部门之间缺乏统一的上级部门，会遇到各式各样的阻力，这个机构的建立，可以避免以前出现的"协调不动"的情况。在该食品安全法中，不仅要求县级以上地方人民政府统一负责、领导、组织、协调本行政区域的食品安全监督管理工作，更赋予对食品安全监督管理部门进行评议、考核的权力。相当一部分监管机构是垂直管理的体系，每年的工作不接受地方政府的考核。这次通过法律明确了地方政府的职责，使地方政府真正有了行使权力的依据，加大了对垂直管理监管机构的约束力。

表3-5　2009年《中华人民共和国食品安全法》期间相关国家部委分工(2009—2013年)

相关部门	相关部门主要职能
食品安全委员会	分析食品安全形势,研究部署、统筹指导食品安全工作;提出食品安全监管的重大政策措施;督促落实食品安全监管责任。
卫生行政部门	食品安全综合协调职责,负责食品安全风险评估、食品安全标准制定、食品安全信息公布、食品检验机构的资质认定条件和检验规范的制定,组织查处食品安全重大事故。
质量监督、农业行政、工商行政管理、国家食品药品监督管理部门	分别对食品生产、食品流通、餐饮服务活动实施监督管理。
出入境检验检疫机构	进出口食品检验。
海关	进出口商品证书查验、放行。

　　图表来源:根据2009年颁布的《中华人民共和国食品卫生法》整理。

二、相关部门食品安全监管权的配置

1. 卫生部门

2008年由国务院批准的新"三定"方案再次强调了食品安全监管和食品卫生许可监管的职责分工,原卫生部卫生监督局调整为一个新司局——"食品安全综合协调与卫生监督局",负担起食品安全重大事故查处、卫生行政执法的职责。

从2010年起,我国开始在全国范围内开展了多部门、全过程、科学设计的风险监测工作。监测的任务既包括对食品产品安全的常规监测,也包括对食品生产、加工、流通和餐饮服务的各个环节中特定危害因素的检测。监测的范围覆盖了全国31个省、自治区、直辖市及新疆建设兵团。其中,化学污染物和有害因素安排了29类食品、132个检测项目;食源性疾病致病菌监测安排了对13种食品中的8个主要食源性致病菌的监测。在这次监测中,监测指标在选择优先权和危害因素方面的目的性更强,样本量显著增加,对采样的代表性、实施工作的技术性和数据报送的时效性等方面有更为严格的要求。在卫生部门的协调与组织下,我国逐步建立起覆盖全国各个省、市、县并逐步延伸到农村的食品污染物和食源性致病菌监测网络。

2. 工商部门

2004年公布的《国务院关于进一步加强食品安全工作的决定》规定了工商部门负责流通环节的监管,此后工商部门加大了对食品安全的管理。2006年,国家工商总局下发《工商系统流通环节食品安全监督管理责任及责任追究办法(试行)》。为了加强对食品安全的监管,2008年8月国家工商总局增设食品流通监督管理司,进一步加强了食品安全监管工作。

3. 食品药品监督管理局

2003年在中国的政府机构改革中,食品监管职能被划入原药品监督管理局的职能中,在原国家药品监督管理局基础上组建食品和药品监管局,并授予其综合监督管理食品安全的权力。这一改革借鉴美国管理模式,这一模式改变了与卫生部门的权力平衡,但是呈现"出水土不服"的局面。2008年国务院机构改革时进一步调整了相关机构和职能,明确由卫生部承担食品安全综合协调、组织查处食品安全重大事故的责任,同时将国家食品药品监督管理局改由卫生部管理。食药监局成为卫生部管理的国家局,其主要职能调整为负责消费环节食品卫生许可和食品安全监督管理,制定消费环节食品卫生许可和食品安全监督管理,制定消费环节食品安全管理规范并监督实施,开展消费环节食品安全状况调查和监测工作,发布与消费环节食品安全监管有关的信息。[①] 2008年,国务院又发布《国务院办公厅关于调整省级以下食品药品监督管理体制有关问题的通知》(国办发〔2008〕123号)将食品药品监督管理机构省级以下垂直管理改为由地方政府分级管理,业务接受上级主管部门和同级卫生部门的组织指导和监督。

---

① 参见《国家食品药品监督管理局9月例行新闻发布会》,中华人民共和国国务院新闻办公室网,http://www.scio.gov.cn/xwfbh/gbwxwfbh/fbh/Document/311354/311354.htm。

4. 农业部门

从 2001 年开始，农业部组织了大城市的农产品无公害食品行动计划，对农产品市场进行监测,种植产品农药残留合格率达到了 97%以上。农业部还开展园艺作物标准园建设,推进标准化生产,在基地监测的农药残留合格率达 99%,农产品的安全基本上满足消费者需求。[1]为建立健全动物防疫体系,2005 年国务院出台《关于推进兽医管理体制改革的若干意见》(国发[2005]15 号),正式拉开兽医体制改革的序幕。国家组建了以农业部兽医局、中国动物疫病预防控制中心、中国兽医药品监察所、中国动物卫生与流行病学中心及以四个分中心为主体的中央级动物疫病防控体系。整合动物防疫、检疫、监督等各类机构及其行政执法职能的动物卫生监督机构在省、市、县三级组建起来,行政、执法、技术支持三类兽医机构的职能得到理顺。这一机构的最初职能被界定为三个部分,即食品安全的综合监督、组织协调和依法组织查处重大事故的职能。

自 2010 年起,农业部按照《农产品质量安全监测管理办法》,根据农产品质量安全风险监测工作的需要，制定并实施国家农产品质量安全风险监测网络建设规划,建立覆盖各省(区、市)的国家农产品质量安全风险监控网络。各省级农业行政主管部门根据国家风险监测网络建设规划和本地区农产品质量安全风险监测工作的需要，建立覆盖本地区的农产品质量安全风险监测网络。

农业部门也不断加强监管的力度。在影响农产品质量安全的诸多因素中,最突出的就是农药残留超标。于 2014 年 8 月 1 日起施行的由农业部发布的食品安全国家标准《食品中农药最大残留限量》(GB2763-2014)所涉及

---

[1] 参见《2015 年我国农药残留限量标准将达 7000 项》,中国新闻网,http://www.chinanews.com/jk/2012/10-03/4226031.shtml。

的指标由 2012 年标准的 2293 项增加到 3650 项。①

5. 质监部门

尽管质监部门成立时间较长，但是《中华人民共和国食品卫生法》并未明确质检部门食品卫生执法主体地位，所以质检部门的重点并未放在食品上。2002 年之后，质检部门不断加大力度强化对食品安全的监管，包括不断强化法律，推动国家颁布和实施了《中华人民共和国产品质量法》《工业产品质量责任条例》等相关法律法规来保障质检部门的运行；颁布一系列食品安全标准，对食品生产企业实施生产许可制度，规定违规的食品生产许可证的企业不准生产食品。对检验合格的产品加贴 QS 标志，没有加贴 QS 标志的食品不准进入市场销售。质监部门凭借在食品安全监管方面的技术优势逐步取得了食品安全监管的主体地位，2004 年的《国务院关于进一步加强食品安全工作的决定》规定了质检部门负责生产加工环节的水平安全监管职能。2005 年 5 月，国家质检总局成立食品安全监管领导小组，专门负责食品安全问题。

三、食品安全监管的主要特征

1. 部门之间依赖性增强

多部门监管架构之所以出现问题，源于食品生产本身的特性。食品安全本身是一个有机的一体化过程，人为地划分必然导致食品链条的自然属性中各个环节的割裂，也就无法避免监管环节的外部性的出现。即使将各个环节进行了明确划分，但是食品生产中每个环节所涉及的监管部门都可能不止一个，环节内部也无法避免相应的外部性行为，分段监管变成了分割监管。在分段监管的模式之下，各个部委均获得了食品安全监管的合法权，各

---

① 参见《食品中农药残留限量标准项目增加至 3650 项》，新华财经，http://news.xinhuanet.com/fortune/2014-03/28/c_126328719.htm。

部门按照相关要求履行食品安全监管职能,食品安全监管的"五龙治水"格局正式形成。当然,"五龙治水"并不意味着只有这5五个部委负责食品安全。除了直接具有行政执法权的这5个部委之外,还涉及国家发改委、科技部、工业和信息化部、公安部、财政部、环保部、商务部、国家粮食局8个部委。在国务院各部委层面,与食品安全相关的部门达到13个。[①]各部门之间形成一个非常复杂的网络,各部门配合的质量决定了食品安全的质量。

2. 分管监管的失灵

到2004年,我国正式形成了一个多部门分段监管的架构。这一架构符合食品安全监管的复杂性、多样性等特点,在不调整既有机构权力边界的情况下最大限度地寻求政策资源的整合,谋求发挥各个部门的潜能,尝试实现多部门监管的效果最优化,谋求实现"1+1>2"的效果。但是这种架构本身并没有解决相关的问题,食品安全形势并没有有效改善,这也为后期的改革埋下了伏笔。可以说食品安全依然没有有效解决多部门监管的问题。这一模式的有效运作依赖于两个层面的配合:其一,不同部门之间的有效合作;其二,不同层级部门之间的合作。但是中央部门之间职能的描述是综合化的,这种综合化本身也就必然是概括化的。该模式运行到21世纪初期,并未改变食品安全事件频频发生的严重局面,此种协同模式也同样难以为继。

第三节　食品安全整合监管阶段(2013年至今)

频频爆发的地沟油、三聚氰胺等食品安全事件,不断暴露出多部门监管的弊端与问题。部门间合作是一个复杂化的过程,依赖于一系列维系局部秩

---

① 参见《13部门涉及食品安全管理,各个环节谁在管》,新华网,http://news.xinhuanet.com/politics/2011-05/05/c_121379279.htm。

序的种种规则和协调机制,随着任务难度的深入,部门间合作也就失去了其最初的简单性、可预测性和目标定向性。其形成过程不是一蹴而就的,也不是独立于各个过程之外的。当跨部门监管的思路无法有效发挥作用时,谋求机构整合就成为这一阶段的主要特征。

一、相关法律的修订

党的十八大以来,以习近平同志为核心的党中央提出了全面依法治国的新理念、新思想、新战略,开启了中国特色社会主义法治建设新时代。习近平强调要用"四个最严"保障食品安全。他指出:"要切实加强食品药品安全监管,用最严谨的标准、最严格的监管、最严厉的处罚、最严肃的问责,加快建立科学完善的食品药品安全治理体系,严把从农田到餐桌、从实验室到医院的每一道防线。"[①]在习近平重要讲话精神的指导下,十二届全国人大常委会第十四次会议表决通过了新修订的《中华人民共和国食品安全法》,这部被称为"史上最严"的食品法典,充分体现了"四个最严"要求。国家以人民的利益为根本,围绕保障公众食品安全,提高食品监管法治化水平,加快完善法律法规制度体系,食品监管法制建设实现跨越发展。2013 年 3 月 10 日,根据第十二届全国人民代表大会第一次会议审议的《国务院机构改革和职能转变方案》,国务院组建国家食品药品监督管理总局。这一方案中将国务院食品安全委员会办公室的职责、国家食品药品监督管理局的职责、国家质量监督检验检疫总局的生产环节食品安全监督管理职责、国家工商行政管理总局的流通环节食品安全监督管理职责进行整合,并组建为国家食品药品监督管理总局。同时取消国家食品药品监督管理局和单设的国务院食品安

---

① 《习近平主持中共中央政治局第二十三次集体学习》,新华网,http://www.xinhuanet.com/politics/2015-05/30/c_1115459659.htm。

全委员会办公室。通过机构改革,进而实现多层级、多方位、多维度保障人民群众"舌尖上的安全"。

二、相关部门食品安全监管权的调整

新的食品安全法对各有关部门的职责分工作出了新的规定。

1. 食品安全委员会的职责

国务院设立食品安全委员会,其职责由国务院规定。这是原食品安全法的规定,未作修改。根据原食品安全法的这一规定,为切实加强对食品安全工作的领导,2010年2月6日,国务院决定设立国务院食品安全委员会,作为国务院食品安全工作的高层次议事协调机构。国务院食品安全委员会共有15个部门参加,同时设立国务院食品安全委员会办公室,具体承担委员会的日常工作。

国家食品安全委员会的职责主要有:①分析食品安全形势,研究部署、统筹指导食品安全工作;②提出食品安全监管的重大政策措施;③督促落实食品安全监管责任。

根据2013年通过的《国务院机构改革和职能转变方案》,决定保留国务院食品安全委员会,具体工作由国家食品药品监督管理总局承担。国家食品药品监督管理总局加挂国务院食品安全委员会办公室牌子,承担食品安全委员会的日常工作。

2. 国务院食品药品监督管理部门的职责

国务院食品药品监督管理部门依照《中华人民共和国食品安全法》和国务院规定的职责,负责对食品生产经营活动实施监督管理,承担食品安全委员会的日常工作。这一规定是依据《国务院机构改革和职能转变方案》作出的,是对食品安全管理体制作出的重大调整,将原来由质量监督、工商行政和食品药品监督管理 3 个部门分别对食品生产、销售和餐饮服务进行分段监管,调整为由食品药品监督管理部门负责对食品生产、销售和餐饮服务进行统一监督管理。《国务院机构改革和职能转变方案》明确规定,为加强食品药品监督管理,提高食品药品安全质量水平,将国务院食品安全委员会办公室的职责、国家食品药品监督管理局的职责、国家质量监督检验检疫总局的生产环节食品安全监督管理职责、国家工商行政管理总局的流通环节食品安全监督管理职责整合,组建国家食品药品监督管理总局。主要职责是,对生产、流通、消费环节的食品安全实施统一监督管理等。将工商行政管理、质量技术监督部门相应的食品安全监督管理队伍和检验检测机构划转食品药品监督管理部门。

由国务院食品药品监督管理部门负责对食品生产、销售和餐饮服务进行统一监督管理,这一体制调整有利于解决分段监管体制下造成的监管责任不清、相互推诿、扯皮等问题,真正做到全链条无缝监管。

在食品安全管理方面,国务院食品药品监督管理部门的主要职责:一是对食品生产经营活动实施监督管理;二是承担食品安全委员会的日常工作,负责对食品安全工作的综合协调;三是对食品添加剂的生产经营活动进行监督管理;四是负责对重大食品安全信息的统一发布;五是负责会同有关部门对食品安全事故进行调查处置;六是负责制定食品检验机构的资质认定条件和检验规范;七是参与食品安全国家标准的制定,由国务院卫生行政部门会同其制定、公布食品安全国家标准。

3. 国务院卫生行政部门的职责

国务院卫生行政部门依照《中华人民共和国食品安全法》和国务院规定的职责,组织开展食品安全风险监测与风险评估,会同国务院食品药品监督管理部门制定并公布食品安全国家标准。这一规定主要是依据《国务院机构改革和职能转变方案》作出的。原食品安全法规定的国务院卫生部门的职责,除了组织开展食品安全风险监测与风险评估，制定并公布食品安全国家标准外，还包括承担食品安全综合协调，负责对重大食品安全信息的统一发布，以及组织对食品安全事故进行调查处置，这些职责在职能调整以后，国务院卫生行政部门不再行使，改为由国务院食品药品监督管理部门行使。新的食品安全法对制定食品安全国家标准的主体作了适当调整，明确由国务院卫生行政部门会同国务院食品药品监督管理部门制定食品安全国家标准。

4. 国务院其他有关部门的职责

国务院其他有关部门依照《中华人民共和国食品安全法》和国务院规定的职责，承担有关食品安全工作。这里的"国务院其他有关部门"主要是指国务院质量监督检验检疫部门和农业行政部门。其中，国务院质量监督检验检疫部门负责对食品相关产品的生产进行监督管理，负责食品、食品添加剂和食品相关产品的出入境管理。国务院农业行政部门负责食用农产品的种植养殖环节，以及食用农产品进入批发、零售市场或生产加工企业前的质量安全监督管理，负责畜禽屠宰环节和生鲜乳收购环节质量安全监督管理，负责与国务院卫生行政部门并会同国务院食品药品监督管理部门制定食品中兽药残留、农药残留的限量规定及其检验方法与规程，并会同国务院卫生行政部门制定屠宰畜、禽的检验规程。除此之外，"国务院其他有关部门"还包括根据国务院规定的职责承担食品安全工作的其他部门。

表3-6　2015年《中华人民共和国食品安全法》中相关部委分工

相关部门	相关部门主要职能
国务院食品药品监督管理部门	负责对食品生产经营活动实施监督管理，并承担国务院食品安全委员会的日常工作；负责组织食品安全风险评估工作、制定相应的食品生产经营管理规范等。
国务院卫生行政部门	组织开展食品安全风险监测与风险评估，制定并公布食品安全国家标准。
国务院食品药品监督管理、质量监督、农业行政等部门	根据食品安全风险评估、食品安全标准制定与修订、食品安全监督管理等工作的需要，制定、实施国家食品安全风险监测计划；提出食品安全风险评估的建议、通报信息。

相关部门	相关部门主要职能
国务院卫生行政部门、国务院农业行政部门	食品中农药残留、兽药残留的限量规定及其检验方法与规程，屠宰畜、禽的检验规程。
出入境检验检疫机构	进出口食品检验、境外食品安全时间的风险预警与控制。

图表来源：根据 2015 年颁布的《中华人民共和国食品安全法》整理。

　　党和政府下了很大气力抓食品安全，经过近几年不断的努力，食品安全形势不断好转。但问题依然复杂严峻，如何建立统一权威的食品安全监管体制仍在继续探索。如何完善食品药品安全监管体制，加强统一性、专业性和权威性，充实基层监管力量都需要进一步完善和改进。如何依托现有资源，加快建设职业化食品药品检查员队伍，设置相应的专业技术岗位、技术职务，开展专业技能培训，合理确定薪酬待遇，用专业性保证权威性仍是需要不断探索的问题。

　　2018 年，我国食品安全监管体制又进行了重大调整。根据国务院机构改革方案，组建国家市场监督管理总局。将国家工商行政管理总局的职责、国家质量监督检验检疫总局的职责、国家食品药品监督管理总局的职责、国家发展和改革委员会的价格监督检查与反垄断执法职责、商务部的经营者集中反垄断执法以及国务院反垄断委员会办公室等职责整合，组建国家市场监督管理总局，作为国务院直属机构。同时，组建国家药品监督管理局，由国家市场监督管理总局管理。将国家质量监督检验检疫总局的出入境检验检疫管理职责和队伍划入海关总署。保留国务院食品安全委员会、国务院反垄断委员会，具体工作由国家市场监督管理总局承担。国家认证认可监督管理委员会、国家标准化管理委员会职责划入国家市场监督管理总局，对外保留牌子。不再保留国家工商行政管理总局、国家质量监督检验检疫总局、国家食品药品监督管理总局。

第四章
政策协同过程中的阻滞因素

食品安全问题的治理过程具有明显的跨部门特征，单靠一个部门单打独斗难以解决问题，必须多部门、多层级联手才能出成效，通过协同治理来有效解决相关问题。在政策协同过程中，治理主体的碎片化、法律的碎片化、标准的碎片化等问题，成为政策协同的阻滞因素，这些阻滞因素加上不良环境的配合，进而出现伪协同现象。伪协同现象的频繁大量出现已经不能从个体素质的角度进行充分解释，本章遵循制度、体制、环境的分析思路，剖析伪协同现象产生的原因，建立分析政策协同的基本框架，并为协同治理提供思路。

第一节　政策协同的表现形式

一、政策协同的表现形式

在面临跨部门问题时，元政策层会要求在职能范围内的各相关部门密切配合、相互协作来处理跨部门问题。但是在具体执行的过程中，上级的期望与命令未必会获得下级的有效认同，各部门的配合结果也就有所差异。下级的选择策略基本上可以有如下三种形式：

(一)政策的有效协同

当面临政策协同问题时，跨部门、跨层级的政府人员从整体出发，结合各部门实际与其他各部门密切配合、相互协作来着力解决跨部门的相关问题。各部门在政策执行过程中拥有目标的共同性与行动的一致性，实现上下协同、左右合作的状态。但是这种有效合作需要协同意愿和协同能力的双重配合，在现实过程中，这一目标的实现需要一些基本的条件。

首先，部门间形成较为稳定的契约关系。政策协同的一个根本特征在于其跨部门性，但科层制形成了以职能为代表的分工体系，不同部门之间是彼此独立的。但政策目标与政策过程方面一旦遇到了共同的目标，能够达成共识，各个部门会形成一种基于合作目的而产生关联，而多次的关联进而能够形成较为稳定的契约关系。在达成目标的过程中，不同部门之间既彼此相互联系、相互依存、相互影响，又相互限制、相互制约。各部门在高度依赖对方，彼此之间的行动对对方有限制和约束的作用并按照彼此能够认同的条件来进行合作。各部门通过建构良好的契约关系,遵循政策协同的基本规则,形成一种有效的跨部门高阶合作。

其次,拥有较为稳定的合作收益。政策协同过程跨越多部门、多层级,权力的有限、职责的模糊等会制约协同的效果,要想达成合作的效果则要求所涉及的各个部门都需要更多的投入。而投入背后则要求有适当的收益作为激励和补偿,进而保证协同过程的持续化和稳定化。当然,政策协同过程中的收益与市场交易过程中的收益迥异。市场交易过程中的收益以效益为主要体现形式,可以用数字来衡量;而政策协同过程中的收益则表现为多元目标的组合,其核心在于收益与成本之间的比例,很难用数字来简单评价。但是较为稳定的合作收益是推动各部门自发合作的前提。

最后,协同难度较小。如果协同的收益能够比较明确,协同过程中的难度大小也会成为重要的制约因素。如果政策协同难度小,一方面意味着不需要调动过多的资源,通过简单的协作就可以达成目标;另外一方面意味着涉及的部门不需要太多,部门数量较少意味着不同部门之间的结构较为简单,相互之间的权利义务关系明确,责任易于落实,便于事前、事中、事后的全过程监督。只有这样,各部门也就拥有足够的动力来推动并实现跨部门的政策协同。

(二)政策的伪协同

我国中央与地方之间以及部门之间的权力配置不够明确、规范比较模糊造成了协同过程中拥有较大的弹性,其行为也有很多的操作空间。在政策协同过程中所形成的非正式约定构成了政策协同的另一面。类似的说法有"潜规则"等,有学者曾经在历史的运作过程中概括出"潜规则"的定义:"真正支配历史官僚集团行为的东西,在更大程度上是非常现实的利害计算。这种利害计算的结果和趋利避害抉择的反复出现和长期稳定性,成了一套潜在的规矩，形成了许多本集团内部和各集团之间在打交道的时候长期遵循的潜规则。这是一些未必成文却很有约束力的规矩。"①类似非制度行为基本特征是形式上的隐形约定和本质上的非规范强制。②为了与协同概念相对应，本书采用"伪协同"这一概念来界定这一现象。

伪协同现象的存在有深厚的土壤,借助于血缘、地缘等非正式组织构成的关系网络不断生成和蔓延,形成剪不断、理还乱的格局,进而促成了狭隘的部门利益和地方利益。尽管有学者强调,行政科学需要"通过运用显性的知识(explicit knowledge),而不是隐含的知识(tacit knowledge)来解释和预测社会现象"③,但对隐含知识的忽视则容易导致分析的表面化和形式化,通过伪协同现象来探究黑箱内部的形成机制无疑具有更为重要的意义。

当市场或社会能够发挥其积极引导效用时, 政策的有效协同过程依赖市场的自发组织就容易实现, 这也是协同过程在经济领域比较容易实现的原因。但是在诸如食品安全、传染病防治、社会保障等跨区域、跨部门的问题上,不同部门的配合往往存在一定困难,甚至可能出现一种伪协同现象。所谓伪协同,指的是下级政府之间,以及下级政府与其直接上级(非最高层级政府)之间的集体性对政策协同的变通行为以及对协同不力的默许行为,通过有效串通,进而有效规避来自更为上级的规制。此处的伪协同,是政府部门及其工作人员在政策协同过程中追求自身效用, 有选择地执行政策进而"欺骗"上级和公众的行为。它是下级政府的逆向选择, 有可能是个体行为,也有可能是集体性一般行为, 其目的在于为了自身的利益而达成某项协议来逃避、应对来自上级或外部的政策要求。由于伪协同的出现,往往会导致

---

① 吴思:《潜规则:中国历史中的真实游戏》,云南人民出版社,2001年,第2~3页。
② 参见郭剑鸣:《相机授权体制下我国央地关系中的潜规则现象及其矫治——兼谈分税制后"驻京办"问题的实质》,《浙江社会科学》,2010年第6期。
③ 全钟燮:《公共行政的社会建构:解释与批评》,北京大学出版社,2008年,第36页。

政策目标的偏离,政策协同的效果就与元政策层的初衷偏离。这种行为的产生既可能是缺少协同意愿,也可能是出现了协同失灵的后果。

在现实中,各个部门之间的政策协同通过诸多的形式呈现出来。伪协同的表现形式主要有:

其一,象征式协同。在政策协同的过程中,与其他部门的合作形式化、表面化,只是重视表面文章。遇到问题遮遮掩掩,遇到责任躲躲闪闪、有利则抢,无利则躲。各部门等待、观望其他部门的工作,或者将重点集中于开会议、发公文、谈口号,而忽略与其他部门具体配合。

其二,选择性协同。政策协同需要多级政府和多级部门的有效配合,但是部分部门对待上级决策的态度往往不认真、不积极,具体执行过程中选择有利于自己部门的政策,采用各种手段钻政策的空子,灵活变通地施行政策。打着结合部门实际贯彻执行上级政策的口号,上有政策下有对策,另打小算盘,人为附加与政策目标偏离的政策内容。

其三,机械式协同。政策执行过程中不考虑基层实际情况而出现的走程序、走过场,部门之间踢皮球,部门之间推卸责任的现象。上级协同的要求,各个部门避重就轻,纷纷在外围打转,而不采取实质行动;观望、磨洋工、不作为,"门好进、脸好看、事不办"。

其四,利益式协同。有利则争,无利则躲,表现为政策部门化、部门利益化,对一些与本人或本部门有利益冲突的协同行为阳奉阴违,口头上说贯彻,背地里不执行,运行过程中甚至出现贪污腐败现象。

总之,很多需要多部门合作解决的问题,类似伪协同现象的频繁、大量、集体性出现,元政策层表达的政策目标在科层体系的层层伪协同的过程中可能被扭曲、被置换、被消解、被空转,政策无法落地见效,最后不了了之。

（三）拒绝协同

政策有效协同包含着协同意愿和协同效果双重层面有效。拒绝执行是政策协同过程中的一种极端现象，指的是下级政府公开反对上级政府的协同要求，拒绝执行其他部门要求合作的行为。这种公开对抗行为比较少见，但并非没有可能，出现拒绝执行往往是因为上级的命令或其他部门的要求出现一些不合理的情况，相关部门在职权范围内来否决相关协同要求而产生的行为。

二、政策协同和政策伪协同的关系

（一）政策伪协同产生于正式的协同运作过程中

随着跨部门问题的增多，政府必须在应对过程中增强其合法性基础和治理能力。政策协同过程依赖于政府支配资源并满足公共需要的目的，取决于各级政府的各个部门在政策协同过程中的行动意愿和行动能力。但是这并不意味着跨部门的人员之间没有沟通和联系，事实上，依托于各种非正式关系而产生的伪协同普遍存在。在实际的政策执行过程中，政策协同与非正式协同按照两条路径运行，政策协同依赖的是正式政治的路径，呈现为基于金字塔式的等级制的科层体系，上层领导通过合理和合法的权威来推动部门间的合作。伪协同是一种以非正式政治为基础的关系网络，它并不是以正规程序和正式文本的形式呈现出来，而往往以某种关系作为连接的纽带。正式协同是伪协同得以存在的前提条件，而伪协同则是正式协同过程中的意外结果。在现实政治过程中相互交织、相互影响，黏合在一起发挥作用。

政策协同是与政策伪协同的关系类似于舞台中的"台前"与"幕后"，政策协同是"台前"，强调法律、制度等行为规则约束下的沟通与合作，以理性为基础，体现为合作的制度化和非人格化，协同过程中的文本和运作规则都是公开的。政策协同行为容易观察，但是一些缺陷和运作逻辑则容易被伪装，内部的行为规则和判断标准容易被表面的现象所掩盖。政策伪协同是"幕后"，隐藏在正式协同的背景中，以权力为基础，以关系为纽带，以利益为目标，表现为策略性、隐蔽性、人格化，不容易观察却决定了政策的真实走向。伪协同的运作模式并不公开透明，但协同过程和伪协同过程联系紧密，只有通过对正式协同的分析，才能透过协同过程中的"热闹"观察伪协同的"门道"，研究探讨如何规范二者的关系。

(二)政策伪协同的运作背景是非正式政治

　　伪协同的运作依赖于一种"非正式政治"。"非正式政治可以被定义为行为、结构和周期性标准的综合。"[1]"在实际运作过程中是由具有各种不同非正式关系及关系网的人们之间的政治互动所构成，其纽带和核心是'关系'。"[2]单一制体制下政策运行过程中的制度化程度有限、法律权威不足、整体运作过程不透明、不公开等都大大增加了下层政府伪协同的空间。这种空间为地方政府提供了能够创新的领域，但也诱发了下级扩张权力、增加利益的机会。官员通过非正式的策略来营建某种非正式关系，进而实现政策协同过程的趋利避害。

(三)政策伪协同的实质是追求部门利益化

　　由于不同层级的政府在利益诉求方面与中央政府之间存在相应的差

----

① L Dittmer,Chinese informal politics,*The China Journal*,1995(7):1–34.

② Tsou,T. Chinese Politics at the Top:Factionalism or Informal Politicals?Balance of Power Politics or a Game to Win All? *The China Journal*,1995(7):95–156.

异，这就为地方政府的伪协同提供了一定的政策空间，产生很多不规范行为。不同部门之间的边界模糊不清，组织成员在伪协同的过程中获取收益，但是这一过程与正式组织的整体目标是相悖的。类似的伪协同行为往往违背上级命令，背离公众期望，不同组织的成员在利益的驱使之下，建构非正式组织，进行伪协同活动，以逃避监管责任，获取正式协同过程中无法获取的利益。国家部委出台一些有利于本部门的法律法规，造成法律部门化、部门利益化的格局，而一些地方监管部门则暗中搞地方保护，采用"钓鱼执法"等行为谋求增加利益。利益是机制能够启动的驱动力，也是行动者最为关注的东西。由于政治与经济制度的激励，地方政府拥有了一定的自利性，自利性是政府的一种基本属性。但当地方政府行为中掺杂了过多的自利性时就不可避免地会对政策执行过程产生影响，会违背公共政策为了解决社会大部分人的公共问题这一初衷，由此也就会导致政策执行的变异。地方政府的自利性除了包括政府整体自利性之外，还有部门利益扩张而带来的自利性。部门利益的扩张主要表现在部门利益合法化、部门利益链条化、政府权力部门化等方面。在食品安全政策执行中，县级食品安全监管部门是政策执行的核心单位，一方面由于受到县级政府的压制使其执法活动受阻，另一方面也由于部门利益而会主动减弱执法力度。

当然，伪协同在表现形式上与执行失灵有一定的相似之处，但伪协同不等于执行失灵问题。其一，执行失灵往往基于政策失灵，更多聚焦于单一部门政策执行过程中的失灵，对跨部门研究较少。而伪协同则是聚焦于跨部门政策的集体失灵现象，体现为一种集体性违约。由于伪协同现象的广泛存在，已经不能单纯停留于执行层面分析协同失灵的原因。其二，政策执行失灵更多将思考停留在政策执行的结果层面，忽略了政策制定层面的原因，忽视了执行问题背后的体制与环境的因素。这一思路蕴含了上级政策的正当性与合理性的假设，而下级一旦出现偏离，则是下级政府不遵从上级命令的体现。这种思路夸大了上级政策的正确性,不利于更加客观和真实地观察这一现象存在的制度原因与逻辑。其三,二者的解决思路不同。执行失灵往往将重点侧重于基层官员的能力与素质方面,但往往忽略基层官员的合理利益,一味强调政策失灵的主观原因,谋求通过更加强制的手段来推动政策执行,这不仅不会改善政策执行效果,反而会造成基层官员的进一步反感甚至对立。

需要指出的是,本书是从中性的意义上使用伪协同这一概念,主要用于强调的伪协同的范围和程度,看有多少人参与,有没有组织性。这种伪协同现象有诸多负面后果,看其危害程度有多深。这种阳奉阴违的行为有时候是地方政府创新的表现,改革开放初期很多地方政府的创新行为就符合这一特征,尽管当时是违背了上级的意志,但是从长期来看还是体现出了政策执行时候的灵活性和适应性。伪协同并非总是负面的,它也显示出政策的弹性特征以及基层官员挖掘政策潜力、探索政策边界的智慧和勇气。

另外,本书对伪协同现象的关注并不是代表伪协同一定会产生,也不是代表着正式制度一定会失灵,而是强调正式制度本身的影响力可能是有限的。在正式的协同过程中,要求组织具有高度的统一性、整合力与凝聚力,要求组织间边界明晰、不存在争议。要求理性原则贯穿于政策协同过程的始终,不同部门的执行者能够成功地遵从各种规则,彼此信息互通、团结一致,为不同部门间的共同目标而努力。当协同的条件无法具备时,伪协同现象将会必然存在,可以发生于任何类型的组织,特别是规模巨大的组织。这种伪协同行为由于隐蔽较深,难以观察和分析。

三、政策伪协同的后果

(一)冲击正常的运作规则

伪协同本身会影响和冲击正式规则,打破政策执行的预期。正式的政策协同的基础是正式的制度安排,以理性为原则,以法律为基础,以公共利益为核心目标,保证了制度的合理性和合法性。但是伪协同以关系为基础,尽管正式规则不断调整正式的制度安排,但是这一制度安排并未改变部门运行的潜规则,伪协同的规则在正式规则面前不断衍生和复制,甚至形成上有政策、下有对策的局面。我国改革开放之后多次调整食品安全监管体制,但是多次调整正式规则始终无法有效解决监管低效问题,甚至影响政府形象,冲击政府公信力。

操作层是政策执行的关键环节,特别是对于基层食品安全监管而言,食品安全监管的重心在于基层,食品监管的执法力量有限,而监管任务却非常繁重。资源配置也侧重于基层,行政机关将政策执行的重心不断下移,国务院于 2012 年印发的《国务院关于加强食品安全工作的决定》第一次明确要求乡(镇)政府和街道办事处要将食品安全工作列为重要职责内容,[①]强调主要负责人要切实负起责任。要切实建立起乡镇政府、街道办事处的食品安全工作体系,在社区、农村建立起以食品安全信息员、协管员为主的群众监督队伍,强化基层政府与各行政管理派出机构的密切协作,形成分区划片、包干负责的食品安全基层工作网络。食品安全工作的责任能否落实是食品安全治理成败的关键,责任必须落实到每个行政执法主体、落实到食品安全生

---

① 参见《国务院食品安全办负责人解读〈国务院关于加强食品安全工作的决定〉》,中国政府网,http://www.gov.cn/zwhd/2012−07/03/content_2175897.htm。

产的每个环节。但是在现实管理过程中,监管重叠与监管空白大量存在,各个部门职责分工不够明确,边界不够清晰,一旦出现食品安全事件,各个监管主体往往相互推诿扯皮。

上级对下级的伪协同往往采取选择式执法。地方官员面临有限能力和巨大管辖需求的矛盾时,往往难以实现公正和严格执法。面对集体违约的情况,上级政府需要从中选择突破,有时候会选择问题较为重要的领域,有时候也有可能选择跟自身关系不好的下级。这种伪协同有可能是建立在部门利益基础之上,也有可能建立在人际关系基础之上,甚至有可能造成小集团、小山头。这反过来又会形成上行下效的局面,基层官员执法不严、执法不公的情况也就非常正常、非常普遍。很多基层官员不是将工作重点放在自身的业务上,而是考虑如何建立和维系与上级的关系,即使在工作之中,重表不重里,更多的不是考虑如何扎实推进相关工作,而是考虑如何"出亮点",将工作的重心放在如何上新闻、发报道等表面工作,管理的效果维持在"大事不出,小事不断"的状态。而类似的小问题不断积累,最终导致"大事"的爆发。当"大事"爆发时,上级政府有时也不得不采用选择性执法的方式来处理问题。类似现象在"三聚氰胺"奶粉中毒事件中尤为明显。2008 年 9 月 16 日,国家质检总局通报全国婴幼儿奶粉三聚氰胺含量抽检结果,22 家企业 69 批次产品均检出含量不同的三聚氰胺,伊利、蒙牛、雅士利、圣元、南山等国内知名企业均包含在内。但这些企业中,仅有三鹿集团和一些奶站负责人受到重罚,针对其他企业仅采取下架、封存、召回、销毁等处罚措施,处罚力度很弱。①这种不公平处罚方法最终冲击了消费者对国产奶粉的信心,国产奶粉行业长期处于低迷状态。

---

① 参见《22 家企业的奶粉检出三聚氰胺》,新浪新闻,http://news.sina.com.cn/o/2008-09-17/154314461319s.shtml。

(二)政策协同效率低下,甚至催生腐败

在部门间伪协同过程中会形成权威,这种权威会侵蚀正式权威的基础,形成多重权威的局面。伪协同会对正式的协同过程造成一种反制、歪曲或变通,导致政策协同的表面性、选择性、形式化,上级政策目标难以实现,甚至有"中央政策不出中南海"一说。政策协同过程涉及部门较多,部门利益较为隐蔽,牵涉的利益也较广,多重阻滞因素影响了政策执行主体的积极性,也成为影响食品安全监管效果的主要制约因素。政治权力与资本权力的融合造成了部门间合作的困难,政策执行差异化较大。当伪协同的活动造成一定影响之后,正式协同效果好坏要取决于伪协同的配合程度,正式规则被非正式规则绑架,协同效果也就可想而知。当监督机制不健全时,腐败等行为也就普遍蔓延。

(三)资源分配不均衡

我国食品安全在政策协同过程中也呈现出公共资源的分布不均的现象,优质公共服务和公共资源向优势地区集中。政策协同的层次性形成一种差序格局,政策协同依赖于权力、资源的支持与配合。我国的政策分层并不是以市场为依据,或者说市场并不是这种分层的主要动力,政策分层的主要是依据公众同国家机构的关系以及国家的资源分配方式。离政治中心越远,资源分配越少,监督力量匮乏,监督效果越差,也就体现为东西差异、城乡差异以及监管对象差异,越是基层,食品安全问题就越容易发生。现阶段,对食品问题的批评大多源自于城市而非乡村,这并不意味着农民的食品安全状况就非常安全。事实上,农村才是假冒伪劣产品的主要倾销地,而人们之所以形成城市食品问题比农村食品问题严重的印象,主要因为城市会比农村带来更多的政策压力。城市人口更加集中,城市人口的政治、经济和社会活

动更加容易形成各种外显的政治活动,进而对决策者产生影响。决策层也倾向于将资源配置的重心放在城市及中心区域,资源的整体配置就沿着中心到外围、城市到农村的趋势逐步衰减。而到了诸如农村、城乡接合部等非中心区域,监管的漏洞就频频发生,进而成为食品安全问题最为严重的、最先爆发的地方。由于人员和经费有限,城市成为监管部门监督和防控的重点对象,而农村却长期处于监管的空白区域,也造成广大农村地区成为假冒伪劣食品的重要销售地。"当代中国 80% 以上的食品中毒事故都发生在农村地区,90% 以上的食源性疾病都集中在农村地区。"①即使遇到食品安全问题,由于农民表达途径很少,很难形成集体性的压力。加之受教育程度较低,农民的食品安全意识不够充分,导致农民对食品安全的认识程度不高。

乡镇政府一直缺少必要的经费、技术、人员来保障食品安全。2013 年之前,食品安全领域的机构改革和综合协调职能的调整大多停留在省市级,具体监管职能的调整多停留在县级, 而乡级则基本属于监管空白。2013 年之后,国务院要求在乡级设食品卫生监管人员。如山东省规定每个乡镇设置四名左右的监管人员,但是其检验技术、交通工具依然远远不能够适应相应要求,对乡镇食品安全的监督监管已属勉为其难,更难以对点多面广、分散经营的广大农村小型家庭作坊式生产经营户进行有效监管。这种差异性不但体现为政策原因,还有市场原因。市场的流动性加剧了资源配置的差异性,市场经济的发展也扩大了城乡发展的鸿沟,进一步强化了这种不协调现象,农村地区的监管水平和监管能力与城市形成了明显差异。

对于一些流动商贩而言, 由于自身人力资本禀赋和资本禀赋在市场中处于劣势地位,他们的生产经营条件并不符合食品卫生的基本要求,也就无法取得食品生产资质,卫生质量难以保证,经常出现短斤少两、以次充好等

---

① 刘鹏:《改革食品安全城乡分治、保障食品安全国民待遇》,《行政管理改革》,2012 年第 9 期。

问题。正如斯科特在分析市场经济对农民（也属弱势群体）反抗行为时指出：
"贫困本身不是农民反叛的原因，只有当农民的生存道德和社会公正感受到
侵犯时，他们才会奋起反抗，甚至铤而走险。"①

伪协同的治理成本很高，类似的活动往往非常隐蔽，基层官员通常用认
识不足、能力有限等看似非常合理的理由来掩饰伪协同的目的。由于基层政
府相关官员自由裁量权过大，监管往往不到位，类似的事件往往频频发生。
即使遇到上级监管，由于监管过程取证困难，除非在伪协同过程中伴随着腐
败行为，否则很难发现，很难处罚。事实上，类似的伪协同的现象很难完全杜
绝。在目前的决策模式下，元政策层自上而下强力推行相关政策，当相关政
策无法适应基层政府的基本情况时，基层政府往往会在自己的政策范围内
进行调整，而大范围的伪协同将会影响整体效果，进而会对原有政策进行调
整。这种调整既包括正向的符合公共利益的行为，也包括负向的冲击公共利
益的行为。伪协同与其说是一种政策执行不力，还不如理解为制度不完善背
景下部门间的博弈与互动。中央政府和基层政府的基本目标都是为了能够
提供在既有体制内寻求更加有利于自身的政策，因而基层政府的行为有其
合理和必然的一方面。政策伪协同并不是达成某个既定目标的策略，而是地
方政府在压力与利益的驱使下的相关行为选择，借此缓解来自于外部的压
力，维护自身的利益。因此，地方政府并非开始便有计划地将食品安全问题
升级和蔓延，由此反而推动中央政府不断强化食品安全协同措施。当然，这
种局部的合理引发的是整体的不合理。随着食品安全问题的日渐突出，中央
政府开始通过调整职能、规范法律等方式来解决食品安全问题，但是类似手
段往往引发更多问题，最后元政策层不得不出台更加严厉的政策来实现政

---

① ［美］詹姆斯·C.斯科特：《农民的道义经济学：东南亚的反叛与生存》，程立显等译，译林出版
社，2001年，第8页。

策有效协同。总体而言,若不同层级政府之间的协同过程朝着良性互动的方向发展,将有助于改善食品安全的监管效果。

第二节　政策协同的制度障碍

制度是嵌入政治经济组织结构中的正式或非正式的规则、程序、惯例和规范,其范围包括宪政秩序、科层制内的操作规程和对相关主体起管制作用的一些惯例。不同的流派对制度重要性的认识不同,理性选择制度主义者声称,理性重于制度;而历史制度主义学派则认为:"利益、观念与制度的结构性关系一直是历史制度主义的关怀核心。"[1]一旦界定了制度的实质内涵,也就等于决定了研究方法、分析层次与策略。西伦(Thelen)和斯坦默(Steinmo)主张,既然大多数理论家同意制度不能解释一切事物,那么对制度作一种相对狭窄的界定,并集中研究制度其他变量之间的关系,才有可能产生出分析优势。[2]本书采用历史制度主义学者霍尔对制度的定义,将制度界定为嵌入政体或政治经济组织结构中的正式或非正式的程序、规则、规范和惯例。[3]正式规则是人们有意识创造的一系列政策法规,包括政治规则、经济规则和契约,以及由这一系列的规则构成的等级结构。从宪法到成文法,到特殊的细则,最后到个别契约,它们共同约束着人们的行为。其范围包括宪政秩序、科层体制内的操作规程和对工会行为及银企关系起管制作用的一些惯例。由

---

　　①　Peter, Hall, Rosemary, Taylor, Political Science and the Three New Institutionalisms, *Political Studies*, 1996.44(4):942.

　　②　参见[美]凯瑟琳·西伦、斯温·斯坦默:《比较政治学中的历史制度主义》,何俊志等译,天津人民出版社,2007年,第155页。

　　③　See Peter, Hall, Rosemary, Taylor, Political Science and the Three New Institutionalisms, *Political Studies*, 1996.44(4):938.

于制度既是决定政府在政策执行中采取何种行为的激励变量，又是约束其行为边界的重要手段，因此首先就需要构建政策执行的制度规范机制。

权力平衡机制是抑制政府权力膨胀并调节权力失衡的重要手段。地方政府的权力结构是在"政行合一"的权力来源基础上形成的横向的以"县委领导下的县长负责制"为主要特征、纵向以上级对下级的控制为主要原则的权力组成形式，这也是决定县级权力运行的基础。对地方政府权力的制衡一方面是指对政府官员尤其是"一把手"权力的制衡，另一方面则是指社会力量对政府整体权力的制衡。而在上下级政府之间，不管是继续推行"市管县"的行政体制还是实施"省管县"的体制改革，在现阶段最重要的是理顺上下级之间的权力关系。制度对政策部门互动的限制表现为对其设立规范化的程序和目标，并以正向认可鼓励某些行动及负向制裁抑制其他行动，本部分主要探讨正式规则意义上的制度。

随着食品安全问题逐渐暴露并且恶化，食品安全监管面临日趋严峻复杂的局面。食品安全问题具有明显的跨界性特征，产业链很长，涉及部门较多，仅凭单一部门无法有效解决相关问题，因此有必要通过加强不同层级之间、同一层级不同部门间合作，统筹各部门职能，实现整体效能的提升与优化。元政策层一直谋求有效建构一个分工明确、职责清晰的制度架构来解决相应的问题。但政策协同的现实运作过程中出现了大量的偏差，在监管过程中，既有的制度并未达到形式合理性，不同规则、规范之间并不自洽，甚至相互矛盾、冲突、不相容。类似现象的频频发生，已然不能单纯停留在官员个人素质的角度进行解释。这些个别行为的背后有一套严谨的运作机制，需要从制度安排角度来分析和思考这一现象背后的原因。

一、政策设计层面的碎片化

（一）食品安全法律之间的"碎片化"

首先，法律内容之间存在冲突。中央各个部委均被赋予了综合管理权，也就获得了相应的行政立法权。在食品安全监管过程中，与食品安全相关的农业、卫生、食品、工商等部门都在各自的职能范围和权限下出台了相应的法规和相应规范，通过这些法律来维护相关的权利义务关系，规范和约束行业生产者和监管者的行为，保障消费者的利益。随着各个部门边界的不断延展，部门之间法律层面冲突的局面也就不可避免。截至 2007 年，我国已经公布的与食品安全有关有近二十部法律，近四十部行政法规，近一百五十部部门规章。[①] 包括《中华人民共和国食品安全法》《中华人民共和国农产品质量安全法》《中华人民共和国动物防疫法》等。尽管法律数量众多，但由于缺少足够的衔接机制，这些法律中有一些条款会存在冲突。以转基因商品的标识为例，在国务院颁布的《农业转基因生物安全管理条例》第二十八条中规定，"列入农业转基因生物目录的农业转基因生物，由生产、分装单位和个人负责标识"。而国家质检总局颁布的《食品标识管理规定》则规定，转基因食品或者含法定转基因原料的产品，必须在标识上加注中文说明，此时就出现了国务院与国家部委之间的法律冲突。再比如，按照国务院规定，诸如转基因木瓜等产品在目录之外，可以不用标识。但是按照国家质检总局的规定，转基因木瓜需要标识。而类似冲突的规定则在具体执行环节引发了诸多问题，相关部门在具体执行过程中往往选择性执行，使得国家法律法规不能有效

---

① 参见《多部门管不住一头猪　监管"打架"安全难题》，人民网，http://news.people.com.cn/GB/71648/71653/5948077.html。

发挥作用。

其次,法律监管空白。在冲突关系层面之外,诸多法律关系之间存在监管空白。我国对食品安全监管的设立及其职权的配置大多散见于单行的具体法规之中,而无统一的法律规定。我国宪法和地方组织法对政府合作的规定非常模糊,并没有规定各个部门在跨部门合作中的职责与关系。根据1982年宪法第三条第四款的规定:"中央与地方的国家机构职权的划分,遵循在中央的统一领导下,充分发挥地方的主动性、积极性的原则。"正式制度的规范化和法制化程度低,缺少刚性的约束机制,合作范围狭窄,合作频率较低。我国宪法和行政组织法所涉及的部门间关系的具体规定缺失,特别缺少部门间合作治理的法律规范,部门间合作治理的关系、限度、责任、监督,问题的处理等都缺少相应的规定。法律的模糊往往导致部门之间合作关系的随意化和无序化,进而造成了协同治理困境。

最后,法律权威性不足。其一,法律部门化严重。法律部门化主要是指具有行政立法权的相关行政职能部门利用其掌握的立法资源,凭借其法定职权,在制定相关法律法规时过于强调本部门的利益和偏好,弱化应承担的责任的行为。食品安全监管涉及多个部委,与食品安全相关的法律有十几部,法规和规章有上百部。在这些法律法规中,不仅规章是由涉及食品安全的相关部门制定的,而且很多法律法规也是由政府的相关部门牵头起草的。由于部门权力与部门利益的密切相关性,部门立法的倾向明显。相关部门在制定部门规章、编制行业规划以及实施宏观政策时,尝试通过国家法律、法规和规章来巩固和扩大本部门的各种职权,甚至为与本部门相关企业和相关个人谋求利益,呈现出立法部门化、部门利益化的现象,导致了整体的国家政策方针和公共利益的偏离。食品安全问题迟迟未能有效解决的一个突出原因就是部门行政立法问题,行政部门可以通过行政立法和修法来起草相关法律草案。在制定方案时,往往僭越立法权,在事实中主导相关立法行为,各个部门依然可以通过制定法律的实施细则、提出意见等形式,根据各自部门的偏好来安排制度。各部门的独立行动使得原本分离的部门立法行为趋向于更加混乱的局面,损害了法律体系的等级有序和协调一致。其二,法律的权威性不足。在具体司法过程中,党和政府在整个决策体系中居于重要地位,整个决策过程具有浓厚的集权色彩,往往体现为上级对下级的权力控制和下级对上级的绝对服从,法制权威明显不足。司法权威的有效确立依赖于一系列立法、司法、监察领域的变革,这需要重新建构一个新的法律权威体系。但新的法律体系的核心是建构一个稳定、刚性的控制机制,这对权威体制的权力存在一种挑战,一些诸如严打等运动式治理行为常常与法律相悖,但是在现实操作中却大行其道。其三,法律的稳定性不足。我国涉及食品安全的法律法规频繁调整,加之调整的数量和层次繁多,法律之间的监管空白与重复监管并存,这给各个部门的实际执行带来了诸多的障碍。仅以《食品安全法》为例,2009 年颁布的《中华人民共和国食品安全法》仅仅实施四年后就出现诸多无法适应新环境的情况而迫切需要修订,于是 2013 年 6 月我国便重新启动修订《食品安全法》。[1]当法律的调整成为一种常态时,各个部门往往在职权范围内根据自身的偏好有选择地影响法律的制定、有选择地执行法律,造成了实际活动中的执行混乱,这也就使得食品安全监管法律稳定性不足,监管质量难以保证。

(二)食品安全标准"碎片化"

食品安全标准是实现食品安全科学管理、规范食品生产经营,促进食品行业健康发展的重要保障,建立相应的食品安全标准对于食品安全意义重大。在 1953 年,中央人民政府卫生部颁布《关于同意调味粉酸钠标准的通

---

[1]　参见《最严食品安全法力争年内完成修订》,新华网,http://news.xinhuanet.com/health/2013-06/17/c_124867070.htm。

知》,1954 年公布《食品中使用糖精剂量的规定》等文件,这些文件构成了新中国成立后最初的食品安全标准。1979 年颁布的《中华人民共和国食品卫生管理条例》正式提出了食品卫生标准这一概念,这部条例将卫生标准分为国家标准、部标准和地区标准。1988 年颁布的《中华人民共和国标准化法》将食品安全标准分为国家标准、行业标准、地方标准和企业标准四级。在 2009 年《中华人民共和国食品安全法》颁布之前,我国食品行业已经形成 1070 项国家标准、1164 项行业标准和 578 项进出口食品检验方法行业标准指标。[1]尽管标准数量众多,但是碎片化的特征已经凸显:

第一,标准的多部门性。改革开放后百废待兴,1979 年颁布的《中华人民共和国食品卫生管理条例》正式将食品卫生标准提上日程。依据 1982 年《中华人民共和国食品卫生法(试行)》的规定,各项卫生标准、卫生管理办法和检验规程,由制定或者颁发的部门根据实际需要及时进行修订或者审定。在政策发展过程中,与食品安全有关的逐步演化为卫生部门、国家质检总局和农业部三个部委,进而形成了三套治理食品安全的标准。在三个部门的具体权限上,卫生部门有权根据《食品卫生法》制定、修订和解释食品卫生标准,由国家标准委员会统一立项、审核、编号,两部门联合发布。食品卫生标准主要包括基础标准、各类产品的卫生标准、卫生规范、方法标准等构成。国家质检总局有权根据《产品质量法》出台了食品质量标准,食品质量标准包括食品通用标准、食品工业各专业标准两个部分。农业部也根据《农产品质量安全法》颁布了农产品质量安全标准。[2]这三个标准都具有国家强制性,但是三个部门在制定相关标准时并没有有效沟通与协调,在同一个安全指标上,三个标准之间诸多矛盾之处,甚至同一部门内部的标准都不一致。以瘦肉精(盐酸克伦特罗)为例,其残留限量判定标准有三个:一是中华人民共和国农

---

① 参见宋华琳:《中国食品安全标准法律制度研究》,《公共行政评论》,2011 年第 2 期。
② 参见欧元军、史全增:《关于我国食品安全标准的规范分析》,《法律适用》,2012 年第 10 期。

业行业标准，动物组织中盐酸克伦特罗的测定——气象色谱/质谱法 NY/T468-2001(猪肝)，判定标准为 2ppb；二是中华人民共和国农业行业标准，动物尿液中盐酸克伦特罗残留的检测——NY/T468-2003(猪尿)，判定标准为1ppb；三是中华人民共和国国家推荐标准动物性食品中盐酸克伦特罗残留的测定 GB/T50009.192-2003，判定标准为 0.5ppb。[①]类似的标准不统一在实际过程中会引发诸多冲突，甚至导致同一产品在不同标准之下产生合格与不合格两种结果，企业也将无所适从。

这种冲突还体现在跨国标准问题。各国食品产业发展阶段不同，消费习惯迥异，不同国家对同一产品的标准认识也不同。在诸如转基因、瘦肉精等食品中，食品安全与食品不安全的边界呈现出模糊状态，判断标准迥异。以瘦肉精为例，美国并未规定瘦肉精的使用限定标准，但中国规定瘦肉精的使用是非法的。随着跨境食品流动的大量增加，在一国合格的产品，到了另外一个国家便有可能成为不合格产品，类似的跨国食品安全问题也构成了一个重要挑战。

第二，标准的层次性。我国疆域广大，由于各地历史文化、经济发展水平、产业结构等差异巨大，经济条件好的地区和经济条件差的地区执行标准无法完成统一，落后的生产现实与科学规范化标准无法统一，标准制定陷入统一与差异的两难。尽管标准的制定旨在满足大多数地区和部门的实际情况，但仍有很多地区和部门难以达到相应标准，而这时根据各地不同情况来制定不同标准成为一个合理选择。除了中央相关部委拥有制定标准的权力，地方政府也被赋予了制定地方标准的权力，地方政府可以依据本地实际制定地方标准。但多重标准易引发更多的混乱。2013 年 4 月 12 日，《京华时报》撰文称"农夫山泉产品标准不如自来水"，这一事件经过多轮发酵，最终以农夫山泉退出北京桶装水市场告终。事后经过调查，农夫山泉桶装水并非没有

---

① 参见何晖、任端平:《我国食品安全标准法律体系浅析》,《食品科学》,2008 年第 9 期。

标准,关键在于该公司依据的是浙江的地方标准 DB33/383-2005,但这一标准大大低于国家强制性标准——《生活饮用水标准》(2008)。这一事件也充分折射出了食品安全标准的层次性所带来的食品安全监管的混乱。

第三,标准的滞后性。对于发展中国家而言,食品安全问题的频繁爆发有其阶段性,如果不顾本国发展实际,盲目照搬西方发达国家的法律法规、行业标准只会扼杀处于成长期的本国食品产业。各部委在颁布法律、制定标准时需要考虑在推动产业发展与严格监管之间寻求一种策略平衡。一方面,我国食品安全标准研究比较滞后,食品安全监测评估水平比较低,面临着标准人才缺乏、投入不足等问题,而且风险评估工作的机构与标准制定机构分离,也影响了食品安全标准的科学性。另一方面,在我国食品工业正处于发展阶段,其生产环境、设备条件、技术水平、研发能力等与西方发达国家有较大的距离,各个部委在制定政策时不得不考虑国内食品产业发展的实际,因而不可能完全按照最严格的标准来处理相关问题。食品安全的标准可以有效淘汰不安全的企业,但是一国的食品安全标准必须要符合产业发展的实际,如果标准过高,则可能导致多数企业难以达标,形成法不责众的局面,一方面会导致难以推行,另一方面也不利于保护正处于弱势的民族产业,不符合当地消费者的食品消费习惯。比如遍布全国的早点铺、流动商铺、小吃一条街都存在大量不合格的情况,如果严格引入西方标准进行监管,都应该被列入取缔之列。由此脱离生产实际的标准会大大增加企业的生产和经营成本,最终导致产业发展的缓慢与整体发展水平的落后,因此选择相对滞后的标准就成为很多发展中国家食品监管的一个普遍现象。"发展中国家食品监管的一个常见现象是对内食品和对外食品使用两套不同标准和体系,往往对外食品要求更严一些。"[①] 2013 年 5 月,山东爆发毒生姜事件,山东省潍坊

---

① Lang, Tim and Michael Heasman, *Food Wars:The Global Battle for Mouths, Minds and Markets*, Earthscan, 2004.

市峡山区生姜种植户种植内销生姜时使用剧毒农药"神农丹",引发社会广泛关注,但相关部门对外销生姜复检时却并未检测出"神农丹"。农药使用如此内外有别,原因在于外销生姜因为外商对农药残留检测非常严格,当地也就做到了对外销生姜的"无缝隙"监管。①如此的"内外有别"也造成了食品安全问题的频频发生。

第四,标准制定及清理的复杂性。多重目标妥协后的标准设计在市场经济初期并未显现出太多问题,反而对一些正处于萌芽期的民族食品工业提供了喘息的空间。随着食品工业的不断发展,这种标准的多主体性和落后性大大制约了食品安全整体水平的进步。从 2009 年开始,中央层面开始将清理标准列为重要任务,在 2009 年颁布的《中华人民共和国食品安全法》第二十一条、第二十二条规定,由国务院卫生行政部门承担食品安全标准制定工作。卫生部对当时的食用农产品质量标准、食品卫生标准、食品质量标准等标准予以整合,统一为食品安全国家标准。在具体执行过程中,卫生部门并不是根据自己的意愿来强制推广某项标准,而是将相关部门和专家组织到一起讨论,共同推动标准的清理工作。但标准清理仍是一项相对消耗大的任务,在人员数量、经费保障、设施设备、知识结构等方面都存在一些不足。曾任国家食品安全风险评估中心主任助理王竹天研究员提到,我国国家食品安全风险评估中心作为食品安全标准审批的重要单位,专职负责标准的人员仅有 20 人,需要承担八大类标准的组织制定和国际标准追踪研究工作,要面对近五千项各类食品标准的清理任务,②标准清理工作的难度也制约了食品安全监管工作推进的整体进度。相关改革尚不能真正适应以风险分析为基础制定食品安全标准的要求,改革往往牵一发而动全身,这也大大增加

---

① 参见《山东"毒生姜"被曝光,为何管不住?》,新华网,http://news.xinhuanet.com/yuqing/2013-05/06/c_124667533.htm。

② 参见王竹天:《科学构建我国食品安全标准体系》,《中国卫生标准管理》,2012 年第 6 期。

了技术变革的成本和难度。

(三)监管权"碎片化"

2004 年《中华人民共和国食品安全法》确立了我国食品安全的分段监管体制,在此后长达十年的分段监管体制之下,食品安全由农业、卫生、工商、质检、公安等 13 个部门共同负责。其中农业、工商、质检等部门分别负责监管生产、加工、流通、消费服务等行为。在监管过程中,农业部、商务部、工商总局、质检总局、食药监局 5 个部门都被赋予了综合执法权,直接具有行政执法管理职责。如在 2002 年修订颁布实施的《中华人民共和国农业法》规定农业部门的监管职能为:"县级以上地方人民政府农业行政主管部门应当在其职责范围内健全行政执法队伍,实行综合执法,提高执法效率和水平。"多头食品安全执法检查的现象大量存在,尽管多部门监管可以提供"分散化治理"收益。[①]但是多部门组织开展食品监督检查,浪费了国家有限的公共资源,无端增加了纳税人的经济负担,并未对食品安全产生根本性效果,引起社会不满。综合监管的相关规定并未理顺部门之间的监管职责,其最终结果就是选择性监管,将全产业链的食品加工制售行为人为割裂得支离破碎。这种监管模式监管过程中相关部门各自手段比较多,但协作效果较差。只要有一个环节监管不到位,就会给食品安全造成严重损害。比如,行政处罚和刑事处罚的有效衔接问题,因为证据的标准不同,食药监局内部安监司搜集的证据,在稽查局不合格;稽查局送到公安部门的证据,依然不合适,由此带来的问题,丧失了有效监督的时间。[②]再如,乳制品行业的管理办法是分段监管,养牛户、奶站、经营户、生产企业、市场销售等各个环节分别由农业、质

---

① 参见冀玮:《多部门食品安全监管的必要性分析》,《中国行政管理》,2012 年第 2 期。

② 参见《最严食品安全法力争年内完成修订》,新华网,http://news.xinhuanet.com/health/2013-06/17/c_124867070.htm。

监、工商等部门管理。在"三鹿奶粉事件"中,问题奶粉是在原奶收购过程中被不法分子添加三聚氰胺所致。然而事件发生后,原奶收购环节的"奶站"所属监管部门不明确,造成生产源头监管的空白。

以毒豆芽监管为例,在不使用添加剂的前提下,豆芽的成长周期一般为十天左右,但是根须细短,味道一般,且成果率比较低,成本相对较高。而一些不法商人往往在豆芽中违法添加激素或者抗生素,这些被不法分子添加的物质包括4-氯苯氧乙酸钠、6-苄基腺嘌呤等无根剂,还包括诺氟沙星、头孢氨苄等抗生素药品。添加了无根剂的豆芽生长周期缩短为六天,而且色泽光鲜、根须粗壮,成为所谓的毒豆芽。长期食用毒豆芽会影响人休健康,但是毒豆芽往往屡禁不止。其长期泛滥一方面跟毒豆芽生产成本低、违禁物品易于获取有关,另一方面也跟监管权不明确有关。毒豆芽是初级农产品和农业加工品之间的产品,在出现问题时,农业部门往往认为毒豆芽属于农业加工品,按照相关规定在食品生产加工环节的问题,应该属于食药监部门的管辖范围,在流通环节出了问题,应该归工商部门管;而食药监部门往往认为豆芽是初级农产品,其监管应该纳于农业部门的管辖范围。监管权"碎片化"造成了众多的政策缝隙,为多个部门推诿扯皮提供了空间,也就导致了监管的失灵。

除了横向监管体制的复杂,我国食品安全监管纵向体制也相当复杂。农业、卫生部门一直采用地方分级管理的模式,而1998年,工商部门实行省级地方以下垂直管理。1999年,质检部门采用垂直管理。这样,地方政府在食品安全监管方面的权力就被分割,在综合协调方面显得力不从心。2013年,各地地方政府又将工商、质检从垂直管理调整为地方政府分级管理体制,领导干部实行双重监管,以地方监管为主。食品安全监管体制混乱、重叠、复杂,层层分割、不断调整的监管体制一直无法理顺,体制的频繁调整带来的是政策缺少稳定性和连续性,政策资源和政策工具不能优化配置和合理使用,基层执法人员在实际执法中的效能也就大打折扣。

监管的多部门化还导致问责的困难。政策责任监督是一项专业性很强的活动,监督主体必须具备一定的政策责任评价知识。另外,做好政策责任监督还要掌握有关政策的足够信息,要选择适合政策责任监督的主体网络。哪些主体对政策进行有效监督,这就必须根据政策责任本身属性来决定。政府政策政治责任的监督就应当由公众承担或者由全国和地方最高权力机关——人民代表大会承担。行政责任监督通常在政府内部进行,常见的是由上级政府部门、财政部门或审计部门执行,政府也可有偿雇佣第三方专门评价政策的专业机构执行。此外,许多政府都尝试过在评价过程中增进公众的参与,其意图是防止因为与利益相关或对政策感兴趣的公众"缺少磋商"而使评价结果受到质疑。法律责任监督由司法部门执行,主要关注政府的政策行为同宪法的规定、已被确立的行政行为标准、个人基本权利之间可能的冲突。道德责任监督,更多的是由公众来评判。

元政策层追求食品安全的目标尽管非常明确,但政策方案在部门设计过程中却已经出现偏差,政策制定主体之间在政策设计过程本身就已经出现了高度分化,在政策协同初期就已经逐步偏离了元政策层的基本目标。在政策执行过程中,各个部门之间不得不相互妥协妥协,进而导致政策协同的执行脱离了最初的政策目标。

二、政策执行层面的碎片化

(一)经费制约

必要的经费支持是保证政策有效执行的保障,经费水平在一定程度上甚至决定了基层监管的频率和半径,但经费问题长期制约我国食品安全监管水平。在改革开放初期,我国食品安全监管技术化水平相当于西方国家的工业化发展早期,食品生产规模小、技术水平有限,食品安全的主要问题体现为低水平的掺杂使假等欺诈行为,对食品安全监管经费要求较低。但是随着食品产业的不断发展,作为工业化产物的农药、食品添加剂的大量不规范使用,以及环境污染成为威胁食品安全的主要原因,也带来食品安全监管的新课题,增加了食品安全监管的难度。大量的、分散的个体户或小作坊式的生产方式,很难保证质量,也对有关部门的监管提出了更高的要求,对经费要求也大大增加。

尽管事权在不断增加,但是相应的财权却并没有下放,经费依然难以保障。1994年之后的分税制改革,虽然明确了地方政府的财权,可是地方政府的事权并没有进行制度化的确定。一个显而易见的结果就是,一方面自下而上逐级集中相关财政资源,另一方面上级政府尽量将事权下移。分税制改革以来,一些地方政府的财政状况紧张,部分地区陷入了"吃饭财政"。财政收入主要用于维持公职人员的基本工资,有时连正常的行政经费开支都有困难,很多地方食品安全监管经费没有纳入政府预算之中,部分地方将财政资金挪用到工资、维稳等方面,如果经费不能够保证从当地财政列支,监管水平可想而知。以质检部门为例,根据质量法的相关规定,质监部门对食品安全的检测,所需对样品的检测、样品费、检测费等相关费用均由财政支出,毫无疑问,面对庞大的检测对象,相应的检测费用肯定是杯水车薪。以瘦肉精监管为例,在市面上比较常见的瘦肉精有10种之多。2013年中国出栏生猪数量已经达到7.1亿头。[①]其中小型生猪屠宰场点约占行业的70%,以每头猪检测费用50元计,若是全部检测,每头猪检测一轮就需要上百亿元。而若是抽检自然会有农户非法添加瘦肉精, 一些违法的食品生产者抱着查不到就

---

① 参见《2014年生猪屠宰行业现状及趋势发展报告分析》,中国畜牧业信息网,http://www.caaa.cn/show/newsarticle.php?ID=351551。

是赚到的心态应对食品安全检查。食品监管部门拨款的匮乏，也就导致了监管工作的形式化。对于基层监管部门而言，要么选择走形式减少监管，要么选择依靠罚款来维持机构运转。

各地差异巨大，发展情况迥异，发展标准不可能统一。诸如对无证摊贩的管理、对食品生产加工小作坊的管理都处于混乱阶段，各地执行标准并不统一。一些地方执法部门在保证税收、维持就业甚至维护关系等多重目标的制约下，执法过程往往背离了食品安全监管的本意，采用大事化小、小事化了的思路来处理相关问题，忽视对消费者权利的保护。执法过程中往往根据肇事主体的财力和地位的不同而采取不同的政策，由于执法过程缺乏公开透明的监督机制，一些部门甚至采用"养鱼执法"的模式，对于一些肇事主体往往采用象征性罚款的方式进行惩罚。这种思路无法从根本上解决食品安全问题，最终让公众健康深陷重重风险之中。比如在针对无证经营的监管过程中，很多经营业主往往并不具备合法经营资格，执法过程面临的对象大多是一些下岗失业人员，或是年纪大、生存能力低的弱势群体，经营地点往往分布在城乡接合部、工地、学校周围，所针对的消费者也是收入水平较低的群体。这些群体更多地关心食品的价格，食品安全意识则相对淡漠，这也客观上造成了无证经营行为的蔓延。但对于类似的无证经营却难以监管，由于无法在工商局注册登记，也就无法办理税务登记等相关手续，不用缴纳相关税收，采用法律、市场手段很难实现对相关行为的取缔工作，那么也就必须通过罚款等形式来进行惩罚。当地方执法部门经费紧张时，通过罚款完成创收就成为食品监管部门的主要任务。而罚款的额度取决于彼此的博弈，监管双方对于这种罚款也心照不宣，监管人员也就乐此不疲。而对于罚款的数额，也是采取逐步增加的形式。采用递进式罚款的目的并不是为了有效减少相关行为，而是为了避免无证经营者被一棍子打死，如果罚得太狠，可能失去下个月的罚款来源，最后形成"放水养鱼"的局面。尽管国家一再重申食品安全的重要性,但是在经费制约的条件下,食品安全监管也就难以做到严格执行。

(二)监管技术滞后

面对复杂的食品安全监管形势,技术水平扮演着至关重要的角色,成为食品安全监管的重要支撑,直接影响食品安全管理创新水平的提升。但是食品安全问题涉及的点多面广,能力建设普遍落后于监管工作的实际需要。检测机构设备简陋、专业人才有限、检测经费不足等问题普遍存在。目前食品安全监测已经由"细菌战"升级为"化学战",除了面对各种细菌,还有超过 40万种的化学物质。这些化学物质检测方式各不相同,全面排查成本巨大,不具备可操作性。我国的食品添加剂共 23 大类 2500 多个品种,还有很多非法添加物冒充食品添加剂被掺入食品之中,检测手段往往跟不上化学物质研发的节奏,特别是关键检测技术研发突破缓慢影响了食品安全检测水平和检测能力。在"三聚氰胺"事件中,三聚氰胺尚未进入食品安全检测范围之内。在"地沟油"等事件中,2010 年 3 月 18 日,国家食品药品监督管理局办公室发布了《关于严防"地沟油"流入餐饮服务环节的紧急通知》(食药监办食〔2010〕25 号)。但是如何鉴别地沟油的检测方法尚未明确,此后卫生部就组织攻关地沟油的鉴别方法。2011 年 10 月 13 日,卫生部共征集到 7 家技术机构研制的 5 种地沟油检测方法,但在专家论证后,发现这些方法特异性不强。此后科研人员不断攻关,直到 2012 年 5 月 23 日,卫生部才初步确定 7个地沟油检测方法。[1]当检测技术的更新滞后于造假技术的更新时,各个部门的检测能力严重滞后于监管需要,部分检测人员只能采用落后的"眼观、鼻嗅、手摸、口尝"等经验式传统方法进行判断。即使食品检测手段不断更

---

① 参见《卫生部:7 个地沟油检测方法初步确定》,新华网,http://news.xinhuanet.com/food/2012-05/23/c_123176528.htm。

新,而造假者和违法分子也在不断采用新的手段来掩盖其非法行为,食品安全防不胜防。

(三)监管能力有限

食品监管涉及从农田到餐桌的全产业链,但由于历史和现实原因,我国食品产业基础薄弱,并未建立完全现代的食品生产体系。在计划经济时期,政府部门通过对生产的"计划"来谋求对食品安全的"计划",国家通过对生产、分配、流通、消费等各个环节的控制有效减少了食品安全问题的出现。截至 2007 年,我国有 44.8 万家食品生产加工企业,其中 10 人以下的小企业占到了 35.3 万家,占整个企业总数的 78.7%。[①]这些生产者分散的生产、供应鸡、鸭、鱼、肉、蛋、奶和粮食、蔬菜、水果等食品,并为企业提供生产原料。这些食品生产中小作坊采用家族式经营方式,点多面广。这些食品生产企业分布分散,从业者总体素质不高,大量生产经营者食品安全意识不强,部分从业者道德失范、见利忘义、诚信缺失现象频频发生。部分生产者故意加工伪劣产品,甚至与监管者搞捉迷藏,监管成本大幅度提升。面对数量庞大的监管对象,监管力量明显不足,监管效果往往不尽人意。2009 年,原国家质检总局食品生产监管司司长吴清海曾经指出:"全国专责食品生产监管的内设机构 1200 个、人员只有 1400 人,而他们面对的监管企业超过 45 万家。"[②]这还不包括更多的小作坊、小企业。即使到 2013 年食品药品部门合并之后,全国食药监系统实际拥有行政管理人员 5.68 万人,但技术队伍仅有 3.6 万人,其中拥有生产质量管理规范(GMP)、药品经营质量管理规范(GSP)等专业检查

---

① 参见《中国的食品质量安全状况》白皮书(全文),新华网,http://news.xinhuanet.com/newscenter/2007-08/17/content_6552904.htm。

② 《千人监管 45 万家食品企业 质检总局成中国压力最大部委》,凤凰网,http://finance.ifeng.com/news/history/people/20090604/742754.shtml。

员资质的更不足 1.5 万。[①]

在监管体制上，我国采用了综合监督与具体监管相结合的食品安全监管体制，在种植养殖、生产加工、市场流通、餐饮服务、进出口等环节，由多部门分别监管。尽管规定了信息通报制度，但是由于基层各个部门参与的主动性不强，实现食品安全信息资源完全共享仍存在诸多困难，在一定程度上也制约了风险评估的全面开展。同时，社会各界对风险评估的认识还处于一个较为陌生的程度。食品安全监管领域对风险评估的原发性和后发性功能的认知还停留在较为肤浅的阶段。

除监管不足外，更为突出的问题是配置不均。有限的监管力量被配置到了城市和中心城区，基层人员配置不足，监督覆盖率低。监督任务十分繁重，十几个人要负责县、乡、村的卫生监督工作，基层官员长期疲于应付的状态之中，难以应对数量众多的食品生产企业。而一些食品生产者多为下岗失业人员或者外来流动人口，居无定所，来去无踪，频频通过"游击战""运动战""持久战"等形式逃避食品安全部门的监管，食品安全质量也就无法保障。对流动商贩的监管也就严不得、松不得。一旦遇到上级检查，安全监管人员常常需要加班加点、保障安全，而到了平时时期，安全监管也就只能流于形式，走走过场。监管活动在刚开始时声势浩大，可是执行之后就变得虎头蛇尾，不了了之。时间久了，对相关的监管活动也就演变为一阵风，刮一阵就过去了。

随着经济和社会生活的不断发展，食品安全监管面临的形势也不断变化，食品消费日益呈现多元化、便利化、快捷化的特征。从食品原料来看，速食食品、预制食品、速冻食品等消费比重越来越大。食用这些食品尽管可以大量节省时间，但是也增加了同其他食品产生交叉污染的可能性。食品工业

---

① 参见胡颖廉、叶岚：《大数据解读真实基层公务员》，人民网，http://renshi.people.com.cn/n/2014/0414/c139617-24892892.html。

食品安全一些新的食品种类如方便食品、保健品大量增加,食品添加剂、保鲜剂等化学产品被大量使用。一些新的食品形态如转基因食品的风险分析尚未有定论,加上人们的消费方式、消费理念也发生了巨大的转变,经常导致新的食品安全风险。从就餐方式看,外出就餐也已经成为重要的消费方式甚至成为一种生活习惯,这也增加了食品消费环节监管的难度。就食品构成来看,进口食品的消费数量越来越多,但由于各国食品安全标准不同,公众所能获得的国外食品生产加工的信息有限,这也使得对进口食品的监管任务将变得更加繁重。同时,伴随着我国互联网业务的快速发展,通过网络购买食品也已经成为广大网民重要的网络应用行为,这也极大影响了食品安全的有效监管。

(四)目标多元性

中国地方政策文件存在一个显著的现象,即在"责任分工"内容中罗列大量的政策部门,基本罗列了大部分的政府部门,有些党委部门也乐此不疲,参与其中,阵容可谓庞大。这种政策安排的意图往往在于上级向下级表明对政策的重视程度,从而进行广泛的动员。对于一些涉入部门,对于政策执行来说是可有可无的,并且对其履行政策责任的状况也难以考核。这样,这些政策部门应该排除在政策执行过程之外,不应纳入其中。过多的政策部门其可能弊端有以下三个方面:一是消耗了资源而无绩效,二是部门推诿责任多了个对象,三是部门间协调难度加大。因此,在保证政策效果的前提下,尽可能地把政策部门的数量控制在最小规模。

在政策执行过程中,元政策层的政策目标必须要转化为部门的目标才能逐步落实。元政策层的政策目标更加符合公众的需要,但是却有可能脱离实际政策执行能力。对于基层政府而言,其执政的基本目标是多元目标的组合体,通常包括经济增长、高度就业、物价稳定、社会秩序稳定、食品药品安全等。食品安全并非唯一目标,这些目标会有冲突,具体操作时就会进退维谷。在具体执法过程中往往要考虑到维持地方经济发展、维持和推动就业、保持社会稳定等基本价值和目标等。食品安全执法过程又需要跨越多个部门,实际执行不仅依赖于其他部门的配合,还可能会遇到来自地方党委和政府或者其他部门工作人员的干预和通融。当然,从基层工作人员的态度来看,绝大多数基层工作人员都相信自己是希望给人民办实事的,是存在着利他主义的行为取向的,的确想为官一任,造福一方。但当上级目标过高、过于复杂时,在实际工作中可能无法得到有效执行,而执行不力会引发上级的惩罚,故而有可能采取相应的伪协同措施来谋求蒙混过关。部分基层工作人员采取一些伪协同的方法,将精力集中于一些表面工程、表面工作,甚至采用一些材料造假、数字造假等手段来应付上级。这种应付并未从根本上消除食品安全问题,不断恶化的食品安全问题可以说是这种伪协同做法的后果。

这种标准妥协之后的结果就是标准陷入两难,要么照顾大型企业将标准提高,要么照顾中小企业将标准放低。降低标准无法淘汰落后企业,而提高标准部分淘汰又治标不治本,反而容易引发对执法公平性的批评,最后导致政策执行左右为难。

(五)基层官员的自由裁量权

在现实过程中,基层政府的决策往往体现为僵硬的、没有回应的,公众经常感觉基层官员的执行往往是非人性的,而且这些人所拥有的自由裁量权为执行偏差提供了很多空间。因此,上级政府面临的一个重要问题是,如果这些目标不同的官员同时又控制着最终的政策制定权,那么如何保证对于这些人的民主控制,实现他们既对上级管理者负责,又对公民负责,这成为上级政府的基本任务。

为了解决基层官员的激励问题,在民主政治过程中一般都采取了加强控制的手段来解决相关问题。从管理者的角度来看，为了确保基层官员作为实际的政策制定者在制定和实施某种政策时是可靠的，管理者一般都倾向于减少他们的自由裁量权和约束他们可以运用的各种手段。他们制定了各种各样的工作手册，尽可能充分、完整地覆盖在政策制定与执行中将会出现的各种情况。他们对街头基层官员及其工作人员的绩效进行审计，并希望通过这种审计来实施某种奖惩，从而引导他们改善自身的行为。通过类似行为的努力，在一定程度上改进和提升了监督的效果。

但是基层官员可以颠覆这些旨在控制他们的努力。在基层官员层面，很难实现对个体的可靠性问责。上级政府的问责依赖于下级提供的信息，但是很多基层官员的决策属于自由裁量，只有他们自己拥有相关决策信息。因此，如果没有基层官员的主动合作，管理者往往很难对他们及其工作人员的绩效进行有效监督与审计。于是上级政府便层层加码，不断提升监管的力度和频率，而下级则在层层监管中变得战战兢兢，遇到问题往往选择推卸责任，唯恐引发问责。同时，上级政府不断期望将目标可清晰化，但是并不是所有机构的目标都是可清晰化的。在某些情况下，将目标清晰化之后会缩小机构的职能范围，从而很难获得机构的合作。除了监督的困难之外，现有制度的激励形式和手段单一，使得管理者无法有效运用奖励和惩罚等措施来约束基层官员，也无法充分调动其积极性。

组织的操作层尽管处于组织的最底层，但是其重要性也是不可以忽略的。其理由包括以下三方面：

其一，对于政策执行而言，操作层是顺利执行相关政策的关键一环，操作层设置合理与否，操作层成员掌握与其所从事工作相关的知识和技术的熟练程度等，都将对政策执行过程产生重大影响。

其二，由于操作层处在政策执行的最基层，因此对于政策执行来说最现实的活动是发生在操作层与其活动对象的沟通过程中。操作层的相关地位使得操作层必须承担除了政策执行以外的相关功能和意义:第一,政府形象的代表或者一般公众了解政府的镜子;第二,操作层是直接接触社会的基层工作者,能够对社会的分散要求通过分布在组织外围的信息来获取或者提供服务。因此,操作层是政策执行组织从社会获取信息的第一道关口。

其三,由于政府是掌握国家公共权力的组织,而操作层又是政府直接接触行为对象的部分,使得这一操作层不得不担负起直接管理社会的重任。操作层不但要执行上级的政策内容,还需要灵活处理所面临的各种公共事务,必须努力使得社会保持基本的公共秩序和公共安全。

政策执行的组织操作层为了有效履行上级的各种职能,必须给操作层及其工作人员赋予能够自行处理的权力,这就是基层官员的自由裁量权。如果没有自由裁量权,基层工作人员则无法积极有效开展相关工作。因此,裁量权的适度问题和有效性问题,显然是政策执行组织的操作层的主要问题。当下政策问题的复杂性程度比较高,社会的急剧变化不断冲击既有政策体系,很多政策往往无法预期。在当代中国社会转型的历史过程中,理性是政策的最基本价值和最终追求。当然,在现实分析过程中,政策分析往往也追求理性的充分实现,但应该意识到,对于中国这一庞大的政策体而言,社会复杂性仍然很高,在理性观点的支持下,由于大多数基层官员可以运用其手中的自由裁量权去管理手中的工作,进而保证其工作环境和工作内容的安全。当然,这种对基层官员的理解和认识并非是绝对正确和合理的,在现实的执行过程中诸多基层官员是负责任的管理者。

总之,对于中央的命令和公众的期望,相关基层负责部门并不是不知晓,也并非不想改革。可是面对食品安全监管的资源、能力、体制等多重约束和现实的困难,并没有一步到位的解决路径,进而也就催生了伪协同现象。当下级政府出现一些形式化的监管行为时,上级部门也只能睁一只眼闭一只眼,默许甚至纵容下级政府的伪协同行为。对于地方政府官员而言,地方官员都在力图维持一种"大事不出、小事不断"的状态,采用各种手段制造食品安全形势大好的假象,掩盖各种食品安全问题。但是这种上级的纵容无法扭转食品安全的严峻形势,一些小事最终汇聚成大事,食品安全问题的频频发生引发国人对整个食品安全形势的担忧,也最终引发中央政府更加严厉的改革。

第三节　政策协同的环境制约

伪协同现象是政策发展过程中根植于既有管理体制的一种必然现象,这种现象的产生来源于既有的政府体制,也有深刻的现实因素。政策协同过程必须要分析政策协同所敏感的外部环境来分析政策效果。一些看似容易实现的政策目标,可能由于具体时空条件的限制产生较为复杂的局面,从而给政策协同带来较大困难。中国食品安全监管问题的复杂性在于,当西方的食品安全问题已经由工业化早期过渡到工业化中后期,当下中国食品安全问题表现出了浓厚的共时性色彩,既有的食品安全规则并未达到形式合理性,不同规则、规范之间并不自恰,甚至相互矛盾、冲突、不相容;同时食品安全政策的实施和遵循,并没有真正做到平等而普遍适用,人为因素影响较大。这不仅削弱了食品安全政策作为普遍行为规范的权威性,也影响了食品安全政策作为社会生活的基本框架的功能。

一、认知层面的差异

中央部门之间权力分割、信息阻隔、利益冲突以及各种政策之间的政策冲突为基层政府的伪协同行为提供了寻租的制度空间,但标准清理的复杂所引发的政策冲突并不单纯根源于利益的影响。

以面粉增白剂的添加为例,英国是世界上最早使用面粉增白剂的国家,在考察了西方各国对面粉增白剂的使用情况后,我国在1986年颁布的小麦粉标准中,允许增加过氧化苯甲酰,也就是俗称的增白剂。其后,卫生部在1986年颁布的《食品添加剂使用卫生标准》中,允许每公斤面粉添加60毫克过氧化苯甲酰。

1997年,欧盟正式禁用面粉增白剂,受此影响,澳大利亚和新西兰等国家也禁止使用面粉增白剂。但是不同国家对此态度并不一致,如日本和加拿大对面粉增白剂规定的使用量分别是300mg/kg和150mg/kg,但美国依然允许使用面粉增白剂且未规定使用数量。美国食品药品监督管理局对过氧化苯甲酰的规定是:"在现行《良好生产规范》的情况下,该物质在食品中可无限量使用。该成分被作为食品漂白剂,用于面粉、牛奶等。"另外国际食品法典委员会也未禁止使用。

2006年,卫生部曾发函征求国家质量监督检验检疫总局、农业部、国家工商管理总局、国家食品药品监督管理局、商务部的意见,除商务部提出"请扩大征求意见范围"外,另外四个部门均以正式文件明确表态要禁用。[①] 2010年12月15日,卫生部监督局对是否禁止使用面粉增白剂公开征求意见,公告设一年的过渡期限,拟从2011年12月起禁用面粉增白剂。公众认知情绪化也构成了政策协同的阻力,当然公众情绪化背后有一定的不合理性与偶然性,而且这也是一种短期无法消弭的社会现实,但的确成为政策执行过程中伪协同的现实原因。

---

① 参见苏岭、张哲:《面粉增白二十年屡受质疑,中央六部门介入安全之争》,《南方周末》,2008年11月27日。

二、利益集团的渗透

当政策环境发生变化或者是因为某些其他因素而必须对政策目标进行修正时,政策制定者与政策执行者之间的互动协商就是极为必需的。而在政策执行过程中往往还存在着利益集团或者目标群体的需求，当因为他们的需求而需要对政策目标进行修正时，高层的政策执行者就需要与利益集团积极互动协商,以保证能够在执行的可能范围内完成对政策目标的修正。巴瑞特(S.Barrett)和弗奇(C.Fudge)提出在政策进入执行阶段的过程中，随着政策的不断落实与推进，因某些反对作用的影响而使政策执行呈现出不规则非线性过程,直到政策执行过程变得程式化、日常化，即变得较为稳定为止,相关的人员经过几个阶段的协商最终达成妥协。[1]利益集团开始凸显并影响政策执行。改革开放之前,中国很难找到特殊利益集团,权力与意识形态在调节政府间关系、政府与社会间关系时发挥主要作用,频繁的社会运动也使得政府习惯于通过这种形式来实现对国家和社会的有效治理。在这个过程中,经济利益和社会关系都在频繁和剧烈的社会活动中不断调整,这也就打破了利益集团赖以生存和发展的空间，利益集团并没有在政治过程中发挥主要作用。

改革开放之后,新兴的利益集团开始逐步崛起并渗透到政策过程中去。政府与利益集团在合理合法的范围之内合作，是可以有效推动和促进企业发展和当地社会的进步。利益集团有强烈的利益追求,在利益的驱动下其行动往往容易协调。但当利益集团的利益与公共利益相冲突时,要使他们行为改变而导致收益减少,则可能会引发利益集团一系列的抵制。伴随着改革

---

[1] See Susan Barret and Colin Fudge, Examining the Policy–Action Relationship, in Barret and Fudge (eds.), *Policy and Action: Essays on the Implementation of Public Policy*, London: Methnen, 1981, pp.3–32.

不断深入,利益集团也在尝试增强自身对政策的影响力,在政策制定、政策执行、政策反馈到政策评估过程中都可以看到利益集团的身影。在一些食品安全事件中,利益集团可能成为影响基层政府有效执行的干扰因素。但是政府与利益集团的目标并不完全相同,当利益集团的影响力日益增加,这会增加领导人识别问题的难度和公正性。比如在三鹿奶粉事件中,石家庄市委市政府一些领导负有领导责任和直接责任。一旦地方政府相关部门或者其工作人员与利益集团相勾结,元政策层获取信息的渠道就受到了很大的限制。

三、公众的态度问题

由于公众的认知能力和消费能力有限,一些低收入群体关注的重点是食品的价格而非质量。在我国存在大量无证照的小作坊、小摊贩,甚至是食品生产黑窝点,很多群众对其可能产生的危害并不是一无所知。但是食品安全问题的高发区域是广大的城乡接合部和农村地区,这些地方往往成为食品监管的盲区和重灾区。如何监管这些区域的大量无证照的小作坊、小摊贩、黑窝点是食品安全的一个重要问题。严格的食品安全监管会带来企业安全生产成本的提升,企业成本的提升会带来产品价格的上涨,而部分收入较低的公众属于价格敏感型而非质量敏感型群体,遇到不断上涨的价格往往会退而求其次选择小厂的产品,这反而给违法乱纪的小生产商提供了一定的生存空间。

尽管公众对食品安全有着非常强烈的感知,对食品安全有着强烈的需求,但是这种感知和需求也就没有转化为针对不法食品生产者的集体行动。由此,问题与集体行动之间并未产生必然联系,尽管担心自身会因为食品安全而受到身体伤害和财产损失,公众的行动仅仅停留在个体口头抗议的层面,更不会产生相应的非理性的集体行动。公众监督层面的缺失也使得食品安全治理情况长期没有得到有效改善。

四、企业的社会责任缺失

由于公众对食品安全信息的不完全性,消费者并不了解食品安全水平。食品生产者生产安全的食品则会导致其生产成本的上升,理性视角下的企业只能选择采用更低的生产成本来获取更多的市场份额,获取更多的赢利。因此,市场上就可能会出现劣币淘汰良币的现象和安全食品越来越少的情况。部门利益的主要特征有:

1. 部门利益合法化

部门利益的合法化是指行政部门将部门利益运用法律法规的形式明确出来,以增强其部门利益的可获得性或可持续性。目前,部门利益合法化已成为一种比较隐蔽却经常出现的现象。有些部门打着依法行政的幌子,借助法律法规的力量,使用诸如"职权法定""程序法定"等口号来谋取或者巩固部门利益。行政立法的初始目的是为行政活动提供法律依据与准绳,减少行政随意性,但一些政府部门却将其作为拓展本部门权限的手段。运用法律法规的规定或者是法律法规留下的空子,不断争权与扩权,诸如增加行政管理项目、增加收费项目、审批环节、行政处罚项目等。而部门权力通过法律的授权并与部门利益直接相关之后,处罚、收费等能够增加部门收益的执法手段被使用的概率大大增加,不但扭曲了公权力的法治宗旨,而且为部门利益设置了保护屏障,难以对其进行纠正。

2. 部门利益链条化

县级政府在政策执行中拥有一定的自由裁量权,因此对于上级政府传达的政策拥有"再决策"的权力。也就是说,在一定程度上,县级政府是同时拥有决策与执行权力的。从某种意义上来看,决策是对利益进行划分,执行则是将利益实现,如果自己立规矩,容易形成利益的自我认定,从而导致"部门利益法定化":自己执行,则是亲自实现利益;自己监督,则又弱化了为社会公共利益服务的强制性,这实际上形成了部门利益链条的"一条龙"[1]。在目前对政府行为缺乏有效监督的情况下,部门利益链条的存在容易导致政府部门在政策执行过程中以自己的利益与损益值为标准对政策内容进行过滤,得益越多,越积极执行;受损越多则越消极执行,甚至抵制政策或是变换政策内容。[2]

3. 政府权力部门化

权力本身可以视作一种利益,也可以视作获得利益的保障,因此政府权力的部门化是形成部门利益的保证与手段,也是部门利益的一种表现形式。政府是由不同的职能部门共同构建而成的统一整体,政府不同部门各司其职,共同执行公共政策,处理公共事务。但如果将政府部门看作独立的权力利益主体,则政府与政府部门之间、不同的政府部门之间就会出现争权夺利的现象。由于政府组织体系本身存在的缺陷和组织立法的滞后,政府部门主义现象严重,将政府权力归为自己,集决策与执行为一身,各自为政并自成体系,甚至出现部门行政的现象。目前必须由政府审批的项目只有城市规划、土地出让、外商投资等小范围事项,其余事项由政府相关部门审批。[3]这虽然限制了部门权力的扩张,但也容易产生政出多门、部门至上的现象。而不同部门掌握不同的审批、管理权限,并且同一政策的执行往往需要多个部门配合,这就更加扩大了部门利益的范围,并容易造成不同部门间对权力与利益的争夺。

---

[1] 宋世明:《遏制"部门职权利益化"趋向的制度设计》,《中国行政管理》,2002 年第 5 期。

[2] 参见张金马:《公共政策分析》,人民出版社,2004 年,第 433 页。

[3] 参见石亚军、施正文:《我国行政管理体制改革中的"部门利益"问题》,《中国行政管理》,2011 年第 5 期。

部门利益的深化与争夺不但是造成政策执行变异的重要原因，也成为政府改革进程中的掣肘，特别是将部门利益通过法律法规等形式进行合法化的现象，更为部门利益的扩张提供了有力的武器。"法律总是一直在（或者说应当不断）取材于政府结构、气候、宗教、商贸活动以及每个社会的具体情形。"[1]特别是在地方立法层面，地方立法要为其管辖范围内的群体提供中央或上级立法未明确规定的规章制度，或者是要规定符合本辖区具体情况的实施细则。因此地方立法过程对地方政府掌握的资源与获取的信息具有高度依赖性，也就形成了"因时因事"立法的现象。有些部门就会"借壳上市"，将增加或巩固部门利益的文件上升为具有法律效力的法规或规章；或者是对法律、政策任意曲解，以部门规章或红头文件的形式扩大或维护部门利益。[2]部门利益的存在会造成严重的危害：一是引发部门间的冲突。在公共政策的执行中，不同部门间的协调与合作是保证政策有效性的重要条件，但严重的部门利益往往导致各自为政，甚至是部门间相互争权夺利、责任推诿，甚至引发部门间的冲突。二是部门利益容易导致权力寻租。公权力由于部门利益的存在而沦落为谋取部门私利的手段，公权私用容易引发权力腐败、公正性丧失，甚至是是非不清、黑白颠倒的现象。三是部门利益会降低政策执行效果。部门利益所造成的权力异化会导致政府行为公共性的瓦解，损害社会公益，并在政策执行中会因部门私利而歪曲政策内容，违背政策目标，从而降低政策执行效果。

总之，大量的政策执行过程中出现的类协同问题已经不能够简单用官员的素质、能力等主观原因进行解释，因为某一现象大量重复出现背后有一套相对稳定的逻辑。对这种问题的思考需要从环境出发，而不能够简单停留

---

① ［英］马丁·洛克林：《公法与政治理论》，郑戈译，商务印书馆，2002年，第10页。

② 参见刘长发：《关于部门利益的若干理论思考》，《四川行政学院学报》，2005年第6期。

在体制上面，深入挖掘这种过程背后的运作规律，进而进行思考。

第四节 政策协同的体制困境

如上所述，在地方政府部门间政策有效执行"行动"观点的假设之下，接下来的一个问题是在多个政策部门共同参与政策执行的情境中，何种诱因较能激励这些政策部门之间产生最少的冗余、最小的不一致与最小空隙，朝向共同的政策目标而努力。针对这一问题，奥图尔(O'Toole)与蒙乔(Montjoy)认为，有三种重要的诱因机制，可以处理组织协作的议题，分别是："权威"(authority)，行为者受到职责的驱动产生合作；"共同利益"(common interest)，因为参与者视共同目标的价值而产生合作；"交换"(exchange)，为获得某些回报而非达成目标而产生合作。①汤普森(Thompson)也比较了三种协调机制，分别是：层级的协调形式、市场的协调形式与网络的协调形式，其重要特征分别是权威与监督、价格与自利，以及忠诚、互惠与信任为基础。②笔者也倾向于这样的观点，现有的组织间关系理论中，存在三种影响组织间行为的协调机制，分别是："层级"(hierarchies)、"市场"(markets)与"网络"(networks)。说这三种协调机制是基本的协调机制，意在指出以其他名称出现的协调机制，本质上都是建立在这三种机制基础之上的。

1. 层级

从现代形式的组织理论可知，"层级"向来是重要的组织间协调机制。在

---

① See O'Toole, Jr., L. J., and R. S. Montjoy, Interorganizational Policy Implementation: A Theoretical Perspective, *Public Administration Review*, 1984, 44(6): 492.

② See Thompson, G. F, *Between Hierarchies and Markets: The Logic and Limits of Network Forms of Organization*, New York: Oxford University Press, 2003, pp.47-52.

组织以"层级"进行协调的概念下,管理者可先将整体任务仔细地拆解成几乎相互独立的部分后,再安排各专业的部门执行被预先赋予的任务,最后再透过"层级"来控制各部门的行动。譬如,在韦伯式管理模式的影响下,行政组织经常需要依赖"阶层"机制来联结组织的各部分。就"层级"而言,民主官员以层级节制控制常任文官,为传统公共行政的主要途径,唯层级节制途径所形成之纯粹的韦伯式管理模式,从未在公共组织内部发生过作用,因为该途径假定官员控制问题的解决方案,来自于上位者的能力与智慧,但现实上一个全知全能的管理者是不存在的。特别是政策部门的阶层管理者同这些政策部门一样,经常同时面临多项政策任务,由于能力的限制,不同阶段工作重心不同,再加上自身的政策偏好,这些阶层管理者关注每项政策的部门协调就可能"有心无力"或"有力无心"。再加上政策部门的自由裁量权和政策间的冲突,"部门打架"现象并不罕见。这种情况显示出"层级节制"的局限性,仅依赖层级赋予的权威并无法充分解决行政组织间协调问题。

2. 市场

新古典经济理论强调"价格"作为一个关键讯号(signal)的角色,借由价格使位居庞大且相互关联市场中的消费者与生产者行动获得协调。在此情形下,新古典经济理论主张存在于市场中的价格机制而非阶层中的权威指挥,才是最主要的组织间协调机制,因为透过价格可诱导组织间自愿交易,进而让社会资源分配的效用极大化。有趣的是,"市场"须依赖现代国家权威,方能维系其正常的运作。因为它需要国家权威所守护的法律系统,来保障市场运作所必需的私有财产权,并确保市场契约的履行,否则将会产生市场失灵的危险后果。这样的事实,显示出以"市场"解决组织间协调问题的局限性。因此,当市场囿于信息不对称或其他问题而无法完美地发挥效率时,竞争压力会奖励那些能将自己组成阶层系统的企业,故借由阶层权威解决市场失灵的危机,就成为不得不为之势。至此我们可知,不论是透过市场与价格系统的绝对分权,由个别组织自主的进行协调,或是以中央集权的方法,由单一组织(推测是多种层级的)制订的一个精确的中央计划进行协调,似乎都不是一个可以完整解决行政组织间协调问题的选项。因为不管哪一种协调机制,都隐藏交易成本(transaction cost)[所谓的"交易成本",系指询问资料、与各方协商和强制履行契约的成本。]的问题。组织选择采用何种协调机制与其他组织进行互动,交易成本的高低是主要的考量因素。在交易成本的观点下,市场会因为信息不对称(information asymmetry)的影响,使得交易成本提高并降低双方交换的效率。此时,导入阶层组织之所以能降低交易成本,主要是因为"阶层"可以让管理者重组诱因,并导入更有效率的监督,使得个别行动者愿意共同提供服务,而不再认为偷懒(shirk)比较符合自我利益。[①]

3. 网络

"网络"机制则是源自社会交换的观点,组织间自愿性活动——交换,可实现与满足各自期望的目标与目的,非强制的互惠行为才是组织间互动的基础。在公共行政学界有越来越多的学者主张,公共政策是透过彼此合作服务提供商的网络而执行,因此组织间网络式的互动关系是如何形成,便成为一个日渐受到重视的议题。对公共部门而言,由于被服务对象拥有多重的问题需要被解决,但是受到专业分工的影响,服务的提供者往往只受到狭隘范围的专业训练,行政组织也仅提供特定领域的专业服务。在这样的情境下,提供者所构成的网络便开启了一个有效提供服务的方法,让行政组织既能有效运用资源,又同时能维护可接受程度的组织及专业的自主性。从资源控制的角度分析,网络关系可视为一种资源动员与依赖的过程。网络排除了正式的阶层结构与完美的市场形式,但却又相当程度地涵盖了介于此两者间的结构。因此,网络机制的支持者认为,网络在形式上能使不同的政治资源

---

① See Williamson, *O. E, Markets and Hierarchies*, New York:Free Press, 1975.

形成起承转合的作用,可以作为正式组织的中介形式。笔者认为,网络行为者的重复互动,增加了行为者自己对对手行为的预测能力,这有助于彼此产生"信任",而"信任"正是网络协调的关键影响因素。换言之,行为者间的信任,大幅降低了交易成本对于协调参与者的限制。然而网络的概念是极为权变多样的,这是因为网络虽出现于跨阶层结构的界限,但实际上阶层组织又可以被视为镶嵌在更大的网络中,故阶层与网络是交错难分的一体两面。

　　社会利益维护机制的构建首先必须建立在公共领域与私人领域之间法定权利的分配基础之上,将社会公众的理性讨论充分渗透到政策执行的过程中。事实上这一点不仅是抑制政府私利扩张与权力膨胀的有效手段,也应当成为政府改革的方向。其次,是要明确社会公众在环境保护政策执行中的利益主体地位,由于地方政府在政策执行中与食品安全企业的共谋而导致社会利益处于极度弱势状态,在利益表达中社会利益是无法与企业利益抗衡的。再次,是真正将社会力量吸纳进来。长期以来,环境保护政策的执行都是由政府主导甚至是以政府为单一执行主体的,政府的政策执行方式也大多是采用行政命令等方式,而使市场和社会的力量难以发挥作用,社会利益更加难以凸显。这种政策执行方式不仅使得寻租空间增大,损害社会利益,而且增加了政府负担。有研究者提出,要弥补政府直控型环境保护政策的不足,就要在"微观环境管理"层面寻找一种政府的补充或替代力量,这些力量是没有编制的,可以以任何形式对政府行为进行监督与制衡,并将之称为"社会制衡型环境政策"。而这种环境政策需要两个基本条件:一是明确政府与社会各自占据优势的不同领域,并留有各自的行为空间;二是明确权力和利益对行动的激励关系,要创造有选择性的激励机制。[①]事实上只有满足了这两个基本条件,才有可能将社会公众视为独立的社会有机体,才有可能赋

---

① 参见夏光:《论环境政策转型》,载国家环境保护局:《第二届环境保护市场化暨资本运营与环保产业发展高级研讨会论文汇编》,2001年,第5页。

予其独立的社会利益，也才有可能实现社会力量对政府的补充与一定程度的替代。

食品安全问题是世界各国政府在治理过程中都曾经面临的难题。食品安全事件的频繁爆发有多种因素，但迫切需要遵循跨部门监管的治理思路，迫切需要一系列维系秩序的种种规则和协调机制。从世界各国的经验来看，除了个别小型国家采用单部门监管政策之外，绝大多数国家都采用多部门监管的体制。这种体制符合食品安全监管多样化、复杂化的监管特征，至少从形式来看能让公众感受到科层制获得了最大限度的运行效果。但这一体制高效运作的关键在于两个方面，包括结构的有效和功能的整合。但无论从横向还是纵向，部门之间的合作都是不尽如人意，科层制内在的体制困境是导致这一问题的重要原因。

一、科层制内生的横向合作困境

所谓政策体制是从环境输入所需要的各种资源，通过各要素的功能及结构把各种资源转化为体制产品（即政策），并把这一产品输出到环境中去，从而维持自己的生存并对环境发挥自己影响的过程。①"组织理论之父"马克斯·韦伯（Max Weber）提出"官僚制组织理论"，建构了以理性主义、集权化、专业化、职业化、工业化为核心属性的"官僚制理论"。韦伯更强调理性的非人格化对于官僚组织的作用。韦伯意义上的官僚制是排除了认得主观感情和偏见的身份秩序，是能够保障客观性、非人格性、专业性以及能力的合理性组织结构。这种官僚制要具有一些基本特征，包括合理的分工、层级节制的权力体系、按照规程办事的运作机制、形式正规的决策文书、组织管理的

①　参见金东日：《行政与现代化：以中韩两国为例》，天津人民出版社，2004年，第207页。

非人格化、适应工作需要的专业培训机制、合理合法的人事行政制度等。其最大特征是客观性和合理性。①安东尼·唐斯(Anthony Downs)将官僚制的特征概括为四点:其一,必须是大型组织;其二,组织的绝大多数成员都是全职人员,且提供经济保障;其三,基于"功绩"基础上的人事雇佣、提升和留职;其四,它产出的主要部分并不是直接或者间接地由组织外部的市场通过权衡机制来评估。②

从文献角度分析,西方公众对官僚的态度也是矛盾和多变的。比如一些人认为,官僚是自私狭隘的代名词,但另一些行为则揭示出官僚也做过一些看起来真正面向远大目标的行为。一些人认为官僚是昏聩、无用的老马,但另一些人则认为官僚是精英,其中的职员是助人的、友好的和胜任的。官僚制的权威建立在正式的制度规则之上,通过正式规则来建构权威,实现有效统治。官僚制的逻辑是理性主义的,通过遵循常规的、程序性的方式来应对问题,有效减少不确定性。通过这些正式规则确定了相关部门的组织目标、权限范围、组织关系等各种内容。在食品安全监管过程中,元政策层通过建立相关部门的权限与规则,并且协调各个部门之间的关系。这种通过官僚制所表达的权力关系在自上而下的层层复制过程中而不断延伸和拓展。对政策协同行为的有效监管恰恰是官僚制的软肋,传统官僚制更多强调对工作的金字塔形的控制,使工作最大限度的专业化,组织内部合作却呈现出僵化的局面。

(一)协调机制的匮乏

韦伯意义上的"官僚制"是建立在高度分工和专业化基础之上的,通过横向与纵向的明确分工来完成相应职能。而现代社会的快速变化则不断冲击着这种僵化的体制。在信息化、全球化的当下,跨部门问题将会越来越多,

---

① 参见金东日:《现代组织理论与管理》(第二版),天津大学出版社,2010年,第38页。

② 参见[美]安东尼·唐斯:《官僚制内幕》,郭小聪等译,中国人民大学出版社,2006年,第28~29页。

任何一方都无法单独承担相应的责任,完成相应的任务。同时,跨部门问题涉及的领域也越来越多,作为工业化时代的产物,科层制本身无法适应信息时代的快速变化,部门关系不协调、责任担当不到位、职责关系不明确成为科层制管理过程中的普遍问题。当单一部门无法处理相关问题时,迫切需要完善政策协同的决策机制,鼓励部门之间通过合作来完成目标,通过多部门的合作来有效解决相关问题。

这种多部门监管的格局的问题在于,各个监管部门之间难以形成信息共享和有效合作,反而导致部门之间相互推卸责任。各个部门出于利益考虑,制定各自的执法标准和规则流程。针对类似问题,现行制度缺少相应的制度安排,跨部门合作也面临着集体行动的困境。食品安全作为一种公共物品,各个部门都期望能够减少投入,这个时候,工商、卫生、食药监等部门就成为一种竞争关系,都通过搭便车获取相应的收益,而将监管成本转嫁到其他部门。尽管不排除工商、食药监等部门的短期合作,但是资源约束条件下长期博弈的结果往往是出现恶性竞争。

(二)专业化

对韦伯而言,"官僚机构"是一个具有特定功能属性的组织:"庞大的规模,等级制度、正式规范、特定任务、书面文件,官僚机构中的雇员通过工作获得薪金,技术上受过培训,列出的职责表明官僚机构需要具备专业知识的专家。"[1]西蒙也提到,"官僚制"可以将复杂的任务分解为小的、相对独立的组织成分,通过分别处理这些小的部分,就能够实现组织的总体目标。[2]

---

① [美]查尔斯·葛德塞尔:《为官僚制正名—— 一场公共行政的辩论》,张怡译,复旦大学出版社,2007 年,第 8 页,转引自 Max Weber, *Essays in Sociology*, New York: Oxford University Press, 1946, pp.196–204.

② See Herbert Simon, *Administration Behavior*, London: the Free Press, 1976, p.69.

科层制是通过专业化的思路来设置部门机构，当需要跨部门来处理相关问题时，专业化的分工设计就显得问题重重。专业化导致科层机构拥有自己的目标、拥有相应决策所需要的专业、时间、技术和资源，而不愿接受其他部门的常规目标。各部门受制于自身的"门户之见"可能影响决策质量，而专业分工和权力分散导致行政职能重复交叉、执法机构混乱、处置权限相对分散等问题是科层制无法摆脱的梦魇。而对上级的政策目标和政策要求，下层官员很少公开反对上层的政策，但更多采用应付、拖延或者利用法律、规定及相关程序来拖延上层目标。

科层制通过专业化来应对复杂的管理内容，在专业化分工较为明确的工业化初期，这种模式可以有效应对管理事务。但是在应对复杂问题时，这种条块分割、分工过细等弊端则限制了政府在应对和解决跨部门问题过程中的作用，一些问题则在食品安全监管过程中暴露无遗。科层制决定了政府基本上采用垂直分工的模式来运作，这也就决定了科层制本身不是那么擅长组织跨领域的合作，也不擅长制定综合协调的目标和项目。多部门共同参与到执法过程中来，但是执法模式不统一、执法尺度不统一、工作要求不统一。按照委托-代理理论的理解，许多官员就像他们能够决定公共利益一样，力图最大限度地代表公共利益。办事人员是一群勤奋的公务员，他们具有高度的职业技能，致力于本机构的工作，几乎不会逃避或者蓄意破坏其上司的政策目标。①但受长期专业化管理的影响，各个部门形成了自身的管理模式和管辖范围，一旦遇到问题，往往采用自身的监管思路和监管模式，形成一个相对封闭的政策体系。中央政府拥有其核心政策目标，不同的政府部门也都有彼此并不相同的政策目标。当需要多部门合作时，不同的政策目标令他们竞争，但也造成了部门之间彼此分离，甚至无法形成信任，形成碎片化的

---

① 参见[美]小威廉·格姆雷：《官僚机构与民主——责任与绩效》，俞沂暄译，复旦大学出版社，2007年，第86页。

结构。在这种政策结构下,各个部门之间的联系也就主动性不足,令联合行动变得松散甚至行动失败。

(三)利益取向

韦伯谋求的"官僚制"体现的是一种"形式合理性"。这是一种消解了价值判断的合理性,使行政行为成为一个不包含价值、信念的纯粹的技术过程。行政官员在这个体制中,成为按章办事、严格受规则约束的运作体系。在整个体系之中,其官员由上级领导委任,行政官员对其上级负责,只要遵守相应的行为规范便可以保住自己的地位并且长期任职。这种关系以法律为基础,通过科层制的基本结构来运作。在形式上,上级政府授予下级政府相关权力,明确相关任务,提出相关目标。下级政府仅仅是服从上级命令,在规定时间内完成相关任务,保证政令畅通。

韦伯对"官僚制"的界定并未充分考量利益取向的作用,运作过程中会产生利益冲突,这种冲突产生于官员追求目标及其实现路径的差异。在这种差异的影响下,即使相关主体拥有相同的偏好和相同的信息,对同一问题的处理也存在不同的意见。每个部门都会产生一些核心领域,包括权力、规则和资源等。当需要多部门合作时,单一部门同样面临成本与收益的考量。当然,对公共部门而言,利益是一个包含多重价值目标的概念组合。政府机关作为公共部门,无论是从法理上还是从现实中都不可能成为单纯追求经济利益的主体。不同部门的要求不同,在政策协同过程中,不同部门会为了让集体行动朝着有利于实现自身利益目标的方向而努力,他们或是为了争取最大的利益而最大范围地扩展部门权力,争取或者捍卫自身部门的权力。不同部门所谋求的利益是一个包含多种目标的复杂构成,利益的形态多种多样,可以是物质的,也可以是精神性的。这些目标包括改进部门绩效、避免问责、努力保证自身部门的合法性并拓展部门的职能范围、谋求晋升博弈中的优势等。当遇到需要跨部门合作的问题时，这种僵化的结构便成为一种阻力，当不同部门都拥有政策制定的权力时，政策制定过程本身就已经成为各部门相互博弈的平台，谋求通过博弈来增加部门的利益。多个部门监管一个方面的事务往往需要政府协调，这不仅提高了管理成本，也降低了管理效率。在现实中，各部委利用法定职权，在起草法律、法规时凭借其占有的资源优先强调本部门的利益而偏离国家目标和公共利益，谋求获得更多的权力、利益而弱化相应的责任。曼瑟尔·奥尔森(Moncur Olson)曾经指出："在任何大集团中，成员不可能彼此都认识，因而集团事实上也不可能是一个友谊集团，所以即使一个成员没有为其集团的目标做出什么牺牲，他的社会地位一般也不会受到影响。"①

(四)部门间的竞争取向

按照唐斯等学者的观点，官员之间的竞争类似于自由市场经济模式中的企业，能够积极地推动政策革新，也可以检测官员的自主性。②公共选择理论将理性人的假设引入到政策分析过程中来，其代表人物唐斯也认为，公职人员"同样拥有追求精通工作的自豪感、为公共利益服务的渴望和对特定行动计划的承诺这样的利他行为"，但是其首要行为动机是"为了从担任公职中得到收入、声望和权力"。③食品安全监管依赖于各个部门的整体配合，迫切需要相关人员的协调与合作，对于基层政府而言，在面临多部门监管的局面时，往往需要考虑相关行为的目标收益函数，合作过程面临着公有地悲剧的困境。

---

① ［美］曼瑟尔·奥尔森：《集体行动的逻辑》，陈郁、郭宇峰、李崇莉译，上海三联书店，上海人民出版社，1995 年，第 72 页。

② See Anthony Downs, *Inside Bureaucracy*, Boston：Little，Brown，1967，pp.198–199.

③ ［美］安东尼·唐斯：《官僚制内幕》，郭小聪等译，中国人民大学出版社，2006 年，第 89 页。

我国食品安全管理体制运行到市场经济时期,已经初步形成了多部门监管的基本架构,元政策层寻求在权力分割状态下的行政资源的整合。这种"制度冗余"从设计过程中本无可厚非,但在实际的执行过程中还是引发了部门之间的诸多竞争。这种制度设计的核心是借助于在既有机构数量不变的前提下实现职能的广覆盖,以应对食品安全问题中的复杂性、多样性和多变性的特征,同时能够尽可能减少上级的责任。但由于不同层级的政府在权力强度、目标设定、资源程度等方面是不均衡的。即使是同一层级的不同部门的权力强度、目标设定、资源程度等方面也是不均衡的。因此,各个部门在对相关部门职能的描述往往使用概括化和模糊化的语言,这种语言往往会造成诸多的解释空间,其解释余地往往使得政策执行主体之间莫衷一是,大大增加了部门之间的相互竞争和相互推诿。

(五)机会主义倾向

韦伯将程序的非人格化看作官僚组织的基本特征之一,在他的分析中,这种非人格化与正式规则的使用,以及基于技术能力的人员选拔之间存在着密切联系。但是在现实中,部门之间的机会主义行为往往催生非正式程序:"非正式程序的产生总是涉及一定的自由裁量权,准确地说,因为正式规则不能涵盖这种自由裁量权……当官员拥有一定的自由裁量权时,他们至少会部分使用其中的一些权力来增加自身利益,而不是增加正式组织的利益。"①尽管机构显得愈发臃肿,但是这种复杂未必能够带来效率的提升。一个显而易见的事实是,当组织规模越大时,上层领导对组织人员及其行为的控制力就会越弱,对不同组织间行为的调适能力也就越差;而且当上层希望控制下属时,下级也就试图逃避这种控制。

---

① [美]安东尼·唐斯:《官僚制内幕》,郭小聪等译,中国人民大学出版社,2006年,第68页。

在政策协同过程中,不同部门呈现出一种高度分化的状态,这种分化状态会使得整体结构呈现出层层阻力的现象,当阻滞机制比较复杂的时候,政策协同过程有可能出现类似的选择性协同、变通性协同。尽管这减少了基层的政策阻力,但却背离了政策协同的设计初衷。官员的协作关系导致政府的碎片化(fragmentation)现象,并使合理的政策制定和民主控制难以实现。①科层制的超大规模决定了行为的不协调,特别是跨部门问题上的不协调。1977年,美国食品药品管理局(FDA)宣布禁止销售糖精,因为研究表明食用糖精可能致癌。在经过一番政治斗争之后,国会决定把这项禁令的实施推迟18个月(到1979年年中终止销售),但是这项禁令却迟迟未得到执行。而出现这一问题的主要原因是美国政治中的"铁三角"模型,在软饮料生产中使用糖精作为添加剂的食品工业的利益集团通过立法程序,激励推迟糖精支票销售禁令的实施。②

总之,处理跨部门问题时,科层制是相对比较理想的形式,结构相对简单、目标相对明确、结果易于评价。但在现代社会不得不依赖拥有技术、信息、职位和权力的科层体系,从某种程度上看,科层体系是一致的,他们共同制定政策,拥有共同的价值,谋求通过自身的努力来有效推动公共价值的实现。但是从另一个角度来说,由于部门林立而且彼此独立,权力局限于特定政治领域,不同部门之间的官员往往会产生冲突。"组织之间的合作问题是官僚制的普遍问题,官僚之间的竞争限制了政府内部的协调和一致。"③"在一定意义上,抵制非人格化权威的社会比接受它的社会,更易于产生官僚主

---

① 参见 C.林德布洛姆的《决策理论》,转引自吴锡泓、金荣枰:《政策学的主要理论》,复旦大学出版社,2005年,第5页。

② 参见[美]弗雷德里克森:《公共行政的精神》,张成福等译,中国人民大学出版社,2013年,第51~62页。

③ [美]盖伊·彼得斯:《官僚政治》,聂露、李姿姿译,中国人民大学出版社,2006年,第13页。

义功能紊乱。"①食品安全政策是一个由多部门政策构成的一个复合体,各部门都谋求通过各自的努力来实现政策补位,进而弥补政策缺位的现象。但是各部门的政策都是依存在各自部门发挥作用的,即使是一些出发点很好的制度,在运行过程中也会出现不同的结果,政策互补变成了政策互斥。这种政策结果脱离政策目标的现象大量发生,成为科层制的普遍困境。

当然,科层制种种缺陷并不意味着要取消科层制,建构在法律和理性基础上完整有效的科层制是任何一个现代国家运行的必要条件。国家治理改革的核心是要在既有科层制基础之上推动多部门的合作,照顾公众需求和期望值,推动政府提供更好的公共产品与公共服务,而不是简单地否定乃至去除科层制。

需要注意的是,科层制的这一标签容易使对政府部门关系的认知简单化。在西方,官僚制之间横向协作的效果良好,并未引发特别严重的后果,背后其实来源于其他权力的制约。主要包括法律法规的完善、财政部门的预算管制和司法力量的有效制约。在韦伯概念中的"官僚制"具有政治中立、遵守法规、权责明确的特征,官员不与党派共进退,不需要跟随政党的意识形态。政府公职人员的行为一定是遵守法规的,官员的行为一定要按部就班,遵守已经制定的行为规范。

二、基层政府政策协同过程中多重目标间的均衡

对于基层官员而言,面对复杂的食品安全监管局面,各个部门往往面临着不同性质的价值挑战和冲击,导致各个部门面临着不同的选择,价值目标的多元化影响了政策行动。基层官员的行为并非单纯为了单一目标,诸如晋

---

① Michel Crozier, *The Buraucratic Phenomenon*, Chicago: University of Chicago Press, 1964, pp. 213–220.

升或者利益等行为假设只可以部分解释官员的行为，却无法解释行为的全部。基层官员行动逻辑既非传统中国社会的关系逻辑，也非韦伯"官僚制"概念中的理性逻辑，而是一种复杂的多重比融贯逻辑，这种多重比的行为逻辑构成了基层政策执行的现实基础。通过对基层监管者自身的行为逻辑，可以更好地看到中国政策协同过程的内在困境，并把脉到其深层次的问题。

（一）多重目标与有限能力之间的均衡

谭伟强和杨大利在食品安全监管的研究中发现："保障食品安全给地方经济创造就业机会存在一定程度的矛盾。特别是地方政府而言，经济发展与监管之间存在某种程度的两难的政策困境。"①地方政府领导工作千头万绪，面对多重目标时，地方官员会在其目标排序之中将经济发展、就业、稳定等相关事项的位置靠前，食品监管的重要性则放置在后，对于一些食品安全出问题的小企业，监管人员认为打打苍蝇还无所谓，而对于地方上相对规模比较大的企业，当地相关监管人员会有较大顾忌。基层执法人员一旦出现铁面无私的执法情况，则部分企业可能面临停产，这会对当地经济发展带来的压力。为了维持企业的生产，当地领导甚至可能会采用约谈等方式来要求监管人员放松管制，地方政府目标的异化最终导致了一线执法人员行为的异化。

西方国家官员施政过程中仍然会追求绩效，但是绩效低下并不会产生合法性危机。但是政府主导模式下往往形成高度的绩效依赖，官员谋求通过增强绩效来证明自身的合法性。中央政府的合法性建立在绩效之上，因此对绩效有苛刻的要求，这种要求会表现为较高的政策目标进而转化为对下级政府的层层期望、层层考核、层层评估。中央政府为了有效满足公众的需求，会给下级政府设置重重目标。指标往往非常全面，但是各项指标的统计以行

---

① Tam,Weikeung and Dali Yang,Food Safety and the Development of Regulatory Institutions in China,*Asian Perspectives*,2005(4):5-36.

政区划为分界线,辖区内的国内生产总值、财政收入仍然是考核指标中的重中之重。尽管近几年地方政府的考评指标开始淡化国内生产总值的比重,但是其他指标在运作过程中由于可操作性不强而受到很多障碍, 所以在既有的管理模式下,经济考核依然占据重要位置。

在政府主导模式之下,中央拥有着数量众多的资源,对于在规则中获胜的选手,便会在这种规则下获得很多额外收益,最终会在诸如晋升、资金分配、政治荣誉方面获得更多的机会。而这种模式在上层屡试不爽的实践中不断复制,在层层复制中,下级官员既是上级规则的运动员,还是下级政府的裁判员,锦标赛模式最后在各级政府间全面推开。"在经济分权的制度配合下, 地方政府获得了强劲的经济发展动机, 官员的政治锦标赛表现为地方GDP 的竞赛。"①基层政府官员虽然处于政治权力的最底端,但却是诸多公共物品的最直接提供者。对他们而言,职位升迁的动力成为职业发展的最大动力。这一模式成为衡量地方官员的标准,也成为地方经济发展的重要动力。

但是地方政府同样不是万能的,由于决策位置的差异,下级政府所拥有的资源、信息呈现逐级下降的趋势,这种趋势导致下级政府对政策问题认知的深度存在差异,这种差异会导致政策执行的局限。由于地方政府资源与能力的不足,多个部门在执行政策时,不得不牺牲一些政策目标。以食品安全为例,要求做到食品的百分之百监管是一件不可能完成的任务,在现实监管中政府更多强调事后监管而非事前预防, 但是这种事后监管的思路一定是以生命健康受到损害为代价的。同时,这种期望与现实之间的差距越大,平级政府之间伪协同的可能性越大,锦标赛模式下地方政府行为会产生异化。"以任务下达和指标分解为特征的行政事务层层发包、高度依赖各级地方政府和相关部门单位自筹资金的财政分成和预算包干、以结果导向为特征的

---

① 周黎安:《中国地方官员的晋升锦标赛模式研究》,《经济研究》,2007 年第 7 期。

考核和检查。"①在地方,食药监部门隶属于地方政府,其财政、编制、人员、执法设备等均来自于地方政府拨款,上级部门仅有业务上的指导关系,很难制约下级政府的监管行为。这也就决定了与食药监相关的部门官员的管理行为必须要看地方政府的脸色行事,管不管、管到什么程度都是由地方政府说了算的。

(二)制度导向与关系导向间的均衡

中国长期以来在正式组织之外存在着非正式关系,形成一种差序格局的特殊性社会关系。②对于县级及以下政府而言,其所管辖的地域范围和人口数量相对较少,基层官员往往会形成非常复杂的关系网和利益链,深深嵌入到当地各种社会关系网络之中,特别是介入到当地生产者的经营过程中。"国家政策的文本规则与地方社会制度环境之间具有不同的嵌入性关系,两者不同的嵌入程度决定了政策执行的好坏。"③在基层,权力生态中的关系社会往往愈发突出,在人情因素、利益因素、亲情因素的干扰下,政策协同的方向往往发生偏差,出现伪协同问题。

国家在制度设计过程中也考虑避免基层错综复杂的关系对政策执行的干扰,在现行体制中,县委书记和县长往往由外地调任,但是事实上,本地出生和成长的官员往往有更加重要的影响,甚至有时候起着决定性作用。按照制度安排,官员的每届任期为 5 年,但是有学者对 1993—2011 年 898 位市委书记任期的整理和分析发现,"市委书记的平均任期只有 3.8 年,而能够做完 5 年任期的只有总人数的四分之一"④。在如此频繁的调整周期中,正式规

---

① 周黎安:《行政发包制》,《社会》,2014 年第 6 期。

② 参见费孝通:《乡土中国:生育制度》,北京大学出版社,1998 年,第 12 页。

③ 吴小建、王家峰:《政策执行的制度背景:规则嵌入与激励相容》,《学术界》,2011 年第 12 期。

④ Eaton,S.,and Kostka,G.,Authoritarian environmentalism undermined? Local leaders'time horizons and environmental policy implementation in China,*The China Quarterly*,2004:1-22.

则发挥的效果也就大打折扣,关系依然会成为一个难以突破的因素。在各种社会关系的制约下,正式的制度也就变成了可以歪曲的因素,政策执行也变成一种妥协。当食品安全监管涉及一些具体的关系时诸多官员的行为往往投鼠忌器,具体执法过程中也往往演变为关系重于制度,灵活性重于原则性,这也就解释了为何政策往往投入巨大,成效不明显。

在推动各部门合作时,领导人之间的私人关系往往也会影响政策执行的效果。如果部门领导人之间的私人关系紧张,则会直接影响政策执行效果。在中央的"八项规定"出台之前,基层执法过程中或者过年过节的时候,一些监管对象往往向监管人员提供所谓的"礼物""红包"等不同形式的贿赂。在访谈中,一位基层官员透露,尽管上级政府要求做好食品安全工作,但一遇到企业违规的情况,领导又要求"大事化小、小事化了"。官员这种行为往往与自身的职责相悖、与法律相悖、与公共利益相抵,但是在复杂的关系导向面前,官员自身往往无能为力,不得不在上级的规定与现实的要求中寻求一定平衡。

在基层政策执行中,各种关系网、人情网相互交织,诸如人情、关系等因素便成为影响政策执行效果的制约因素,给实际执行带来诸多障碍。当制度与关系的要求矛盾甚至冲突时,关系成为重要的考量因素。有基层官员认为县域政府对官员考核时,"能力作参考,关系更重要"。执法过程中,部分监管对象对监管者的情况非常熟悉,导致监管者在实际监管过程中"看人下药、量体裁衣",对一些有后台、有关系的商户执法过程中瞻前顾后、顾虑重重,往往雷声大、雨点小,停留在走过场、摆样子的层面,而那些没有后台的商户往往加大处罚力度,甚至罚个倾家荡产。

对于类似的监管失灵的情况,往往有深刻的政治文化的因素,不是依靠制度就可以解决的。这种依赖于血缘、业缘、地缘而形成一张非常紧密的关系网,这种关系网也是政策伪协同的表现之一。而这种伪协同借助于正式的权力网络而形成非常复杂的关系网。诸如制度、晋升等激励手段往往失灵，官员的行为特别是缺少制约的情况下大量游走在法律和道德边缘，甚至直接触及法律。由于缺少监督与制约，类似事情频频发生，官员与群众逐渐感到麻木，甚至感觉见怪不怪。2010年曾经曝光海南豇豆农药超标事件。2010年1月至2月初，武汉市农业局在武汉白沙洲农副产品市场连续三次检测出含有禁用农药水胺硫磷的禁用农药，随后将此消息通过媒体曝光。但是这一行为引发了三亚市农业部门的"不理解"，原因在于这一行为违背了业内的"潜规则"，甚至这种行为"于国于民都无益"。①这一现象也充分暴露出食品安全监管部门的"潜规则"对食品安全监管起到的负面作用。

(三)成本与收益之间的均衡

食品安全提供的是纯公共产品，应该由政府购买并提供相应的公共服务，理应获得地方政府的全额预算安排。但是由于相关经费的紧张，一些地方政府的经费不足，一些监管机构非但没有开展有效监管，反而强调开展有收益的项目，影响了执法的公正性、公平性，增加了监管对象的经济负担。如果没有足够的财政投入，食品安全监管的基础设施建设将落后于食品安全监管需要，而相关的食品安全问题将会因为缺少足够的技术设施的保障而无法满足需要。

毫无疑问，行政组织及其工作人员在执行过程中，具有相应的自利性，地方政府处于改革的第一线，但自利性不应该成为推动政策协同的动力。地方官员追求自利性的行为一方面有动力机制，利用公共权力将相应的公共资源转化为部门利益；另一方面也有压力机制，随着财政体制改革的深入，基层政府财政压力较大，追求利益的行为也变得愈发自觉。在压力型体制

---

① 参见《武汉曝光海南毒豆 三亚："特别的不理解"、内部通告是业内"潜规则"》，《南方周末》，http://www.infzm.com/content/41911.

下,县级政府面临着具有绝对权威的上级政府的命令,在政策协同的强大压力下,作为一级具有独立权力行为体的县级政府会产生相应的行动。同时,当食品安全问题引发全社会的关注时,地方政府又被公众指责为不负责任的主体。面临这些压力,多数基层政府公务员都希望响应政府的号召。基层公务员的管辖对象是分散的、其边界是动态的、形态是多变的、结构形式是不固定的,当需要多部门共同参与时,基层部门并不愿或者无心改变不平均的分配状况,这也就使得协同过程中的微观动力不足。基层部门面对跨部门的监管要求采取"不挑头、不掉队"的策略,都希望能够"搭便车"。即使某一部门希望推动部门间协同,但地方政府的政策协同涉及体制、政策等多重因素,改革难度很大,如果没有上级政府的支持和配合,往往出现"上改下不改,改了也白改"的现象。

由于政策所处部门体系决定着政策的发展方向,立足于部门的政策结果往往与公共利益方向相背离。地方利益的广泛存在激发了地方创新的动力,也使得地方经济获得了飞速增长。但是由于伪协同的广泛、普遍、长期存在使得自下而上的表达、监督功能弱化,公众对地方政府治理的行为不信任,甚至造成了公众与地方政府的对立。

(四)有限权力与无限责任之间的均衡

在跟基层公务员交流时,"权力无限小、责任无限大"成为诸多官员的共识。研究中国地方政府的权力分配,必须放在中国特色的行政和财政分权体制之中。我国中央和地方职能划分不清楚,有官员曾经指出:"除了外交、国防之外,几乎所有的事务我们也分不清哪些是中央职能,哪些是地方职能。"[①]面对这种模糊分权,上级政府往往利用自身的权威不断扩充财权,"财政分

---

① 楼继伟:《选择改革的优先次序:二十年回顾与思考》,《21世纪经济报道》,2006年8月7日。

权过程中过多强调中央的财政汲取,财政分权缺少法律保障、财政分权和行政垂直集权矛盾以及分权制度安排本身不规范"[1]。财权不断上收,事权不断下放,同时将大量的事权交给地方,甚至规定地方政府负总责,其结果就是地方政府财权和事权的不匹配。地方政府在与中央政府关系处理中处于弱势,也面临着财政收入不均衡的局面,地方层面各个地方对监管部门的财政支持力度差异较大,各个监管部门为了弥补监管经费的不足,不得不将资金重点分配到与经济发展相关的项目中来,而用于食品卫生等公共服务项目中的资金则非常有限,因而基层政府甚至纵容地方的食品卫生监管机构通过征收罚款等形式来获取费用。面对有限的资金,与食品安全相关的各个部门极易产生冲突和矛盾。在双重领导体制之下,食品安全部门的经费、物资、仪器以及工作人员的福利待遇、职务晋升、离退休安置等事关政府人员切身利益的问题,都是由上级政府负责管理,基层食品安全部门对当地政府有较强的依附性。这种依附性使得食品安全监管人员必须在当地政府的宏观安排下开展相应工作。在以经济建设为核心目标的情况下,地方会将国内生产总值的增长作为其核心目标,食品安全往往让位于经济发展等目标。这样,与食品安全相关部门处于相对弱势,影响力有限,食品安全相关的部门寻求其他部门的配合就面临着权威不足的矛盾,必须获得上级领导的支持。也就是说,当食品安全监管部门需要其他部门的合作时,一种理性的选择是选择与上级直接沟通,而减少与平级部门之间的横向沟通。

单纯依靠从上而下的压力型模式,只会导致基层政府的行为短期化甚至是表面化。"'政治性'任务挤压了政府应该履行的其他职责,导致政府责任机制的失衡……政府实现责任的'泛政治化',还诱使一些政府部门和官

---

① 姚洋、杨雷:《制度供给失衡和中国财政分权的后果》,《经济战略》,2003年第3期。

员采取各种方式逃避责任。"①与食品安全监管相关的基层官员心理压力明显比一些非监管部门压力要大,他们往往担心监管出现问题,担心辖区内出现严重的食品安全相关事件。在日常管理过程中,基层工作人员的工作就包含了两个方面:一方面要堵,避免相关问题的出现;另一方面要截,一旦出现问题要避免相关信息的扩散。

公众理念的转变也推动了整体食品安全监管理念的调整,食品安全监管渐渐由一块肥肉变成了烫手的山芋,当食品安全状况良好时公众想不到这些部门的努力,但是出了问题就容易被指责。现有的协同过程基本没有照顾到基层官员的利益和需求,甚至将他们作为改革的对象,而非将他们作为改革的主体来对待。在频繁调整的监管体制之后,有些地方官员非常担心出现问题,可是复杂的监管问题又不是他们所能够左右的。本书在撰写过程中也接触到一些一线基层单位,很多乡镇单位是无技术、无设备、无资金的"三无单位"。但很多基层执法人员下乡上门监督检查,从这乡到那村,力求不漏掉一个食品经营单位,不留一个死角,对当地所有食品生产单位进行了全面彻底拉网式的监督检查。在正常执法过程中难度很大,甚至出现被执法对象谩骂、威胁、殴打等情况。至于下乡到村,挨饿、挨累、挨骂已经是食品安全执法人员的家常便饭,有些官员甚至讥讽自己是"弱势群体"。

转型时期,政府的责任往往较大,这种责任甚至有可能演化为一种无限责任。随着食品安全监管政策改革的不断深入,给基层执行主体带来的就是食品的生产、流通、安全监管的主体不断集中,监管工作的任务大幅度增加,涉及食品安全监管的工作人员的责任和压力明显高于一些其他政府部门的工作人员,在相应的监管保障措施有限的状态下,涉及食品安全的监督管理人员有可能成为责任追究的高风险群体。从理论而言,政府应该从责任无限

① 杨雪冬:《压力型体制:一个概念的简明史》,《社会科学》,2012年第11期。

性的状态开始转变为有限型政府,并逐步过渡到服务型政府。食品安全的责任第一责任主体应该是企业,其次是社会,政府则应该退居幕后,主要负责监管。但是这种状态依赖于公众法律意识的培养,维权意识不断提升,当下政府无法单纯成为服务型政府,官员也很难成为服务型官员,管制甚至成为一种最为主要的模式。在实际执法过程中,如果地方政府的执法强度不够,该地方的违法活动就会快速反弹,与食品安全相关的工作人员不得不冲到食品安全的第一线与食品生产者斗智斗勇。

在与基层公务员的接触中笔者发现,任务繁重、压力大成为一些公务员的工作常态。尽管锦标赛模式无法解释官员的全部行为,但是锦标赛模式在基层官员行为调节中发挥着很重要的功能。在现行的职务和职级制度中,各级待遇都是与行政职务级别挂钩的,官员的过度竞争也是导致地方政府官员积极性不高的一个重要原因。食品安全监管等部门工作压力颇大,工作人员即使满负荷运转也无法有效解决相关问题,但是对这些工作压力颇大的公务员所能提供的晋升机会同样非常有限。与食品安全相关的基层官员由于离开权力中心过远,对于很多人而言职位晋升的可能性并不大,锦标赛的刺激模式也就无法奏效。在笔者调研的 J 市(地级)工商行政管理局共有 89 名干部,仅有 2 个正处级岗位,县级普通工作人员官员晋升空间更小。对于渴望晋升的官员而言,"僧多粥少"成为官员的常态。相关研究表明,从科员到县处级干部的升迁比例仅为 4.4%,从县处级升迁为厅局级的比例更是低至 1%。①由于晋升的概率不同,对官员行为激励的效果是不同的。对于很多受年龄、学历等条件限制的基层公务员,晋升的可能性很低,所带来的激励也就比较小,这也使得基层公务员必须在多种目标中寻找博弈和均衡。这种激烈的竞争带来的是官员晋升动力的不足,官员之间渐渐通过伪协同行为,

---

① 参见胡颖廉、叶岚:《大数据解读真实基层公务员》,http://renshi.people.com.cn/n/2014/0414/c139617-24892892.html。

进而抵制来自上级的协同需求。无论晋升与否，官员的生存依赖于关系的有效运作，借以增加获取收益的概率。维持这些关系的基本纽带是血缘、地缘、业缘等，除了血缘是天然的连接纽带，其他的纽带都需要维系。当然，2014年12月2日，中央全面深化改革领导小组第七次会议审议了《关于县以下机关建立公务员职务与职级并行制度的意见》①，尝试推行实行职务与职级并行制度，这就意味着公务员即使得不到职务上的提升，也能通过职级的晋升提高自己的待遇，从而拓宽公务员的激励机制。

政府基层工作人员面临的工作往往具有复杂性，这也给基层官员的工作带来了巨大的困难。在现实过程中，基层官员往往会与所管辖的食品商贩形成一种交易机制，通过交易而实现一种妥协，这种妥协则意味着对食品安全的纵容。这种交易的内容主要是希望管理者变通政策，采取拖延甚至是违反其工作纪律的政策。这种妥协机制往往渗透着很多的灵活性，这种灵活性的度则取决于官员与管辖对象之间的博弈。毫无疑问，这大大增加了政策执行效果的不确定性。

（五）政策稳定性与环境的不确定性之间的均衡

在转型期，组织目标的稳定与明确都是不可能的事情，科层制的逻辑很难适应于变化剧烈的社会。可以说，这种工具理性并不必然低效和不专业。尽管法律上已经对各级组织的权限作出相关规定，但是在实际过程中，上级也会允许下级在政策执行过程中拥有一定的自由裁量权。

环境的不断变迁带来体制的不断调整和政策的不断适应。对于地方政府而言，"抱团取暖"成为一种合理的选择，通过复制其他部门通行的行为，进而规避来自上级和外部的压力。这种"抱团取暖"背后有复杂的社会机制，

---

① 参见《习近平主持召开中央全面深化改革领导小组第七次会议》，中国政府网，http://www.gov. cn/xinwen/2014-12/02/content_2785771.htm。

在实际的政策执行中,各个部门都有一些业务与关系上的交流,组织之间会形成一些共同认同的观念和行为方式。除非环境发生特别重大的变化,组织之间的这种稳定性都是有其存在的必然性的。

总之,多重目标给自上而下的政府主导型政策协同带来很多不确定性,甚至偏离了原有的政策目标。对于地方政府而言,在具体实践过程中,政策的制定与执行和具体人员的选择有密切的关联。而行政价值的多元及公共责任的复杂性,使得基层官员在进行行为选择时总是面临多种困境。因此,在具体执行政策时,基层官员不会碌碌无为,也不会急躁冒进,更多是在多重目标中寻找对自身更为有利的选择。这种不同逻辑存在于多重主体和多重部门,现有的制度为不同的层级逻辑提供了存在的空间,而正是这种不同逻辑使得政策执行偏差存在着必然性。这种不同逻辑层层加码,致使政策逻辑的偏差愈发增强。在具体政策执行过程中,基层政府的执行逻辑一般不会与上级政府完全对立,而是在与上级政府的博弈中寻求一种均衡,而这种均衡打破了政策执行的预期,并形成一种强大的反作用力。这种反作用力在一些治理领域普遍存在,造成诸多执行问题,进而演变为诸多经济与社会问题。面对这种反作用力,中央政府有时候也不得不选择妥协。但是这种妥协并不意味着停滞,中央政府依然会通过种种治理手段来推动政策的再协同,改变不同主体之间的均衡,强化正式制度逻辑的有效运作。

第五章
政策再协同的逻辑与主要途径

美国学者狄尔·S. 莱特(Dir S. Wrignt)在考察美国联邦制中各级和各类政府机构之间的关系时指出,与法律和司法的制约力量相比,政策在影响和决定政府间关系中所起的作用越来越重要。①佩里·六等人的整体型政府理论中认为,整体型政府必须做到政策层次的整合,即政府所有的机关单位在政策制定的阶段,即应为政策之整合,对特定之政策目标与结果皆有共识和认同感。整合就是把多个功能单位组合成一个有机的整体。佩里·六的观点为我们在政策层次寻求建立部门间的适宜关系提供了启示。因此,在公共政策之层面,即在政策初始制定及后续的一系列决策执行中,要从政策的角度为地方政府部门间的适宜关系创造积极的因素。

在政策方面,制度的初始设计谋求建立一个有效的分工,良好的协调、监督、运行和保障机制来应对跨部门问题,当面临横向和纵向的双重分离时,初始制度设计往往失灵。无论初始制度设计是多么科学和规范,制度本

---

① 狄尔·S. 莱特概括了政府间关系的五大显著特征,另外四种特征分别是:政府间关系是多方位的关系,政府间关系实际上是各政府中官员之间的关系,政府间关系是一种持续的、灵活的动态关系,在政府间关系中,公务员起的作用越来越重要。具体内容参见[美]R. J. 斯蒂尔曼:《公共行政学》,李方等译,中国社会科学出版社,1988 年,第 252~254 页。

身始终存在无法覆盖全部有效监督的空间。这种空间为政策执行者留有足够的博弈余地,政策执行主体都能够寻找到与其相适应的博弈策略,进而改变政策协同的方向和效果,甚至改变政策协同的性质。而破除伪协同的关键则在于不断完善相关的程序,有效增强正式制度监管的规范度,使正式协同变得更为制度化和规范化,并谋求通过多样化的选择策略来有效弱化伪协同的存在逻辑,从而有效减少伪协同的影响范围和影响程度,并控制在正式协同允许的范围之内。本书将这种元政策层推动的以消除伪协同等现象为目的的协同行为称为"再协同"。本书将这种行为界定为"再协同"也突出了这一过程的动态性特征。元政策层本身无法从根本上消除伪协同行为,但是也并不意味着陷入了协同—伪协同—再协同的循环。政策协同过程可以逐步调整政策执行层的运作逻辑,进而提升协同的有效性。因此,所谓的协同或再协同只是在某一时段上具有逻辑上的相对意义,从具体执行过程来看,二者具有一定的重合性。

第一节　政策再协同的条件与逻辑

一、政策再协同的条件

(一)协同共识的达成

政策协同的共识是推动政策协同的前提, 公众对食品安全的认识经历了一个过程的转变。在改革开放之前, 解决食品短缺问题是政策的基本目标。即使到改革开放之后,在摆脱食物短缺之后的相当一段时期,食品安全问题长期没有得到政府和公众的有效关注。随着温饱目标已经基本实现,三聚氰胺等食品安全事件频频发生,公众的健康受到了巨大威胁,公众理念发生了根本性转变,食品安全成为公众关注的重要议题,加强食品安全监管的呼声越来越高。我们国家食品监管过程中长期存在的分散监管体制,在面对不断扩展和复杂化的产业链条面前显示出了诸多弊端,食品安全问题不断蔓延和升级最终暴露了这种监管体制和监管理念的局限性。在这种背景下,公众的感知和需求逐步传导到高层,元政策层也意识到这一问题的重要性。随着经济的不断发展,元政策层已经不满足与地方国内生产总值的单纯增长,转而更加关注诸如民生、公平分配和生态保护。高层意识到食品安全与自身的政权目标之间容易达成一致时候,高层领导逐步与基层公众达成了共识,并通过相应的行动来有效推动协同的进程。

(二)元政策层的推动

在政策协同过程中,元政策层发挥着不可替代的作用,具体表现在:

首先,元政策层拥有政策协同的绝对权威。尽管频频遭遇食品安全问题,但是民众很少质疑中央政府的权威,而中央政府的承诺也强化了这一期望本身。中国政府的合法性基础是绩效合法性,在中国,中央政府一直通过其宏大的、亲民的绩效形象来感召公众,采用诸如全心全意为人民服务、建设服务型政府等道德承诺弥补了绩效不足时的政治合法性。在公众的理念中,政府仍然是一个全能主义的政府,所有的食品安全问题都可以并且应由政府来最终解决。尽管法律建设一直是我国政府的工作重点,但是法律往往不是解决相关问题的最终途径,在转型期的中国,相关协同工作依赖于而且只能依赖于政府的推动。

其次,元政策层在政策协同过程中掌握着具有控制力的资源。在政府主导模式之下,社会和市场的积极性受到限制。政府内部尽管有强烈的期望,但科层制纵向结构决定了下级缺少主动性、创造性，体制内部也无法内生出来这种协同行为。中央政府同时拥有强大的资源汲取和资源分配能力，其利益结构与普通公众最易达成一致。借助于体制的优势，中央政府可以利用强大的政治动员能力，通过强大的体制优势进而转化为权威性行为，进而谋求政治目标的实现。

再次，元政策层决定了政策问题能否纳入政策议程。对于中央政府，特别是像中国这样大规模的中央政府，总是面临着各种各样的政策诉求，而能够进入政府议事日程的问题只是少数。社会问题能够进入政府议事日程的触发机制主要包括：权力精英的创议、例行的政府政党会议和重大纪念活动、危机或突发事件、广泛的民意或社会精英的主张和建议、新闻媒介的报道等。①元政策层的意志在政策协同中扮演着最为重要的角色和地位，倘若中央政府以极大的决心和毅力来推动某项政策目标，如果这一目标本身拥有合理性、合法性以及实现的可能性，那么假以时日，中央政府完全可以推动该政策目标的实现。中央政府的政策在实际执行过程中体现出强大的生命力。2013年新一届政府上台后，领导人高度关注食品安全问题，元政策层多次提出"要健全食品安全监管体系，构建全程覆盖、运转高效的监管格局，建立更为严格的食品安全监管责任制和责任追究制度"②。食品安全成为衡量政府职能转变的重要标尺，食品安全政策演变为改革的重点，"保障舌尖上的安全"成为重要的政策目标。

最后，元政策层是政策方案的决定者和推动者。在政策变迁的窗口时期需要高层的推动，高层借助于政府主导模式下的权威把握住政策变迁的关键时刻，来有效平衡各方利益，以及政策变迁的基本节奏，当发现改革脱离

---

① 参见陈振明：《政策科学——公共政策分析导论》，中国人民大学出版社，2003年，第213~219页。

② 习近平：《在中央农村工作会议上的讲话》，新华网，http://news.xinhuanet.com/food/2014-09/29/c_127048252.htm。

初始政策目标时能够及时调整甚至退回原处。中国社会环境正处于大变革期,在这期间,新的制度关系、利益关系、技术、执政理念都在发生,社会各个阶层的利益在不断发生变化,利益诉求不断调整,也只有元政策层能够有效推动方案的制定与落实。

当然,元政策层发挥决定作用并不意味着集权与专制。相反,中国政府在决策过程中愈发重视开门决策,通过创立正规渠道让公众发表观点,通过多种途径来吸收利益相关者的政策偏好,形成改革共识,共同探讨相关的治理措施,采取相关活动,形成协同合力。对于公众而言,这是一种有限度的政治参与,尽管公众有建议权,但是政府高层拥有最后的决策权。当然公众并不清楚自身的参与能在多大程度上发挥作用,又是如何发挥相关作用的。政府通过这种模式了解公众的态度,优化政策内容,同时又保证政府对整体决策进程的绝对控制。外部监督制约制度的完善促进了权力的运行需要遵循一定的轨道,同时,技术提供了诸多的途径来确保信息的完善。上级政府成为政策协同的发起者、组织者和评价者,在改革过程中寻找合适的改革方案,不断破解协同治理中的问题。

(三)合适的协同方案

政策协同本身是一种集体行动,"集体行动的困难不仅与团体的规模有关,还与成本收益的比值有关"[①]。高层也需要慎重考量改革的基本方案。政策设计过程中,既需要考虑到政策协同所涉及的主体、内容和方式,也需要考虑政策协同过程中的信息成本,协同过程的实施成本以及协同后的收益成本等诸多事项;由于资源的稀缺性而引发的集体行动的困难性是政府跨区域治理过程中面临的基本问题。但是有理性的、寻求独立利益的部门和个

---

① Hardin, Russell, *Collective Action*, Baltimore: Johns Hopkins University Press, 1982, p.37.

人采取伪协同行动,破坏了整体协同的一致性。

有效协同的关键在于有效调动多元主体的合作动力,但政策和制度一旦形成就具有不易改变的性质,任何改革都会遇到制度成本的约束。"历史表明,人们过去做出的选择决定了其现在可能的选择。"①食品安全监管格局中涉及了农业、工商、食药等众多监管部门,各个部门在长期的监管过程中积累了很多监管制度的经验,大到法律规范和职能范围,小到监管经验和工作标准都有一定的差异,部门之间的合作动力自然受到抑制。政策协同的主体往往涉及较多,行政干预仍然较多,行政成本较高,无法有效处理机构重叠、职责交叉、政出多门等问题。

现实世界中许多政策问题往往交织在一起,可谓"剪不断,理还乱"。一个问题的解决往往要与其他问题的解决为条件或互为条件。但是人的认知是有限理性的,一项初始政策在实施中往往暴露许多起先不曾预料到的问题,比如政策影响力、政策牵扯领域的扩大等。在这种情境之下,往往需要对初始政策进行调整和配套。这些需配套政策通常不具有综合性,只需要某个专业职能部门去完成,以为初始政策的实施提供条件和保障。这样就形成一个"政策集"。政策协同也是一个复杂的活动,充满着风险。如果一项改革可以通过对技术、理论和数据的掌握进而推动决策主体的广泛认同,那么这种改革相对就比较容易。但是有的政策问题不适用于既有的分析框架,当分析的问题是一个相对复杂的现象,同时涉及相互冲突的价值目标时,相应的分析就会变得困难。较高程度的不确定性将会使得政策方案变形甚至走样,脱离最初的政策目标。我们国家食品监管过程中长期存在的分散监管体制的形成,是与计划经济体制下的行业主管部门体制有密切联系,这一体制在面对不断扩展和复杂化的产业链条面前显示出了诸多弊端。元政策层从横向

---

① [美]道格拉斯·诺斯:《经济史中的结构与变迁》,陈郁等译,上海三联书店,2003 年,第 1 页。

和纵向两个维度,在建立合作机制、推动机构改革等多种方案中选择和比较,最终寻求合适的政策方案。政策间统筹在于理顺相关政策间的关系,这个就需要政策间相互调整衔接和政策配套。这样"政策集"才能形成一个整体,共同涉入某项政策执行的各个地方政府部门都有政策和法律上的依据,不仅预防了某些政府部门的肆意行政,还加强了部门间的协调合作。

政策方案除了内容的合理性之外,还需要足够的资源支持。政策部门承担一定的政策职责分工任务,就要面临消耗掉一定的部门资源或资源不足问题。这两种情况,再加上一定的政策风险性,可能影响政策执行主体的积极性。政策执行的资源往往掌握在主管牵头部门手中,其他辅助配合部门即使想参与其中,因为资源分配的不均衡也只好偃旗息鼓。因此,在政策职责分工的同时,相应的必要资源,特别是财政资源分配也不能忽视。

财政资源的分配牵涉财政预算制度。通过整合型的财政预算有助于地方政府部门间的政策执行。对于某个政策项目可以先确定预算总量,在此范围内,根据该政策项目的分工或责任落实情况,允许政策部门拥有某种比例的跨机关调拨的权限。具体说来,如果预算总额已经确定,财政主管部门或政策部门的阶层管理者可以通过比较客观科学的机制,以衡量各政策部门的基础预算需求(例如用人费用、基本维持费用、基本投资需求),从而再通过信息科技的协助,在预算年度中,随时进行各政策部门的预算弹性调拨,以达到动态掌控、达成地方政策部门间政策执行协调合作的目的,实现政策目标。为了达到这个目标,行政首长和财政部门需要通过预算总额控制的方式进行调控。

(四)恰当的机会窗口

食品安全问题进入政策议程本身需要一定的窗口。尽管政策议题有时候是由非政策制定者所提出的,但是绝大多数的普通公众只能在自己的范围内通过非正式渠道传播和表达。但是公众意识到某一个问题并不等于某个政策建议能够成为政策议题。如果政策诉求提升到政策议题,则必须有专家、媒体等外部力量的介入,再吸引政策制定主体的参与,随后这些议题才能纳入政策制定者的视野。但是"在任何既定的时间段内,对政治阶层来说重要的议题多种多样。很难说存在着某个政治议题,除非直到它唤起政治阶层中某个重要部分的关注"①。

政策议题变成公共政策则需要一定的时间窗口,这些政策窗口可能是人为推动的,比如大规模的政府机构调整。大规模机构调整往往与政府执政周期保持一致,这个周期往往体现为五年一次的政府换届。机构调整也有可能是外部事件的触发,比如一些食品安全事件等。外部环境的变化是促使政策内部发生巨大变化的原因,是促使科层体系成长、消亡、大规模变化的主导因素。当政策系统外部发生重大的干扰性事件,占主导地位的上级政府将会更为全面地思考阻碍政策协同的制度性因素,同时下级政府政策协同的需要开始提升。政府需要根据内外环境的变化,审时度势、真实、全面、慎重地考量推动政策协同的时机、进度、方式、方法,需要寻找合适的时间窗口。

二、中西政策协同的差异性

(一)西方政策协同改革的一般思路

跨部门政策问题并不是发展中国家独有的现象,在发达国家也普遍存在。分散化的部门结构是世界各国的通病,只是这一现象在后发展国家中,特别是处于转型期的后发展国家尤为突出。以食品安全为例,加强各食品安

---

① [美]罗伯特·达尔:《谁统治:一个美国城市的民主和权力》,范春辉、张宇译,江苏人民出版社,2011年,第101页。

全监管部门之间的协调也是世界各国食品安全管理体制改革的核心。

以美国食品安全监管为例,美国的食品监管由十多个部门管理,其中主要的职能部门是四个,即卫生和公共服务部下属的食品药品监督管理局(FDA)、农业部下属的食品安全检验局(FSIS)、动植物检疫局(APHIS)和环境保护局(EPA)。另外还有财政部的海关署、国家疾病控制与预防中心(CDC)、国家卫生研究所(NIN)、商业部的国家海洋渔业局、国家水产品服务中心等部门参与管理,承担相应责任。①美国政府主要通过完善法律法规来明确各部门的权限,推动部门间合作。比如对于汉堡生产企业而言,对暴露肉馅的监管由食品安全检验局负责,若无暴露肉馅,其监管则由食品和药品管理局实施。美国在食品安全方面的法律规定往往事无巨细,力图通过严格监管来实现对部门责任的有效规范。

当然,跨部门合作也是美国食品安全的一个重要问题。为了协调不同部门间的行为,1998 年美国成立总统食品安全委员会,组成部门有农业部、环境保护署、科技与技术政策办公室、健康与人类福利部等,并由农业部、健康与人类福利部、总统科学与技术政策助理委派的官员担任轮值主席,成为一辆监督食品安全的三驾马车。②但是美国采用联邦、州和地方政府间集权与分权相结合的协同监管制度,造成了美国食品安全监管也呈现出碎片化的状态,存在监管不足与监管过度并存的局面。不同权力主体之间拥有合作与制衡的张力。跨部门事务由于受到联邦的三权分立、各州及地方政府、利益集团、社会公众等多方面的制约,各部门之间难免产生一些摩擦、冲突,但不同部门之间拥有相对明晰的权限,大多数争议可以通过机构间协商就可以处理。如果争议不能够处理则通过食品安全委员会或者寻求司法程序。因

---

① 参见王兆华、雷家骕:《主要发达国家食品安全监管体系研究》,《中国软科学》,2004 年第 7 期。

② 参见蒋绚:《集权还是分权:美国食品安全监管纵向权力分配研究与启示》,《华中师范大学学报》(人文社会科学版),2015 年第 1 期。

此,即使其政府协同机制相对复杂,跨部门事务依然得到了卓有成效的处理。

美国的食品安全改革并不是孤立的,它是西方国家协同改革的一个缩影。从 20 世纪 90 年代开始,西方国家寻找推动政策协同的改革运动。1993年,美国绩效评审报告指出,在一个快速变化的世界里,最佳的解决方案已经不是重新设计组织图表,而是融化组织间的强大边界,[①] 1999 年,英国政府发表了名为"政府现代化"的白皮书,强调改革的核心是通过政府内的部门间以及政府内外组织之间的协作达到以下目的:"首先是减少政府间的冲突事项,其次是更好地利用稀缺资源,再次是通过将某一特定政策领域的利益相关者聚合在一起产生合作,最后是向公众提供无缝隙而不是碎片化的公共服务。"[②]这一理念引发了学者的广泛关注,也提出了不少相关概念,诸如协同政府(Joined-up Government)、横向管理(Horizontal Management)、全面政府(Whole of Government)、整体性政府(Holistic Government)、跨部门合作(Cross-agency Collaboration)等。

尽管科层制存在缺点,但是这并不意味着科层制本身的可替代性,"私人部门并不见得比公共部门更有效率,或者更有生产力"[③]。西方公共管理学界轰轰烈烈的新公共管理运动、绩效评估运动、无缝隙政府等理论针对的主要也是分权化背景下分工过细导致的碎片化监管问题,推动部门间整合进而更好地改进科层制。国外整体政府改革侧重于组织结构的整合、业务模式的整合、激励整合三个维度:

第一,组织整合维度。学者围绕打破科层制层级节制的结构,谋求"从根本上对整个体系进行重新设计、围绕过程和结果,而不是职能或者部门展开

---

① See Gore, Albert, *Creating a Government That Works Better and Costs Less: Report of the National Performance Review*, Washington, D. C.: U. S. Government Printing Office, 1993, p.48.

② Christopher Pollitt, Joined-up Government: A Survey, *Political Studier Review*, 2003(1), p.35.

③ [美]弗雷德里克森:《公共行政的精神》,张成福等译,中国人民大学出版社,2013 年,第 205 页。

工作,从而使组织充满新的活力"。①英国学者汤姆·林将协同政府的组织模式归纳为"内、外、上、下"四个维度。"内"指组织内部的合作,合作的途径是新的组织文化、价值观念、信息管理、人员培训等,它意味着组织之间新的工作方式;"外"指的是组织之间的合作;"上"指的是目标设定的由上而下以及对上的责任承担;"下"指的是以顾客需要为服务宗旨以及让服务对象介入服务过程。②

　　第二,业务模式整合维度。阿格拉诺夫(Agranoff)提出了基于辖区的管理模型(Cityville)、节制的(Nothing Hill)、自上而下的(Vertville)、接受捐赠的(Bargain City)、保守管理(Centerville)、满足管理(Richburb)六种管理模式。③通过业务上的整合来干预现有的部门关系,进而为共同解决问题提供协同的条件。

　　第三,激励模式的整合维度。"美国州和地方政府也不愿受控于官僚僵化的联邦政府,一直呼吁与联邦食品安全项目形成更强伙伴关系。"④奥图尔分析了造成跨部门问题难以处理的五个原因:"其一,处理艰巨或者复杂问题的需要。其二,基于政府直接干预范围上的局限性鼓励而不是抑制了基于网络的解决办法。其三,政治驱动力诱导出需超越因政策目标而可能必要的联网;行政管理者经常必须平衡清晰集中的项目权威的技术需要与要求包容和更宽广的政治需求。其四,由于关于次级项目效果的信息不断增多,人们为实现联系的制度化作了种种努力。其五,包括横向规定和交叉法令在内

---

　　①　[美]拉塞尔·林登:《无缝隙政府:公共部门再造指南》,汪大海、吴群芳等译,中国人民大学出版社,2002 年,第 3 页。

　　②　参见解亚红:《"协同政府":新公共管理改革的新阶段》,《中国行政管理》,2004 年第 5 期。

　　③　参见[美]罗伯特·阿格拉诺夫、迈克尔·麦克尔:《协作性公共管理:地方政府新战略》,李玲玲等译,北京大学出版社,2007 年,第 40~44 页。

　　④　AFDD, *State Food Safety Resource Survey*, New York, PA: AFDO, 2009.

的命令层次为管理网络提供了额外压力。"①奥图尔还初步构建了一个政策协同的基本框架,建构一个包括稳定系统内部运行、利用系统环境的冲突以及充当系统缓冲剂使环境冲突的影响最小化。②

西方的这些改革思路和改革策略对于改变政府的组织模式,调动相关部门的合作效果起到了重要的推动作用,也为我国政策协同提供了很多有益的借鉴。但是西方的这些改革经验未必能够适应中国的国情,其原因在于中国的权力运作形式与西方有着显著的区别。

(二)中国政策协同的特征

西方学者用威权主义(Authoritarianism)来描述二战后部分后发展国家的转型特征,这一概念最早来自于美籍学者林兹(Juan linz)。这种模式的核心是以中央政府主导的协同模式。元政策层负责制定国家的总体规划,对政策协同的基本原则、方式方法进行明确,同时安排相应的补助政策,负责对协同的实施情况进行总体问责。部门层级则是在中央的宏观安排下制定相应的政策实施细则。食品安全政策执行效果也取决于执行主体之间的关系,主要体现为上级政府与下级政府之间的权力配置关系、财政分配关系和业务协作关系。当然,研究过程中需要区分科层制和等级制。所谓等级制,"是指由一个人拥有最终权力和责任并以自上而下的层层控制为基本特征的组织结构"③。

新中国成立后高层的治理逻辑有很多相似之处,其核心特征是政治上

---

① O'Toole, Laurence J, Treating Networks Seriously: Practical and Research-Based Agemdas in Public Administration, *Public Administration Review*, 1997[57(1)]: 45-52.

② See O'Toole, Laurence J and Kenneth J Meier, Modeling the Impact of Public Management: Implication of Structural Context, *Journal of Public Administration Research and Theory*, 1999[9(4)]: 505-526.

③ 金东日:《行政与现代化:以中韩两国为例》,天津人民出版社,2004 年,第 31 页。

位的政治与行政一体化。①当下政策协同过程中存在着不同程度的失衡,表现为诸如中央与地方关系的失衡、政府与社会关系的失衡。政策协同缺乏一种内生的具有可持续性的平衡机制,使得压力型政策协同成为一种常态。这种压力型状态有其必然性,中国政府合法性的一个重要来源在于绩效合法性,这一合法性本身并不牢靠,原因是过去的成绩无法说明未来的成绩,一旦绩效降低,组织的合法性基础便不稳固。但是这种合法性基础的不稳固却大大提升了政府自身提升治理能力的压力,政府不得不通过不断地改善其绩效来确保自身的合法性。尽管西方国家的民主制度貌似合理性充分,但是由于民主制度与经济发展、贪污腐败并不存在直接必然的联系,其合法性并不充分。当然,随着中国经济发展进入稳定增长的新常态,来源于经济发展和收入提升方面的合法性将会弱化,同时伴随经济发展并未有效消除分配不合理和贫富差距问题。由于民意表达渠道还有很多梗阻,公众意愿有效转化为政策还有一定困难,特别是在基层和中层。中国政策协同改革的一个主要问题就是如何在政绩合法化弱化时,通过各项改革来有效维护社会公正,提升体制包容性、稳定性和发展性。

当然,该模式与改革开放之前的封闭、僵化和故步自封的状态不同,国家的治理过程中反而呈现出了强大的生命力,这使得我们不得不寻找这种元政策层自身的逻辑演变历程和合法性来源。需要指出的是,用政府主导来概括中国的协同模式,并不是将集权和分权进行一般化的判断,这种分析思路是有局限的,其结论也是有失偏颇的。

首先,对食品安全监管而言往往呈现集权和分权并行的局面。尽管从表面看是一种政府主导模式,但是深入政策体制内部,整体的政策决定权力分布则相当分散。当负责食品安全监管的部门在面对食品安全问题时,其权力

---

① 参见金东日:《中国政府过程的体制症结探析:以政策过程为中心》,《学海》,2008 年第 2 期。

被赋予了不同部门。在同一时期,有的部门在向上收权,但有的部门却在向下分权。而且当权力被集中到各部委时,更难以对集权或分权进行明确划分:"从中央来看,权力仍然相当分散,而从基层的角度来看,权力却很大程度上被集中去了。"[①]米勒(Miller)认为,中国政治体制表现出一种分散的和部门化的特征。这种特征表现在政策过程中,至少在某些政策部门中,大体上接近于西方官僚体系的"讨价还价"过程,[②]这种"碎片化"模式是中国跨部门监管的重要特征。

其次,即使集权是导致诸多问题的主要原因,但很多分析也陷入了非此即彼的二元对立思维,认为集权的对立面就是分权,集权积累起的矛盾通过分权就可以化解,集权解决不了的问题通过分权就可以有效处理。事实上,协同过程中不是分权越多越好。有些权力需要分割,但是分割本身不能离开中央的权威,否则分割后的权力有可能被地方政府所截留,反而不利于整体政策协同。集权可以破除利益集团,有权威的集权可以有效掌控政策变迁的节奏。政策创新的重点是要勇于创新,但比创新更为重要的是能够拥有足够的权威来把握创新的节奏,而不能将权力下放之后就无法收回。

(三)中西方政策协同的差异

中西方政策协同机制是有很多不同的,这种不同体现在以下三个方面:

1. 在协同主体关系上的差异

西方更强调不同主体之间的平等关系。以法律为基础,以完善的规则和程序作为保证,形成多个行政职能部门共同参与、分头管理和协调执行的组

---

① 刘亚平:《中国食品监管体制:改革与挑战》,《华中师范大学学报》,2009 年第 7 期。

② See Lyman,Miller,Politics inside the Ring Road:On Source and Comparisons,in Carol Lee Hamrin,Suisheng Zhao,*Decision-making in Deng's China:perspectives from insiders*,Sharpe,M. E. Inc,1995,p.227.

织结构。强调通过立法(国会)和行政(总体)之间的制衡进行分权(政策冲突更多地发生在行政部门和国会之间),但跨部门问题的解决却遵循了不同的路径。西方更为关注借助于平等的市场交易规则来实现交易主体之间的合作,坚持平等、自愿、互惠的原则,不同部门的平等主体通过法律和合同的形式来合作,最终实现一种合意。菲利普·库珀(Fillip J. Cooper)曾经指出:"公共管理是在垂直的权威模式和平行的协商模式互相交叉的情况下运作的。垂直模式的权威,资源和影响力来自于治理核心的宪政过程。平行关系建立在合同概念之上。"[①]

中国的协同模式从政策问题的发现、政策方案的制定、政策内容的安排、政策执行的监控到政策结果的评价,中央政府都在其中扮演者至关重要的角色,甚至决定着政策协同效果的成败。在权威和制度的关系方面:一方面权威有可能通过既有的制度安排来推动政策协同过程;但是另外一方面,当现有制度无法实现权威的制度安排时,打破既有的制度就会成为必然的选择。这种机制在应对复杂问题时能凸显其集中力量办大事的优势,通过自上而下的层次控制,进而实现对国家政策的组织动员能力。"一个秩序良好的社会需要三个构成要素:强政府、法治和民主问责"[②]。毫无疑问,借助于政治权力对行政权力的优势, 以及政府对市场的优势来提供了一个强政府的案例。在食品安全政策协同过程中,政府一直是主导力量。周志忍把我国跨部门协同的主导模式归结为韦伯所说的"强制性协同格局"[③]。这一模式决定了元政策层在整体政策协同过程中的重要性, 元政策层是政策协同过程的主要设计者,扮演着非常重要的角色,承担着非常重要的责任。当然,以政府为

① [美]菲利普·库珀:《合同制治理》,竺乾威、卢毅、陈卓霞译,复旦大学出版社,2007 年,第 12 页。

② Francis Fukuyama, *Political Order and Political Decay: From the Industrial Revolution to the Globalisation of Democracy*, Farrar, Straus and Giroux, 2014, p.13.

③ 周志忍、蒋敏娟:《中国政府跨部门协同机制探析—— 一个叙事与诊断框架》,《公共行政评论》,2013 年第 1 期。

主导型政策协同并不是中国的专利，而是存在于东亚儒家文化圈国家的基本特征。"日本人决策过程中最困难的协调工作在于政府部门自身；一旦部门间达成协议，建议或者法案在政党、内阁和国会得以通过的纷扰就会少了很多。"①中央政府通过调动地方政府积极性来提升资源配置的效率，但是却没有放弃中央政府在政策变迁方面的主导力。

2. 在政策协同方式上的差异

协同的基本模式有多种机制，行政机制和市场机制是其中的两种基本模式。西方政府政策协同的手段比较强调法律与市场的作用。但中国政策协同更为强调借助于行政权力的作用，通过机构改革和行政命令来有效推动政策协同。以政府职能转变为突破口，期望短时间通过多部门的横向推动与纵向推动，对相关的事件或是社会问题开展专项行动式的治理活动。这一模式本身具有明确的目标，意图通过自上而下的层层发动来有效推动目标的实现，通过调动能调动的所有力量，将集体行动不断推进。以政府为主导的模式在协同过程中发挥了重要作用，背后体现的是政治对行政的渗透，诸如专业权力、部门权力统统让位给政治权力，政治主导可以发动、叫停、升级、干预整个运动，以理性为基础的权力则让位于非常态管理的常态化。当然，作为一种非常规的活动，以政府为主导型协同在国家治理过程中逐步呈现出常态化的特征。常态化管理以行政权力为基础，强调社会的秩序与稳定，借助于法律、法规、制度通过合理合法的手段来推动管理，而以政府为主导型协同则打破了这种预期，往往借助于一些非理性、非法制、非制度化的方式来推动整体的进度。"在这种决策行为模式中，在从下到上的关系中，是一切直接相关的'下'对'上'的顺服；在从下而上的关系中，则是不同统治层级

① ［美］詹姆斯·威尔逊：《官僚机构——政府机构的作为及其原因》，孙艳等译，生活·读书·新知三联书店，2006 年，第 415 页。

表现出的主观性与随意性。"①

　　3. 在协同效果的差异

　　在西方的协同过程中，多元主体参与其中，推动了协同过程的良性发展。但在中国，企业、公众、社会组织参与意识的淡漠仍是一个在短期内无法改变的现实，公众、社会组织逐利化现象严重。改革开放后，我国社会组织虽然获得了较快成长，但是其公正性仍需要进一步提升，很难在政策协同过程中公平公正地发挥监督、评估的作用。当社会力量本身不足以推动食品安全的有效治理时，政府不得不通过频频的运动式监管来增强治理效果，而公众也对此产生了强烈认同。这反过来又促使中央政府不愿意放弃其掌握的大量的资源与行政权力，不愿轻易退出应该放弃管制的领域，政府主导型政策协同并未找到制度化的退出路径。

三、以政府为主导型政策再协同的逻辑

　　公共政策的协同过程依赖于各级政府之间复杂的互动，只有厘清各级组织的倾向和行动逻辑，才能理性地理解公共政策的内在逻辑。在政策协同过程中，各个层级的政府都有其相对独立的价值偏好，拥有差异的社会基础和政策要求，这种差异化的社会结构必然影响政策执行者的动力和选择的灵活度。食品安全问题凸显了纵向权力架构中的统辖权与横向自治权之间的矛盾与冲突，这种矛盾深深嵌入治理体制之中，阻滞政策协同的有效性，上级政府不得不在多种目标中寻找均衡。

---

　　① 　张康之：《作为一种新型社会治理模式的服务行政——现实诉求、理论定位及研究取向》，《学习论坛》，2006 年第 5 期。

（一）国家主导与部门自主性需求逻辑之间的均衡

国家主导下的食品安全政策追寻统一化的治理逻辑，体现出了强烈的国家主导的特征。当市场和政府在资源配置过程中均呈现出无力和失灵的状态时，中央政府则需要利用其所掌控的资源通过自上而下的方式对整个国家的食品安全价值理念进行整合，通过中央权威来有效推动国家意志，通过科层制将权力体系逐层输入到基层，通过协同模式进而实现国家目标。运用运动式的结构模式来推动对政策的执行，这符合中国政治发展的基本模式。为了实现对各个部门的统一化管理，食品安全政策协同的过程追求一致性、技术性和标准性。

但是食品安全是一个技术性很强、高度专业化的工作，需要相关机构拥有相对独立自主的权力，强调地方政府能够因地制宜、自由裁量。自1984年起，我们国家的人事任免权由中央逐步下放到地方，下管一级的制度逐步取代传统的下管两级制度，各级官员逐步获取了任免下级官员的权力。在现实中，这种下管一级的政策尽管可以有效推动政策的贯彻执行，为地方政府制定更加符合本地的政策提供了保证，但是这一政策却有可能导致上级政府对下级官员拥有生杀大权，甚至有可能淘汰那些执行上级意志较差甚至拒不执行上级命令的人员，这也使得基层官员选择对其直接上级保持服从，却很少考虑其上级的上级与公众的利益，即使其他主体的利益与公共利益相矛盾。为了保证政令统一，上级领导指示不能规定得太松，而为了照顾差异性又不可能规定得太严，国家主导与部门自主性需求逻辑之间的冲突开始显现。政策协同面临国家主导与部门自主性需求逻辑之间矛盾，只要是国家主导，就可能面临着部门动力不足的困难；而只要是部门主导，部门之间就可能会利益冲突，部门间就会有交叉和空白，就会有推诿扯皮现象发生。自上而下的压力型体制有其必然性，在社会大转型过程中，既有体制尚无法保证权力充分有效运行，各级政府对公众负责的政治责任机制和压力机制仍然处于艰难的探索过程之中。在这种背景下，依托于行政上的隶属关系所建立起来的压力型体制成为有效调动地方政府积极性的主要方式。"由上级政府给下级政府下达经济社会发展硬性任务，并根据指标任务的完成情况给予不同奖励待遇。"①为谋求整体制度的统一，改革可能出现一刀切的情况，但是统一的政策往往很难符合所有的政策实际，会有很多问题差异性进而影响了政策的可执行性，所以在政策执行过程中上级期望于地方政府的合作。通过地方政府各个部门的自发合作来推动政策协同，但是这种合作有可能冲击现有的政治结构，专业化的部门也可能将自己的意见强加到政府上面，挑战中央的权威。如何在保证政策协同而不会脱离中央集权这一基本目标成为一个难题。

(二)宏观战略与具体政策之间的均衡

国家的整体目标较多，食品安全政策并不是国家的单一目标。面对一个复杂的跨部门体系，任何一个部门单一政策安排都有可能引起系统内其他相关因素的连锁反应。食品安全政策既需要整体目标的支持，也需要其他部门政策的整体配套，为了单一政策目标而进行的调整往往需要整体政策协同的有序推进和整体改革，这也就造成了国家宏观战略与具体政策之间的矛盾。

在改革开放之前，国家食品政策的重点在于保证食品供给，食品安全问题自然也就放到了次重点。而改革开放之后的相当长的时间，国家的重点在于激励产业成长，推动经济发展。国家通过开放市场，引入竞争，利用国际市场，鼓励投资和出口，加上良好的教育，实施成功的土地改革等来推动经济发展。这一时期很多食品生产企业迅速崛起，带给公众更多食品选择的同时也带来了更多的食品安全问题。进入 21 世纪后，国家政策的重点调整为提

① 荣敬本等:《从压力型体制向民主合作体制的转变》,中央编译出版社,1998 年,第 7 页。

供更好的公共服务,而食品安全的治理问题也就被摆上了议程,而这种过程背后反映的就是国家的宏观战略与具体政策目标之间达成了一致,而这种一致则是国家推动政策协同的基本条件。

(三)行政主导与外部监督主导的均衡

西方的官僚制中碎片化问题的解决得益于较为完善的监督机制。在西方体制下充分有效的外部监督是保证协同效果的重要途径,由于立法监督、司法监督、社会监督等外部力量比较成熟规范,政府部门的行为都暴露在公众的视野范围之内。尽管官僚制本身并未提供太多的协同动力,但外部监督的完善使得西方官员的行为受到很多制约,政府能够用较低的成本来保证官员行为相对规范。

在以政府为主导型政策协同模式下,如何寻求行政主导与外部力量间的均衡仍是一个重要的问题。如果谋求各部门实现有效协同,避免伪协同现象的出现和蔓延,仍然需要外部力量的有效制约。但在以政府为主导的模式下的外部监督是受到限制的。首先,市场监督的匮乏。有效的协同一定是政府与市场有效平衡的协同,元政策层凭借传统的权力集中优势来实现政府治理能力的提升,推动经济发展。但是权力过度集中会扼杀企业、公众等社会力量参与公共事务的主动性和积极性,限制个性与自由,从长远来看会成为社会自发协同的阻滞力量,不利于经济、社会发展与民主政治的进步。政府的规则与市场的规则依然存在矛盾和冲突的地方,发达的市场有可能对政府的控制力产生冲击,但权力过于集中的政府有可能导致政府监管行为的失范、腐败等问题。其次,法律监督的匮乏。独立的法律体系会限制中央的权威,束缚中央政府活动的空间与范围。而"独立的司法裁决又对地方政府解决实际问题的能力加以刚性约束,从而限制了有效治理的灵活性"①。最

---

① 周雪光:《权威体制与有效治理:当代中国国家治理的制度逻辑》,《开放时代》,2011年第10期。

后,当外部力量无法有效实现对行政力量的监督时,对行政系统的监督更多依赖于行政系统内部上级对下级的监督。但由于精力和能力、时间和空间限制,上级往往难以有效监督下级的行为。上下级之间的关系并不是以理性作为目标,更多是以上级的命令与偏好来执行相应政策。下级组织成员为了谋求更大的利益建立政府内部上下级之间的人身依附关系,甚至通过建立私人间的信任关系来谋求职位的提升,上级监督效果大打折扣。

(四)部门利益与公共利益的均衡

毫无疑问,公共权力运行的根本目的是实现公共利益,应该按照社会总体利益最大化的目的去运行,这也是不同层级政府行为的最终目标。但是公共利益的概念是模糊的,难以量化的。对背离公共利益的行为往往是难以有效制衡和有效追责的,这也为不同层级的政府对公共利益的不同理解提供了制度空间。之所以出现这种自下而上的反协同,这种形式背后是上级政府控制与下级政府利益之争,毫无疑问,基层政府与上层政府在根本利益上是一致的,但是在对一些具体利益的构成及其实现方式上,政策执行的目标的理解上,下级政府可能出现与上级政府不同的偏好。对于下级政府而言,对上级政府命令的公开反抗是非常谨慎的,反抗既不合法也不合理,但是这并不意味着下级政府就完全可以执行上级政府的命令。一方面,上级政府往往也缺少绝对的权力,或者说这种权力实现的成本很高;另一方面,上级政府对下级政府而言,也是充满了妥协与渗透。中央政府与下级政府存在一种共生依赖关系,地方政府与上级政府在治理过程中各取所需、相互支持,但这最终取决于上级政府的权威与控制。

当然,部门利益与公共利益的脱节是相对的而不是绝对的,是有限的而非全面的。其一,高层政府的努力。在改革开放之后,中国政府渐进式的制度改革逐步保证了权力过渡的制度化。在领导体制上逐步规范,诸如中央集体领导制、领导任期制、梯队接班制等制度逐步保证了权力运作过程中的合理性和规范性。同时，借助于政党实现了良好的弹性，政党拥有非常好的适应能力，如果组织目标本身合理并且规范，那么政党组织实现相关目标的可能性也就大大增加。

其二，基层政府被赋予了较高的动力。地方官员在锦标赛体制下拥有较高的绩效追求，为了获取中央政府的肯定而不得不努力工作。这也保证了基层政府能够在上级的指挥棒下有效推动改革。公务员入职必须要经过公开考试，由于竞争非常激烈，这也保证了公务员的基本素质。当然，在现实过程中，政府自身也有脱离公众利益的行为，但是中国公众对政府的支持度相对较高。经历了新中国成立前以及成立初期的混乱阶段后，公众对社会秩序的期望值是较高的。保证社会秩序的基本稳定成为公众的基本共识，国家秩序的混乱是公共无法接受的。公众容忍度的提升也保证了社会容忍度的提高，尽管社会中存在或多或少的类似食品安全等不稳定问题，但是公众的整体表现还是容忍和克制的。公众与政府所发生的冲突，大多停留在具体问题和具体利益的层面，而不会有特别多的权利制度化的要求，这也就为中央政府推行政策提供了空间。当然，随着公民意识的普遍提升，这一空间正逐步缩减，公众已经开始将利益诉求从具体利益向普遍权利转移，这也就要求政府行为能够及时满足公众的需求。

另外，利益冲突是几乎不可能被完全消除的，事实上更需要一种协调机制来缓解利益冲突并达到相对的利益平衡。地方政府自利性是导致食品安全监管执行变异的重要因素，其自利性一方面是指政府整体的自利性，另一方面是指食品安全监管部门的部门利益凸显。政府监管部门与企业之间的共谋现象可能出现并导致地方政府牺牲了社会利益而偏向于自身利益，食品安全监管部门为了增加本部门经费、提高福利待遇等也出现了部门利益的扩张。政府与企业间的利益消散机制和环保部门的利益削减机制的构建，都需要改变当前全国范围内追求经济增长的大环境,使得地方政府产生增进食品安全监管的动力,但更为重要的是要构建社会利益的维护机制。只有社会利益真正能够与政府自利相抗衡,才有可能使代表社会利益的公共政策得到有效执行。

四、以政府为主导型政策协同的不足

西方国家的政策协同为我国政策协同提供理论营养和视角的借鉴,但是中国政策协同与西方政策协同的背景是不同的。西方政策协同往往是自发式协同,机构设置相对较为规范,协同的依据在于法律与市场的有效监督与严格规范。而在中国,政策协同可能会面临强制性的压力,协同压力要远远高于自发式协同。同时作为一个后发式国家,中国必须要通过自身的行为来证实协同效果比西方国家还要好,这无疑大大提升了政策协同的难度。尽管面临多重挑战,但中国政策协同过程进行得相对比较平稳,中国政策协同领域近三十年的历史已经形成了一系列的思路,政策协同过程中的高额成本在渐进改革过程中得到了比较妥善的解决。

总之,以政府为主导型政策协同过程中政府利用对资源拥有强力的控制,在短期内迅速整合和集中大量资源,权力不受民意等硬性约束。这种模式可以有效降低交易成本,以政府决策取代市场决策,但这也可能造成权力的滥用和贪污腐败等行为。有效的权力加上有效的市场是中国模式的核心竞争力,但是这一模式对元政策层的开明、强势与明智,以及高层的正确判断与坚决执行的依赖,可能陷入"集权"的惯性。毫无疑问,这种体制本身是有一定的风险的,一旦元政策层出现问题则纠错的成本会非常巨大。

当然,比较以政府为主导型政策协同与市场主导型政策协同的差异,并不是比较某种体制更加优越。即使某种体制真的比另外一种体制优越,那也不代表这一体制真的适应另外一个环境。不同国家往往会同时兼有不同的外部变量，即使在一个国家内部不同时期也存在着一定差异。伪协同现象是世界各国的普遍现象，甚至威尔达夫斯基的成名作《执行》所揭示的也是联邦政府的伟大项目最终梦断奥克兰的事实。徐湘林认为，社会转型面临着五个方面的平衡，即变革与秩序的关系、意识形态的改造和延续性的关系、市场化与民主化互动关系、社会结构性转型与政治结构性调试之间的关系，以及制度创新与效能之间的关系。①在这些方面，以政府为主导的模式在推动形式上的伪协同方面更为有效。

毫无疑问，在中国目前的背景之下，政府主导型政策协同模式适应了环境的需求并体现出了强大的生命力，在一些方面体现出了极大优势。这种模式的优势在于韧性、弹性、适应性和持久性。迪克森（Dickson）认为："只要中国不发生无法预见的社会与经济危机，中国共产党有限的调适便可能足以无限期地保持其权力统治。"②当然，这种政策协同模式有其弊端，对于跨部门治理的问题，单纯通过政府主导型政策协同是无法有效调动参与主体的积极性的，更无法保证政策协同的效果。良好的协同过程需要一个运行规范、监督有效的日常监管机制，需要一个规范合理的制度来保证其有效运行。从食品安全的协同过程来看，政策协同的难度较大。利益群体从社会蔓延到政府，诸多既有机制也阻碍了协同过程。持续的协同失灵无法适应新的环境的需要，无法满足公民的期望，也影响了政府的公信力，冲击了既有体制的稳定性。

1. 元政策层的有限理性

由于中央政府要处理的事务较多，往往会优先选择一些重要问题，但中

---

① 参见徐湘林：《中国的转型危机与国家治理：历史比较的视角》，《复旦政治学评论》，2011 年第 1 期。

② Dickson Bruce, *Wealth into Power: The Communist Party's Embrace of China's Private Sector*, New York: Cambridge University Press, 2008, p.248.

央政府认为的重要问题与地方政府认为的重要问题往往是不一致的，或者排序是不同的。如果中央政府的排序与地方政府的排序达成一致，往往需要一些地方上的问题升级、演化成为一些重要问题，出现了一些严重后果。当下的中国正处于社会转型期，各种问题和矛盾依然存在，而法制建设仍然相对滞后。在这种情况下，元政策层有可能陷入众多的信息中难以自拔，甚至被错误的信息所误导。这就意味着很多问题无法从源头上被发现，从萌芽阶段处理，问题在多元主体的相互推诿中不断升级，最终形成一些重大问题才引发中央政府的重视，而这已经造成相当严重的损失。

2. 法律的权威受到抑制

依托于强制力，政府主导下政策协同行为往往能使危机在很短时间出现较大转机。在这个决策过程中，党和政府在整个决策体系中居于核心地位，往往要以上级对下级的权力控制和下级对上级的绝对服从为代价，法制权威明显不足。这种协同行为缺少法律基础，政府与社会之间缺少相应的法律制衡，政府内部也缺少相应的法律约束。在食品安全监管过程中，法律的地位比较模糊，不能够给地方政府带来一个稳定预期，上级与下级政府形成各种博弈方案，下级政府倾向于通过选择性执法来进行应对。上级选择个案式的政策处理方式往往刺激了地方政府的机会主义倾向，这进一步强化了协同过程的人治特征。

3. 忽略政策协同过程中的程序合理性

上级政府对下级政府的考核呈现出"政治锦标赛"的模式，这一模式是根据下级政府的相对业绩而非绝对业绩来进行排名，进而根据排名来给予奖励或惩罚。这一模式也在一定程度上限制了政府部门之间的横向合作，部门政府官员更多关注于自身相对于其他官员之间的相对位次，对于那些能够提升自己排名的行为激励充分以至过度，甚至推出一些损害其他部门和其他区域的政策。这种竞争模式是相对残酷的，每一级行政官员都必须成为竞争的优胜者,否则就会被永远淘汰出局。这种晋升模式也就使得官员执行过程中必须要在短期做出成绩,而缺少对政策的长远规划和思考。因此,合作的动力远远小于不合作的激励。

4. 改革效果的有限性

中国作为后发型国家,改革进程中可能出现改革的理论储备和后续配套不足,改革缺少系统性和稳定性等问题。此类问题可能导致协同陷入了不断循环的过程,而频繁的循环将会付出巨大的代价,甚至有可能影响国家治理能力的提升和发展。国家治理能力是其在社会管理和公共服务过程中所实际拥有的能量和力量的总和,它是政府施政的凭借,也是政府职能实现的手段。国外有的学者提出"政府能力赤字"的概念。"赤字"本是经济学的范畴,转换到行政学语境,可以将"政府能力赤字"理解为能力需求大于能力存量,或者反过来说,政府能力小于社会对政府能力的需求。公共服务组织间合作网络供给要以一定的政府服务能力作为支撑,它必须克服自身能力赤字提高能力总量。政府能力总量的多少体现着政府能力的强弱,它应当与社会需求总量基本相适应。随着改革开放之后社会和经济转型,社会发展出现了一些新的问题。因此,现阶段国家治理发展的一个首要任务就是提高政府能力的总量,有效解决社会发展出现的新问题,形成与社会需求基本相适应的政府能力。

但在既定的政策运行之后,政策会产生较强的逻辑惯性,而任何试图干扰其内在运行逻辑的政策并不能够有效发挥作用,最终有可能被拖到原有的运行轨迹中去。"地方政府自上而下的大部制改革产生了纵向的不协调问题,以至于不少改革最终回归原有体制。"①协同过程中存在内在逻辑的矛盾,政策协同所发挥的绩效肯定是不完善和不稳定的。而政策协同过程也陷

---

① 竺乾威:《地方政府大部制改革:组织结构角度的分析》,《中国行政管理》,2014 年第 4 期。

入了一种悖论：一方面，行业自律组织、独立监管机构和公众都很不成熟；另一方面，政府的推动却颇为有效，但是这一模式的有效也决定了权力来源于权力集中的赋予，既可以主动下放，也可以及时收回，正是这种权力关系决定了运动式监管本身，具有强大吸引力，上级政府因此会产生依赖性，国家也就存在进一步扩张的冲动，反而减缓政治与行政剥离的空间，阻滞国家与社会分离的进度，与社会自治的目标相脱离。最终，政府主导型协同需要调动多元主体的积极性才能不断提升协同效果，而政府外部的力量却没有得到有效培育。中央政府凭借权力优势来实现对社会的有效治理，但是权力集中过程中基层政府的主动性和创新性难以充分释放，从长远来看会需要社会自发协同意愿和协同能力的提升来保障协同效果。

同时，中国政府的决策过程大体遵循问题识别、方案设计、政策协同等相关过程，这一过程看似必然与完整，能够在发展过程中逐步解决。但是政府主导型政策协同对决策者有较高要求，要求他们能够开明、强势与明智。但是这种思维具有相当大的风险和成本。改革的成果未必能够得到保障，在改革过程中容易发生因为实现政治效用而忽视合理政治权利的情况。因此，需要通过制度改革来规范政府的权力来源及行为的正当性。同时，过去良好的协同效果会成为一种习惯，希望推动改革的人愈发减少，而能够成功晋升到推动改革位置的人的改革动力愈发减少，本应该所有人共同参与的协同改革变成了少数人的改革。

5. 改革过程的循环性

由于政策目标的模糊性，政策协同目标的设计过程不可能非常科学，既不可能有一个非常明确的总体设计方案，政策执行的过程不可能特别有效，整体过程将有大量的不确定性。当这种情况出现时，运动式协同成为基本选择，当意识到单一部门无法解决相应问题时，该部门的上级领导会介入其中，上级领导会在职权范围之内协调处理相关问题，当该层级领导无法通过政策内容的优化来实现有效政策协同之时，该问题便会上升到更高一层次的政策层来解决。

最高层首先会将问题归结为下层政策层的执行不力，力图通过强化政策执行的力度，通过运动式监管的模式来有效调动官员的积极性。在处理食品安全问题时，高层领导通过思想动员来整合下级的理念，提升基层公务员的意识水平，进一步增加下级公务员执行政策的压力。通过自上而下的层层复制，来有效统一认识，加大政策执行的力度。同时，通过合并机构、调整法律、开展运动式专项治理来保持政策压力，实现政策协同效果的长期有效。

6. 政策协同的路径锁定

政策协同过程的良好绩效也可能会发展成为政策协同的一个陷阱，当政府能够解决问题的时候，政府治理效果的有效性会进一步增加政府自身行为的合理性，进而减少市场和社会参与解决相关问题的合理性，弱化了社会和市场参与协同的动力。政府只有有效调动社会和市场在协同过程中的积极性和主动性才能有效实现包容、快速和可持续的发展，但是事实的走向恰恰相反，进而有可能导致权力本位，形成崇尚权力的价值取向。政策协同的目的在于逐步激发市场和社会在协同治理中的积极性与有效性，但现实却是进一步取代了市场和社会的积极性。

第二节　程序性协同

程序性协同安排是借助于科层制赋予政府机构的权力，建立在制度规则的基础之上，谋求通过常规的、程序性的方式来安排制度设计，整个过程强调规则、秩序的重要性，谋求通过技术治理的路径来推动部门间合作的行为。

一、规范权力配置

规范权力配置主要通过两种途径：其一，调整监管机构的权力配置。1998 年，在对外经济贸易部国家进出口商品检验局、农业部进出口动植物检疫局、卫生部进出口卫生检疫局的基础上，成立国家进出入检验检疫局，负责出入境卫生检验、动植物检疫和商品检验工作，全面掌管我国进口食品安全。2011 年，该局与国家质量技术监督局合并成立国家质量技术监督局检验检疫总局，承担食品卫生国家标准的审批和发布工作。农业部负责初级农产品的质量监督、工商部门负责流通领域的商品质量监督。2003 年，我国将原有的国家药品管理局转换为国家食品药品监督管理局，并将食品安全的综合监管、组织协调和依法组织查处重大事故的职能赋予该机构。2004 年，食品安全的分段监管模式被确立，相关权力被配置于卫生、农业、质检、工商和食品药品监管等部门，形成了"五龙治水"的局面。2013 年，我国将工商、质检、食药监等部门的职能合并，成立国家食品药品监督管理总局，从根本上消除了"五龙治水"的问题。

其二，规范部门之间的权力配置。为了解决食品安全监督管理中的职责不清的问题，《食品卫生法》规定了国务院各有关主管部门按照各自职责分工依法行使职权的基本原则，按照食品产业链的自然属性进行分工，由国家食品药品监督管理局负责组织，联合农业、卫生、工商等部门制定合作方案。对食品安全分段实施监管的监督管理体制，通过明确相关部门的边界来推动部门间的合作。农业负责初级农产品生产环节的监管，质量监督部门负责食品生产加工环节的监管，工商部门负责食品流通环节的监管，国家食品药品监督管理部门负责餐饮服务活动的监管。这种体制有利于各司其职，对改善食品安全状况也发挥了积极作用。

在实施食品安全专项行动中往往涉及多个部门，在食品安全整治事件中，涉及食品安全的相关部门在工作中逐步形成了"谁牵头、谁负责""谁审批、谁负责""标识谁、谁查处"的原则，行政法规逐步完善，职责权限范围逐步清晰。比如在工商部门和质检部门的分工上，2001年，两部门联合发布《国家质量技术监督总局职能配置内设机构和人员编制规定》和《国家工商行政管理总局职能配置内设机构和人员编制规定》，规定国家工商行政管理总局负责流通领域的商品质量监督管理，国家质量监督检验检疫总局负责生产领域的产品质量监督管理，出现问题不能重复检查，重复处理。

二、完善法律法规

政策协同需要从法律角度加以规范，这样才能有效调动多方参与主体的积极性和主动性。对于一些持续时间长、影响范围广、涉及部门多的重大的公共问题，必须要从立法角度加以完善和规范。我国一直以立法作为规范部门间关系的突破口，以《中华人民共和国食品安全法》的修改为例，2004年7月21日召开的国务院第59次常务会议和2004年9月1日国务院发布的《国务院关于进一步加强食品安全工作的决定》（国发〔2004〕23号），要求国务院法制办抓紧组织修改食品卫生法。国务院法制办于2004年7月成立了由中央编办和国务院有关部门负责同志为成员的食品卫生法修改领导小组，组织起草食品卫生法修订草案。2007年12月，第十届全国人大常委会对食品安全法草案进行了初次审议。此后，第十一届全国人大常委会分别于2008年8月和10月对该草案进行了二审和三审。2009年2月28日，全国人大常委会第四次审议并通过了食品安全法。为了建立最严格的食品药品安全监管制度，完善食品药品质量标准和安全准入制度，2013年6月，《食品安全法》又重新启动修订;① 2014年12月25日,食品安全法修订草案二审稿提请全国人大常委会审议。②草案二审稿增加了关于食品贮存和运输、食用农产品市场流通、转基因食品标识等方面内容。二审稿规定,生产经营转基因食品应当按照规定进行标识。2015年4月24日,中华人民共和国第十二届全国人民代表大会常务委员会第十四次会议修订通过《中华人民共和国食品安全法》,并于2015年10月1日起施行。此次法律修订有如下六个特点:一是积极落实党中央和国务院完善食品安全监管体制的成果,完善统一权威的食品安全监管机构;二是明确建立最严格的全程监管制度,对食品生产、销售、餐饮服务和食用农产品销售等各个环节,食品添加剂、食品相关产品等各有关事项,以及网络食品交易等新兴食品销售业态有针对性地补充完善相关制度,突出生产经营过程控制,强化企业的主体责任和监管部门的监管责任;三是更加突出预防为主、风险防范,进一步完善食品安全风险监测、风险评估和食品安全标准等基础性制度,增设责任约谈、风险分级管理等重点制度,重在消除隐患和防患于未然;四是实行食品安全社会共治,充分发挥消费者和消费者协会、行业协会、新闻媒体等方面的监督作用,形成食品安全社会政治格局;五是突出对特殊食品的严格监管,通过产品注册等措施,对保健食品、婴幼儿配方食品和特殊医学用途配方食品等特殊食品实施比一般食品更加严格的监管;六是建立最严格的法律责任制度,对违法生产经营者加大惩处力度,提高违法行为成本,发挥法律的重典治乱威慑作用。新的食品安全法的颁布,有利于从法律制度上更好地保障人民群众食品安全,促进食品行业的健康发展。

---

① 参见《最严食品安全法力争年内完成修订》,新华网,http://news.xinhuanet.com/health/2013-06/17/c_124867070.htm。

② 参见《全国人大常委会审议食品安全法修订草案二审稿》,新华网,http://china.cnr.cn/news/20141223/t20141223_517183424.shtml。

三、规范食品安全标准

为了解决标准之间交叉、重复、矛盾以及强制性标准和推荐性标准不合理的问题，使食品标准体系结构合理，各类标准体系协调配套，提升标准水平。自 2005 年起，国家标准委就开展对食品安全国家标准、行业标准和地方标准的清理工作。当年共清理食品国家标准 867 项，国家标准计划项目 268 项，行业标准 347 项，行业标准计划项目 347 项，地方标准 250 项。①

2013 年以前，我国食品安全标准并不是由独立、公正的机构制定的，而是由相关部门牵头，部门背后的行业协会、行业企业负责实际操作，这一过程必然要照顾到部门利益、行业利益和企业利益。当不同部门的利益不一致时，标准"打架"不可避免。为了保障监管工作的统一性，解决一种食品有多套标准适用的问题，《中华人民共和国食品安全法》规定，食品安全国家标准由国务院卫生行政部门负责制定、公布，国务院标准化行政部门提供国家标准编号。由国务院卫生行政部门对现行食用农产品质量安全标准、食品卫生标准、食品质量标准和有关食品的行业标准中强制执行的标准予以整合，统一公布为食品安全标准。除食品安全标准外，不得制定其他食品强制性标准。有关产品涉及食品安全国家标准规定内容的，应当与食品安全国家标准相一致。按照此规定，2013 年卫生部制定公布了《食品标准清理工作方案》，对现行近 5000 项相关食品的标准进行清理，此项工作于 2013 年年底完成标准清理，2015 年年底完成标准整合工作。②

为了保证食品安全标准的科学性和权威性，《中华人民共和国食品安全法》第二十三条规定，食品安全国家标准应当经食品安全国家标准审评委员

① 参见徐景和：《食品安全综合协调与实务》，中国劳动社会保障出版社，2010 年。

② 参见《卫生部全面启动食品标准清理工作》，《食品工业科技》，2013 年第 5 期。

会审查通过。食品安全国家标准审评委员会由卫生、农业、食品等方面的专家及国务院有关部门的代表组成。制定食品安全国家标准,应当依据食品安全风险评估结果并充分考虑食用农产品质量安全风险评估结果,参照相关的国际标准和国际食品安全风险评估结果,广泛听取食品生产经营者和消费者的意见。关于食品安全国家标准统一制定的问题,按照标准化法规定,国家标准制定部门是"国家标准化管理委员会",该委员会由国家质检总局主管。而《中华人民共和国食品安全法》则统一到卫生部门,国家质检总局尽管有不同的意见,最后也统一到卫生部门。

第三节 结构性协同

随着食品安全问题的不断增加,各个部门的基本思路是在既有的管理范围内不断强化监管,这反而造成部门权力的扩张和部门利益的扩张。这也就陷入了一种恶性循环,部门监管成为主要的原因,但解决的方式是不断强化部门监管,监管者的利益不断扩充。随着食品安全监管制度的完善,各个相关部门谋取扩大权力、通过各自的途径来处理相关问题,在部门分立的监管模式下,"不同的部门(组织及个体)有能力行动起来,保护自己的利益,却无需考虑他们的行动在总体上将会造成什么后果"[1]。各部委利用法定职权,凭借其占有的资源,在制定法律、法规时优先强调本部门的利益而偏离国家目标和公共利益,谋求获得更多的权力、利益而弱化相应的责任,这也带来了如何协调各部委关系的问题。处理各部门协同的另一个思路是结构性协同安排,结构性安排的核心在于调整部门间的结构关系,通过重构组织或者

---

① 俞可平:《治理与善治》,社会科学文献出版社,2000年,第271~272页。

调整组织的边界的形式来实现多部门的合作,进而实现政策的有效协同。

一、部门协调模式

部门协调模式主要是指依托于既有的组织结构,通过建立协调部门的形式来推动部门之间的有效合作。根据协调机构的组织模式,可以分为部门主导的部级协调模式、部级会议模式以及国务院主导的部级协调模式等几种路径。

(一)部门主导的部级协调模式

1.部门主导的部级协调模式的过程

卫生部门是最早负责食品卫生的部门,也一直承担部级之间的协调职责。早在 1995 年出台的《中华人民共和国食品卫生法》,就已经把食品卫生执法主体划归给卫生行政部门,从而在中央政府内部正式确立了以卫生部门为主导、其他相关部门协调配合的部际协调模式。这种模式在计划经济时代起到了一定作用,但是到了市场经济时期,这种模式的弊端逐步凸显。卫生部作为综合协调部门的合法性地位受到质疑,从而导致了卫生部对食品安全涉及的中央政府其他部门的协调职能,只能得到有限的发挥甚至难以发挥。该体制逐渐受到了食品安全领域的多部门分环节监管模式的挑战,卫生部门的地位逐步变得尴尬,寻求其他部门负责食品安全成为一种必然选择。

借鉴西方发达国家特别是美国食品安全监管部门综合化、集中化的模式,我国于 2003 年成立了国家食品药品监督管理局,负责食品、保健品、化妆品安全管理的组织协调等职责。食药监局作为一个独立部门负责监管工作,同时承担着食品安全监管的协调工作。食药监局的独立适应了食品安全监管专业化、独立化的要求,但食药监局的协调效果也受到了制约。首先,食药监局权力有限。食药监局既没有标准制定权，也没有实际监督权和执行权，使组织协调成为空话。[1]其次，食药监局地位较低。由于食药监局级别为副部级，而我国食品安全涉及的部门多达八九个，在传统等级森严的科层体制下，副部级的食药监局很难协调其他几个拥有具体监管权和执行权正部级机构，无疑造成了"小马拉大车"的局面，食药监局也被戏称为"宣传局""调研局"。最后，食药监局合法性不足。食药监局从成立到被重新并入卫生部经历过多次调整，但是并没有相关的组织法等法律进行确认，相关调整仅仅是通过"定机构、定职能、定编制"的三定方案被赋予了相应的监管职能，对监管职能的表述非常模糊、概括，实际执行过程带来诸多混乱。在这种情况下，食药监局的协调效果较差，其协调职能被严重边缘化，遇到问题不得不寻求更强势机构或更高级别的官员出面解决问题。

在食品安全监管过程中，我国曾经尝试由食品药品监督管理局来承担相应的职责，负责食品安全政策的整体协调工作。但是由于权力有限，最终无法有效实现其最初的制度安排。2008年，中央政府再次调整相关机构，将原卫生部卫生监督局调整为一个新司局——食品安全综合协调与卫生管理局，卫生部重新被确定为食品安全综合协调部门。但是卫生部门依然无法取得强势地位，不得不寻求更高级别的元政策层的解决途径。

2. 部门主导的部级协调模式的评价

建立单一部门的监管体系涉及的因素较多，对现有体制的影响较大，且不能从根本上解决部门协同问题。因而在既有的体制下通过建立有效的协调机制，处理好不同部门、不同层级政府之间的关系成为优先政策选择。中央政府各职能部门所获得的协调职责的合法性来自两个方面：一是来自于法律法规的确认，例如《中华人民共和国食品安全法》规定"国务院卫生行政

---

① 参见王伟、曹丽媛：《食品安全治理中的部际协调问题》，《中共中央党校学报》，2014年第6期。

部门承担食品安全综合协调职责";二是基于该部门在某一领域具有的专业性和技术性权威,例如财政部在制定国家预算方面的专业权威。虽然卫生部综合协调的地位得到了法律法规的确认,但是其在食品安全领域的专业地位却不断受到挑战,主要体现在:

其一,协调机构本身的法律依据不足。协调机构的设置往往是缺少法律规定的,其机构和职权配置的依据都不足。协调机构的权力来源于"定机构、定职能、定编制"的三定方案,本身缺少法定依据。卫生部门自身在食品检验等方面的专业优势逐步被质量监督部门等相关部门代替。卫生部门同时承担着医疗卫生监管方面的职责,由于医疗卫生监督本身大量牵扯并消耗了卫生部门的监管精力,加之各种职责的交叉和重叠进一步冲击了其他部门配合的积极性。协调权威不足以及其他部门的消极配合甚至冲突导致该体制严重弱化。

其二,协调机构的权威不足。协同过程意味着参与合作的不同部门分工协作,意味着参与协同的各个部门各尽其能,通过自身的权力动用不同的资源,以期达到公共的目标。不同部门在合作的过程中处于不同的位置上,由于其职能不同、能力差异,所以其重要性也不一样。在政策协同的过程中,有的部门处于主导地位,有的部门处于从属地位。这种作用的差异性与能力的不同,使得不同部门在政策协同过程中的地位、声望和影响力不同,而这种不同则影响着甚至在某种程度上决定着政策协同的质量。

尽管每一个部委都代表一个纵向的业务管理系统,但是部委可以分为"部""委""局"三个级别,尽管每个专业化的部门都希望能够获得"部"的地位,但是改革开放之后我国一直限制"部"数量的增长,这一方面可以控制政府规模,以谋求更好的协调能力。但是当政策目标高于任何一个单一部委,单一部委既不可能掌握相关信息,也不可能掌握所有的资源。组织中的各部门之间存在相互依赖关系,但是同级部门之间的地位依然是不均等的。组织之间的权力、资金、物质、信息的流动都有一定的方向。在这种情况下,如果该部门的存在和运行上依赖其他部门的程度越高,其地位就相对较低,地位低的政府部门要求地位高的部门予以配合往往难以实现。在中央层面,2008年公布的《中华人民共和国食品安全法》中,为了控制机构的数量,国家食品药品监督管理局被设置为副部级单位。尽管食药监局成立后做了大量工作,诸如组织实施"食品药品放心工程"、推动成立"食品安全委员会"等工作。但是在等级森严的科层管理体制下食药监局本身缺少权威,国家食药监局无法协调、监管平级和其他更高等级的部门,特别是与卫生部门的关系较为模糊。相关研究也证实了普通省和直辖市一级政府的影响力大小的排序:处于"强影响力"组的是财政和公安部门,处于"中等偏强影响力组"的是人事、税务、发展改革部门,处于"中等强度影响力组"的是城乡规划、教育、劳动保障、工商管理部门,处于"弱影响力组"的是卫生行政部门和其他。①由此可见,尽管被赋予了相关职权,但期望弱影响力的卫生部门等食品相关部门去协调其他强势部门无疑是非常困难。

　　其三,协调机构权责不明。负责协调部门既然需要成为一个政策协同中的主导部门,也需要承担相应责任。由于食品安全政策的跨部门特征,部门之间难以区分相应责任,但是在具体政策实践中,责任的确定却非常困难。在食品安全的多部门监管时期,诸如地沟油的归属问题就引发部门之间的广泛争议。如工商部门认为自己只能查无证无照经营行为。小作坊对地沟油进行初加工,需要由质监部门发放生产许可证,因而质监部门作为"前置许可部门",应当牵头查处小作坊。但质监部门则认为自己对于地沟油的管理没有职责,质监部门也不可能给地沟油炼制作坊发放食品生产或工业生产许可证。

---

① 参见傅雨飞:《我国政府部门影响力的非均衡分布及其成因研究——来自不同地区公务员的调查》,《中国行政管理》,2014年第8期。

（二）部级会议协调模式

部级联席会议的召开需要履行基本程序，一般由召集单位负责请示，在请示内容中说明会议的基本事项，包括会议名称、召集单位、成员单位、工作任务与规则等相关事项，经相关部门同意后报国务院审批。在部级联席会议中，若由国务院领导同志牵头，则名称中一般冠以"国务院"字样，否则则命名为"部际联席会议"。

部级会议的设立使任何部门协调事项都求助于该机构，客观上增加了部门间自主协调的惰性，在某些情况下，加固了部门间的藩篱。部级会议的设立同时也削弱了相关政策部门的责任意识，这些机构虽然可以通过内部监督各政策部门的责任落实，但是对于外部监督，部级会议就成为对相关政策部门责任追究一道屏障。

（三）国务院主导的部级协调模式

当部门主导模式难以为继时，国务院主导成为替代选择。国家最初尝试将协调功能安排在相关部委。2007 年 7 月，国家成立国务院产品质量和食品安全领导小组，领导小组办公室设在质检总局，承担领导小组的日常工作。领导小组主要解决两个问题："一是就监管方面存在交叉和重复之处进行明确的重新分工，遇到交叉问题只能由一个部门负责，其他部门退出；二是就无人管理的盲区进行明确的分工，确定哪个部门负责哪些尚无人监管的盲区。"[①]

2010 年 2 月 6 日，国务院设立国务院食品安全委员会办公室（简称"国务院食品安全办"），国务院食品安全委员会被确定为副部级单位，作为高层次的议事协调机构，协调、指导食品安全监管工作，承担食品安全的协调工

---

① 张晓涛、孙长学：《我国食品安全监管体制：现状、问题与对策——基于食品安全监管主体角度的分析》，《经济体制改革》，2008 年第 1 期。

作。在国务院 38 个议事机构中,单独设置的单位仅有国务院食品安全委员会、中央编制委员会和国务院扶贫开发领导小组。通过提升级别、设置单独机构、明确相关职责的形式来推动食品安全政策协同的有效运行,食品安全委员会成为正式的跨部门协调议事机构,负责食品的安全风险评估、食品安全标准制定、食品安全信息公布、食品检验机构的资质认定条件和检验规范的制定,组织查处食品安全重大事故。2013 年 3 月 10 日,我国新组建国家食品药品监督管理总局,国务院食品安全委员会办公室被撤销。

各省基本参照了中央的模式,如广东省曾经在 2004 年设立广东食品安全委员会,但该机构 2008 年在机构改革过程中被撤销。2011 年,广东省又重新设立食品安全委员会,由常务副省长担任委员会主任,五位副省长担任委员。这种类似委员会、领导小组的模式,对权力运作的空间进行重构,同时也有效打击到了一些伪协同网络,使得非正式的运作思路暴露在正式的规则面前而无所遁形,从而打破了非正式网络赖以存在的空间。

二、机构整合模式

机构整合模式也是一种重要途径,当协调机构无法实现有效协调时,推动机构的整合成为一种可以替代的选择。这种改革往往以大部制的形式体现出来,而且在地方层面和中央层面都有相应的尝试。

(一)地方层面的大部制尝试

在中央层面的改革之前,地方政府也会通过多种形式的改革来推动食品安全问题的有效解决。"许多中央政策促使地方政府主动进行政策创新,这是中国政策制定过程的显著特征。"①在食品安全方面,地方政府也有不少尝试,典型的如 2009 年广东顺德和陕西渭南食品药品监管体制的改革。在改革过程中一些地方基于当地政经现状的差异,参考"大部门"模式,并结合自身条件,通过"合并同类项"的方式将与食品安全政策相关的工作性质相近、工作职能相关的部门整合成若干个大部门。进而减少部门数量,有效整合相关人员,明确相关责任,提升工作效率。

但是这些地方政府率先推动的改革在中央政府认可之前往往无法取得大规模推广。首先,地方政府的横向改革却带来了纵向的不通畅,由于上级政府未进行机构调整,那么地方政府的改革之后往往出现"一个儿子,几个老子"的局面,使得地方政府自下而上的协同模式遇到了困境。地方政府的改革在减少机构、降低横向协同成本的同时,却大大增加了纵向协同成本,造成纵向协同不畅和运作不畅,往往出现了"下改上不改、改了也白改"的结果。一些地方政府的协同改革往往回到了原点,最后呈现出"上下对口,左右对齐"的结果。其次,地方政府主持的改革往往有一些禁区,比如干部能进不能出,能上不能下成为一些地方政府机构改革的底线。机构调整过程中并未发生裁员的行为,用于人员方面的行政管理的费用和成本也就无法缩减,行政效能也就难以取得实质性提升。最后,不同地方政府对待食品安全的态度差异影响了地方改革动力。以食品流入地和食品流出地地方政府的态度为例,很多食品流出地处于大城市周边或者不发达的中西部地区,食品生产行业占当地产业比重较高,一旦采取过于严厉的政策易引发输入地公众恐慌,因而食品输出地也缺乏食品安全监管,特别是外销食品安全监管的动力,也很难推动相关改革。这些地方改革的动力往往较小,也就谈不上做出实质性的改革举措。当地方层面的大部制改革举步维艰时,元政策层的改革也就呼

---

① Heilmann,S.,From Local Experiments to National Policy Process,*The China Journal*,2008 (59):1–30.

之欲出了。

(二)中央层面的推动

　　食品安全的多头监管导致监管体制复杂、领导与责任空白、职责模糊、多部门监管过程中制约难,配合更难。监管的部门越多,部门之间的模糊地带就越多,重复监管和监管盲点并存,很难做到无缝对接,责任追究难以落实。以食品准入为例,除企业登记由工商部门负责外,食品加工企业的市场准入由质检部门负责,有机食品由环保总局有机食品发展总局负责,绿色食品由农业部下属的中国绿色食品发展中心负责认证和最终审批。多个部门都负责的结果是无部门负责,无论是三聚氰胺事件还是瘦肉精事件,都凸显了多部门监管的困境。食品安全治理是一个涉及多个主体的监管活动,不同部门之间隶属关系复杂,在成本与收益之间的不对等的背景下,政策协同问题是政府的问题,也仅仅是停留在字面或者口头上,很难落实到实处。部门的决策行为往往基于本部门和本区域的压力和局部利益, 各个部门往往各自为政,合作理念匮乏,基于政策协同视角下的政策协同成为盲点。由于制定过程本身缺少足够的沟通与协调, 在实际的执行过程中必然会出现碎片化的格局,最终不利于食品安全的整体性治理。

　　破解这一问题最为根本的解决路径是根据食品安全的自然属性合并相关机构,推动大部制改革。我国数次机构改革的核心也就是通过合并同类项的形式来实现部门的整合。通过探索实行职能有机统一的大部门体制,有效解决政府长期存在的诸如机构重叠、职能交叉、权责分离、政出多门的问题,实现政府部门的大部制、宽职能、少机构。大部制改革通过内部化的形式来解决相关问题,实现监管成本的降低,提升协同的效果,减少行政层级,解决机构重叠、职责交叉、政出多门等问题。

　　改革开放后,我国多次调整食品安全相关部门的整合,2013 年,我国再次推动食品安全监管机构的重组。2013年3月,国家食品药品监督管理总局成立,设司局17个,编制300余人。各地方机构改革大体遵循"6、9、12"的原则,6月底实现省级机构的组建,9月底地方市级机构组建完毕,到2013年12月底,县一级食药监系统组建完毕。中央政府采用"公开目标"的形式来有效推动监管,采用倒逼的模式明确下级的态度,敦促下级按照中央的目标及时跟进。

在中央与地方关系层面,2011年10月10日,国务院办公厅第48号文明确规定,取消工商、质检省级以下垂直管理,改为地方政府分级管理。中央政府的改革也带动了地方政府的改革,而一些地方政府在推动食品安全改革方面迈的步子更大,很多地方政府谋求通过更大的措施带来新突破。典型的如浙江2013年年底的改革方案中,将食品药品监管、工商行政监管部门的职责进行整合,组建市场监督管理局,并划入质检部门的食品案监管职责。也就是说,浙江省除了在省级仍然保留工商局、质监局之外,在市县一级都是二局合一的市场局模式。天津等地探索三局合一模式。2014年7月,天津市将工商、质检和食药监部门整合为天津市市场和质量监督管理委员会,实现了三局合一。湖北、安徽、江苏、上海、山东等多个地方也在进行着类似整合的尝试。这种整合模式避免了食品安全监管的重复投入,也规避了工商、质检等部门在人员划转过程中的难题。而这种模式一旦试验成功,未来可能会在全国范围内普遍推开,工商、质检、食药可能归于统一。

当然,大部制并非万能膏药,食品安全监管部门的合并并不具备普遍性。那些建议食品安全机构合并的政策建议尚未摆脱"头痛医头、脚痛医脚"的思路,以为合并就能解决所有问题的想法也仅仅是停留在表面。公共产品和服务的类型多种多样,它们所需要的组织规模大小也不同,要想建立一个适合所有服务的组织模式是不合实际的。同时,对于过大规模的组织而言,内部的协调也会成为重要问题。多部门合并之后,人员和技术整合并不到位,扯皮的问题无法得到根本解决,部门内部的协同仍会成为今后改革的关键。

总之,结构性协同更多依赖于组织结构的变革以及组织关系的调整来推动部门间的有效合作。结构性变革是推动政策协同的重要策略,但是目标能否达到却取决于多种相关工具的有效配合。在相关路径之中,改变正式的组织结构相对比较容易,但组织结构背后的观念、行为的调整则是比较困难的事情,忽略制度背后的文化心理则无法有效推动多部门的合作。因而应采用一些基于中国国情的具有中国特色的功能性的协同方式来打破既有的结构,冲击各种正式结构所依赖的各种运行习惯和社会心理,打破体制背后的运作根基,进而推动协同的有效运行。

第四节 功能性协同

所谓功能性协同主要是由行政统合权延伸而来的非常规的制度安排,元政策层通过政治动员的方式来打破科层制的束缚,使得上级权威可以跨级跨界绕过既定规则来实现其政策目标。借助于功能性协同安排,国家可以通过体制以外的模式来寻找新的制度空间和动力来源,在具体监管中主要通过问责、运动式监管、绩效评估等模式来增强政策协同的驱动力。

一、食品安全监管中的问责

食品安全政策属于一种跨部门政策,涉及的具体部门比较多,每个部门都有相对独立的职责和功能,但这种独立又都不是完全的,各个部门之间相互影响、相互制约,其职能的实现需要其他部门的支持与配合。对食品安全政策的整体效果进行问责尽管有利于考察政策的总体效果,反映政府的整体绩效。但是这种考察本身由于忽略每个具体部门政策产出的具体特点,因而不利于考察整体政策中各个部门的行为,更无法理解跨部门政策问责的内在逻辑困境与现实操作困难。

(一)跨部门问责的意义

1. 跨部门问责有利于明确部门间责任

监管部门越多,监管边界模糊地带就越多,既存在重复监管,又存在监管盲点,难以做到无缝衔接,监管责任难以落实。而跨部门问责是一种压力机制,当多元主体无法明确相关责任时,转而通过层层下放指标要求地方政府来完成上级政府期望的目标。同时,下层政府为了能够在竞争的对手中胜出,还有意无意增加目标,甚至达到无法完成的地步,进一步提升了基层政府完成上级目标的压力。问责机制背后其实是压力的转移而并非压力的化解,通过问责制来不断强化对相关部门的压力,进而谋求相关部门的整体配合,进而建立高效的监管模式和灵活的监管体制,不断适应快速变化的食品安全监管环境,推动食品安全问题的有效解决。

2. 跨部门问责有利于推动各部门通力合作

当既有体制无法有效明确部门间关系时,问责成为一种重要的补偿机制,能够调动不同部门之间的合作动力。问责是一种公共参与机制,上级政府、公众等外部群体可以根据相关的信息来评价政府工作的效果。在这种情形下,与食品安全相关的部门压力较大,各部门为了避免被问责能够紧密协调、共同应对食品安全问题。

3. 跨部门问责有利于落实和下放责任

问责机制相当于上级政府人为设定一定目标,将责任分解和下放到下级政府,并且要求下级政府能够更好地提供公共服务。上级政府确定相对明确的政策目标,通过树立整体目标来获取公众的心理认同与政治支持。同时,将具体的政策执行交给具体政策执行层,元政策层避免与公众的切身利益产生直接关系,也就有效避免了与公众的直接对立和直接冲突。通过分散责任来避免与公众的直接利益冲突,通过对执政风险有效的分解和下放,进而降低自身承担的政治风险。当然,这种政治风险的分解和下放是有一定前提的,也是有一定范围和限度的。中央政策本身需要符合基本的合理性与正当性。可以说,行政问责本身依赖于正式和规范的问责方法、问责程序和问责标准。因而问责方法本身能够比较客观地反映决策过程的真实情况,从而客观公正地评价其结果。

(二)跨部门行政问责的困境

1. 明确具体责任的困难

问责制的前提是明确相关部门和人员的责任,但这一前提往往受到很多因素的制约,跨部门政策问责更是如此。在食品监管的相当长的一段时期内,各个部门之间职能相互交叉。郑州曾经出现过市、县两级机构共同监管馒头的案例,这种监管中的问题是监管体制本身的困境,而问责主体无法改变这种多重监管模式,有时候由于无法有效确认食品安全问题的源头,责任划分也就相对困难。比如婴幼儿米粉重金属镉超标的事件,表面上是生产企业或是流动企业的问题,但是根源在于大米原料出现了问题,而大米原料出现问题可能是由环境污染所导致的。在病死猪肉、瘦肉精、三聚氰胺的事件中我们同样可以看到如是的解释。如此复杂过程的背后,如何追究责任成为一个很复杂的问题。

食品安全生产过程中的全产业链特征催生了监管多部门化,而监管过程中的多部门化特征又使得上级政府明确界定具体相关监管部门及其工作人员在食品安全事件中的责任非常困难。责任的依赖于相关部门的责任十分明确,并且借助于完整的食品安全追溯的技术系统,而这些条件在现有的阶段实现的难度较大。

2. 问责规定较为模糊

我国食品安全监管问责法律体系中缺少对食品安全监管部门问责方法和问责形式的系统规定,相关规定往往分散于不同的法律之中。这些规定过于模糊,问责启动的标准并不统一,缺乏可操作性的规定。如《中华人民共和国食品安全法》中规定,要对食品安全监管机构的直接主管及其他责任人员进行记大过、降级、撤职或者开除等处分,还包括主要负责人引咎辞职等规定。[①]但是诸如"重大事故""主要负责人"等规定都缺少具体可执行标准,具体执行环节往往困难重重,问责效果也就大打折扣。

3. 问责效果有限

由于很难划分多部门合作过程中的某个执行部门的工作效果如何,只能想当然地以过程来评价结果。当问责的信息不对称时,选择性问责的可能性是存在的。这种信息不对称存在于问责主体和问责客体双方之间:一方面,问责客体为了避免或减少责任。有可能故意隐瞒事实发展的真相,夸大成绩、掩盖失误,这时候行政问责往往容易得出有失全面和公正的结论;另一方面,问责主体由于多方面的考虑,往往也不会透露问责的具体标准和具体程序,进而无法获取问责客体的信任。在诸多地方问责实践过程中,存在是否被新闻媒体曝光成为是否问责的标准的现象,这也从另一个侧面反映出了问责本身的尴尬和无奈。

(三)跨部门问责的基本思路

1. 明确地方政府负总责

1982 年颁布的《中华人民共和国食品安全法(试行)》和 1995 年发布的

---

① 参见《中华人民共和国食品安全法》,中央政府门户网站,http://www.gov.cn/flfg/2009-02/28/content_1246367.htm。

《中华人民共和国食品卫生法》初步明确县级地方政府卫生行政部门负责本地区的食品卫生监督工作，但尚未明确规定县级地方政府承担食品安全监管工作。最早在行政工作中提出"地方政府负总责"的是在国务院1991年颁布的《关于加强计划生育工作严格控制人口增长的决定》，此后"地方政府负总责"的适用范围逐渐扩展到其他领域。①在食品安全监管过程中，2004年9月国务院发布的《关于进一步加强食品安全工作的决定》正式提出"地方各级人民政府对当地食品安全负总责"。此后，地方政府在食品安全监管中的责任就一直被明确强调，如2007年7月国务院颁布的《关于加强食品等产品质量安全监督管理的特别规定》、2009年2月颁布的《中华人民共和国食品安全法》中均规定了县级地方人民政府的责任。

地方政府负总责的原因在于：一方面，可以降低对中央政府的关注度，分散中央政府的政策风险；另一方面，地方政府为了完成上级的目标不得不切实履行相关责任，也为地方政府的相互推诿减少了空间。同时，各个地方差异很大，也会给地方政府提供一定的空间。中央政府往往出台相应的指导性意见，至于如何将这种指导性意见落实到实处，中央政府本身并没有特别具体的规定，只要地方政府能够与公众达成一定的平衡，中央政府也就不会明显或者主动干预，而地方政府也就获取了治理的空间。

2. 强调对结果问责

以《中华人民共和国食品安全法》为例，这部法律更多强调对市场主体违法后的责任追究，问责多为结果问责，而缺少事前和事中问责。《中华人民共和国食品安全法》第95条规定："本行政区域出现重大食品安全事故、造成严重社会影响的，依法对直接负责的主管人员和其他直接责任人员给予记大过、降级、撤职或者开除的处分。"问责制在确定总目标的前提下，自上而

---

① 参见周汉华：《地方政府负总责制度评析》，《国家行政学院学报》，2009年第3期。

下层层分解目标、逐级落实责任,以目标实现作为最终的考量标准。但是在实现目标的具体过程、途径、方法和手段上,上一级组织不会过多干预。结果问责由于事件已经结束,可以相对比较客观、全面地对政策的制定过程和执行过程进行评估,指陈利弊和优劣,并且根据时间间隔的长短分析政策对政治生活、经济生活、社会生活和自然环境所产生的影响,评价政策产生的预期设想对环境的改进程度。结果评估时政策评估过程有机组成部分,是对政策运行过程进行全方位评估的一种方式,对政策重新决策具有非常重要的指导意义。结果评估由于其获取的信息更具完整性,所处阶段更具独立性,因而其评估结论也更具客观性和科学性。

事实上,由于问责的权力掌握在地方政府手中,除非食品安全事件比较重大并引发上级政府关注后, 问责才容易启动。一旦出现重大食品安全事件,公众关注度迅速提升,甚至情绪激动。一旦问责程序启动,往往会带给公众一种事态已经得到有效控制的印象。因此,政府快速启动问责程序往往体现高层政府的态度,更能够安抚民心,将公众的关注的重点引导到事件的处理上。但这种问责关注的重点停留于领导者的个人责任而忽视了体制问题,问责最终流于形式,成为"马后炮式"监管。

3. 责任与权力的分离

问责制强化了地方政府的责任,而忽略了责任的划分。责任的划分包括中央与地方之间的纵向责任划分,也包括部门与部门间、地方与地方间的横向责任划分。比如在 2004 年的"阜阳劣质奶粉事件"中,问题奶粉并非产自阜阳,但是阜阳市市长受行政记大过处分,分管工商的副市长受党内警告处分。客观而言,在食品安全监管中,包括政府、企业在内的各方主体所承担的都是一种有限责任,这种有限责任并不能够简单地以大小、主次、权重一概论之,需要依据具体情况判定。所谓"政府负总责",并不是说政府要把所有的责任都揽过来,这样既不客观,也容易使政府工作陷入被动。完善食品安全责任体系,就是要梳理清楚各方应该承担的有限责任和具体责任。从现实来看,地方政府距离当地公众更近,更加了解和熟悉当地情况,也更加便于管理,因此由他们来负责是合适的。尽管地方政府本身并不是政策的制定者,但是来自科层制内部的层级压力和行政问责主体本身的行政权力赋予了问责主体获取信息的快捷性和准确性,他们可以通过相关渠道获取政策制定和政策执行过程中的第一手信息,进而也就可以开展有针对性的问责。同时,问责制从本质上也是通过建立一个目标体系来衡量和判断下级政府政策执行效果的优劣,并且根据执行的效果来对相关人员进行奖惩。这些目标在实践中为下级政府设置了遵守或者追逐的目标,只要照章办事就万事大吉,其结果是下级政府未必有动力去超越这些目标,从长远来看,反而失去了创新的意愿和能力。上级将责任下压并不必然带来下级的服从,反而受到下级的抵制,下级会认为"上级解决不了的问题就压给下级,我下级有办法吗?"当责权关系不够明确时,不出事成为基层政府的目标,执行前极力回避,执行过程中"撒胡椒面",但求面面俱到,一旦出现问题则极力掩饰,通过种种途径逃避责任。行政系统内部各个主体都是一个系统的有机组成部分,上级不能单纯使用压力来要求下级,不能够单纯从形式上说每个主体都参与到政策协同过程中,更多需要从结果上强调主体之间的实际协同关系和协同效果。应该充分调动每个参与主体的积极性,保证每个参与主体各司其职、各负其责。

总之,源于食品安全涉及的产业链很长,一方面食品监管职责相互交织,另一方面又存在大量监管空白。面临如此复杂的监管局面,很难将责任明确落实到某个部门或者某个个人,长期的部门分割又造成了监管困难,整体监管职能低下。既有的问责模式并没有触及体制问题,也就无法从根本上解决食品安全问题,但是问责的确改变了地方官员的生态环境,迫使官员改变行为逻辑和行为模式,客观上对于实现食品监管的上下协调、左右整合与内外合作的共治局面起到了良好的推动作用。

二、食品安全监管过程中的运动式监管

(一)运动式监管的意义

当既有的合作机制失灵时,政策执行会出现偏差。运动式监管成为一种必然的选择,并演化为中国国家治理中的重要技术性手段。在地方政府政策执行中,能够对其行为起到激励作用的制度分为政治激励与经济激励两种,并且正是这两种激励制度的错位导致了政策执行的变异。所谓的政治激励是指官员晋升制度和作为官员晋升主要依据的绩效考核制度。政府官员的晋升凭借的是上级政府对下级政府辖区内经济发展状况的相对成绩, 即与其他同级政府相比成绩优者胜,这催生了一种"锦标赛"式的官员晋升模式。而官员晋升依据的成绩则主要是国内生产总值的数字化指标, 在对地方政府的绩效考核中,与经济发展不直接相关的政策所占的分值较低,并且食品安全等绩效考核的结果也并没有被充分运用,食品安全的"一票否决制"在地方范围内没有得到有效实施, 环境保护政绩的好坏难以真正影响县级官员的政治仕途。以经济发展为核心的竞赛式的官员晋升制度使得县级政府不仅具有了明确的经济利益,而经济利益又在体制内部转化成了政治利益,由此为县级政府官员发展经济提供了巨大的激励, 而对食品安全保护政策却没有严格执行的动力。并且县级政府之间的竞争也导致食品安全监管政策的区域间协作变得几乎不可能,在食品安全问题没有边界的情况下,极不利于食品安全监管工作的展开。

对县级政府行为起到激励作用的另外一种制度则是财政制度,1994 年分税制之后,中国表现出"政治与行政集权,经济分权"的特征,使得地方政

府成为独立的利益主体,从而也产生了追逐自身利益的冲动。加之在省级以下地方政府中,对财政的收支并没有作出明确规定,导致其也采取中央与地方相似的划分方式。地方政府也效仿中央政府将财权上移而事权下放,因此省、市级政府都利用各自的权力提高财政集中度。这就导致在中央政府不断聚集财政收入的同时,省、市级政府也在不断加大财政集中程度,而县级政府由于自身权力不足而使得自身财政压力沉重。在这种情况下形成了"财权上收"与"事权下移"的局面,县级财政严重吃紧。县级政府发展经济的热情极度高涨,致力于招商引资,有时甚至是以牺牲环境为代价来实现经济增长。

激励性制度设计的初衷在于激发县级政府的某些行为,并且其在促进经济增长方面的确发挥了巨大的作用。然而与此激励性制度相配套实施的应该是有效的约束性制度,以便为县级政府行为设置一定的边界。对县级政府官员的约束性制度一般包括监督制度、问责制度与司法制度。但就现实来看,约束性制度并未发生有效作用。有效的监督能够防止政府行为的越界,但在对县级政府行为的监督制度安排上,来自上级政府、县级人大以及司法系统的权力性监督会因为监督主体与监督对象之间复杂的权力及利益关系而失去了效用。社会公众在理论上通常被认为是监督政府的最佳主体,因为政府在本质上就应该是对社会负责的。但在中国,在"政治上位的政治与行政一体化"的行政体制下,实际上依然实施着一种政府主导的国家管理形式,导致社会力量难以发挥作用。社会公众缺乏有效的环境保护意愿表达渠道,在政府信息公开制度不健全的情况下难以获取真实的环境信息,而环保组织的力量又过于薄弱,无法起到有效的监督作用。

另外一种约束性制度则是问责制度,是针对地方政府食品安全行为中出现问题后的纠偏与惩戒制度。但是当前却存在着政府问责责任不明的问题,导致出现问题不知该向谁问责,一般会选择对企业进行处罚了事。并且即使启动了行政问责也通常是由于问责力度较弱而难以起到威慑作用。在行政问责中通常是出现重大事故才会启动，被问责的官员也大多是基层部门的官员，却很少问责到上级政府官员。司法制度应该是完善食品安全政策执行机制的重要手段，但目前却存在着地方政府干涉司法部门的现象，再加上食品安全案件本身具有的难以取证等特征，使得司法部门不愿意受理食品安全案件，相关问题只能通过行政手段解决。这就难以避免地方政府为了发展经济而故意忽视食品安全监管的现象。

在食品安全治理过程中，由于食品生产经营者主观或者客观上的原因、监督能力的限制、监督技术的限制等原因，食品问题不可能保证百分之百的监管。而在运动式监管过程中往往由领导出面，通过一系列的会议、动员、检查、汇报、督促、评比等活动调动相关部门的积极性。在一定时间内集中行政资源从重、从快、从严地推动食品安全政策的快速推动。这种运动式监管充分体现出了社会主义集中力量办大事的优越性，在食品安全监管中经常被使用，而且取得了一定的效果。比如在 2010 年，以国家食品药品监督管理局名义开展的专项行动主要有餐饮服务食品安全整顿、针对学校食堂餐饮服务食品安全专项整顿、开展建筑工地食堂餐饮服务食品安全专项整顿、重大活动餐饮服务食品安全监管等活动，[1]活动内容基本覆盖涉及食品安全的高危行业和高危领域。针对专项领域的运动式协同治理每年都会出现，又如在2011 年，国务院在全国范围内陆续组织开展了严厉打击食品非法添加和滥用食品添加剂、"瘦肉精"和"地沟油"专项整治，以及乳制品、食用油、肉类、酒类、保健食品等重点品种综合治理。[2]

---

[1] 参见王柏琴：《加强餐饮服务食品安全监管制度建设》，载《中国食品药品监督管理年鉴》，2011 年，第 60 页。

[2] 参见《破解重点难点问题与构建长效机制相结合——国务院食品安全办负责人解读〈国务院关于加强食品安全工作的决定〉》，求是理论网，http://www.qstheory.cn/wz/zcjd/201207/t20120704_168036.htm。

(二)运动式监管的基本特征

1. 部门合作性

采用运动式监管的基本目标是通过调动部门间合作关系来实现预期目标,而且各个部门也只有通过密切合作才能顺利完成任务。对于基层政府而言,在日常执法过程中,工商、质检、畜牧、商务、农业及卫生等部门各有各的标准,甚至连执法文书都不同,执法过程中的困难可想而知。运动式监管提供了部门之间的沟通机会,为部门间的合作搭建了桥梁。"这种协作发生在官僚组织内部的集体行动,即政权系统内部打破制度、常规或者专业界限而进行的生产性协作。"[①]

2. 运动式监管的目的在于执行过程中的纠偏

这是一种任务导向型的管理模式,根据一定的目标要求,打破既有的科层体制,调整既有的主体及其相关关系来形成一种新的关系模式。国家通过相应的检查等工作来实现纠偏活动,"不断灵活规范中央—地方关系的边界,协调和引导官僚行为,使得现有体制在不断调节与波动中走下去"[②]。

3. 运动式监管的低成本

运动式监管成本较低,食品监管中的很多问题都是由于法律、体制的不健全所导致的,但是法律和体制的调整不是一蹴而就的,法律和机制的调整涉及部门多、难度大、时间长。因此,运动式监管可以在短期内取得立竿见影的效果。当然,这种效果本身并没有从根本上解决问题,最终会影响部门协同的效果。运动式监管的启动由上级政府或者中央政府决定,至于有哪些部门能够参与到运动式监管的过程中来,则取决于任务要求,期间过程要耗费

---

① 冯仕政:《中国国家运动的形成与变异:基于政体的整体性解释》,《开放时代》,2011年第1期。
② 周雪光:《权威体制与有效治理:当代中国国家治理的制度逻辑》,《开放时代》,2011年第10期。

更多的资源。而很多时候运动式监管能够用最小的成本满足公众的期望,同时也能够部分掩盖体制内部的缺陷与不足。

4. 运动式监管有效性

运动式监管是一个资源整合与分配的过程。运动式监管过程中往往先暂时搁置其他问题,通过自上而下军事化动员的方式调动所有资源推动目标的实现。在运动式监管的过程中,往往主要领导负责,有限的人力会停下手头的工作被充实到执法前线,形成了强大的震慑力。各个部门会倾力配合,包括财务等相关部门也会支持配合相关工作。由于短时间内相关部门集中相关资源,的确能够取得良好效果,提升了治理的效率。同时运动式监管成本较低,集中体现了社会主义制度的优越性。而一旦任务结束,运动式监管结构通常会解散,其治理机构也会消失。

(三)运动式监管的弊端

1. 纠偏机制表现为政治权力对行政权力的干预

在运动式监管的过程中,行政领域因为不断受到侵蚀,行政组织权威和结构的运行原则被打破。政治权威往往凌驾于技术、知识和事实之上,行政机构不得不暂时放弃本部门目标,常态化的制度、结构、权威及其合理性往往被打破。"运行机制上依托执政党在革命年代获取的强大政治合法性,以政治上的意识形态宣传和行政上的组织网络化渗透,调动或集中各种社会资源达成治理目的。"[1]非常态化的运作模式反而加剧了行政领域伪协同的意愿,运动式监管的频繁出现,正好说明了高度分化的科层结构对中国政策执行的影响极大。而运动的短暂性、高成本也使其不可能持久和全面展开。[2]

---

[1]　唐皇凤:《常态社会与运动式治理》,《开放时代》,2007 年第 3 期。

[2]　参见周雪光、练宏:《政府内部上下级部门间谈判的一个分析模型——以环境政策实施为例》,《中国社会科学》,2011 年第 5 期。

2. 运动式监管催生形式主义

运动式开始的时候,监管部门充分利用各种资源和渠道进行宣传,但是由于这种运动本身需要耗费大量的成本和精力,缺少制度化保证的运动式监管往往难以持续,而运动式监管弱化的时候,一些非法的食品生产活动往往死灰复燃。运动式监管的频繁使用本身反映出整治效果的低效,无法通过制度化的长效机制来保障效果的长效。在具体的操作过程中,往往借助行政系统来尽可能调动社会资源,表现为宏大的规模和这一模式有效打破了僵化体制的束缚。但是在具体操作过程中,运动式监管需要大量的成本,这也就决定了政府活动本身难以持续。在运动式监管的过程中,上级一般将运动式监管过程中的成绩作为官员考核与升迁的重要依据。在运动式监管面前,政府官员的其他事务的重要性降低,甚至被搁置。在运动式监管过程中,上级政府的目标变得单一而且明确,官员考核变得简单而有效,所以在运动式监管过程中,下级政府也出现了"比、学、赶、帮、超"的高涨热情。所谓"上有所好,下必甚焉",而为了满足上级的偏好,下级的浮夸和隐瞒之风的积极性也就被充分激发出来。

在基层调研时,也能感受到这种运动式监管模式给基层公务员带来的诸多困惑,地方官员普遍感到类似工作的形式化。那么为何地方政府和基层官员都感到这些工作可能不会取得群众满意的效果,但是依然投入大量的时间和精力去继续推行相关工作?这种现象的根源在于运动式监管的运行依据并不是社会公众的满意度,而是在上级检查和下级应对之间寻求契合,围绕这种契合的核心是上级政府衡量指标的达成而非基层民众的满足。

3. 运动式监管不利于法理权威的形成

在中国,在不断检查与评价过程中,个人的魅力不断提升,但法理权威的培养却被忽略。运动式监管所带来的竞争性效果持续性有限,运动式监管也为地方政府官员的竞争提供了一个良好的平台,但运动式监管往往是一次性的活动,发生在特定的时间和特定的背景之下。如果竞赛的目标无法得到实现,那么竞赛的效果也就大大削弱。

政府主导状态下的上下级是控制与被控制的关系,下级在与上级的关系中处于高义务低权利的状态,这种状态抑制了下层政府与上层政府之间的互动。为了应对上级之命令和检查,下级政府往往选择将各种事项进行先后排序,选择那些执行成本较低、见效快的政策。而对那些成本高、难度大的事项,地方政府的策略则是相互观望、抱团取暖。在地方层面,对上级表现为采用体制外的方式取悦或者应对上级部门的命令和检查,最低要求则是不发生群体性事件,食品安全在多种目标博弈后就被纳入了"嘴上重要、手中次要、忙时不要"的领域。

4. 运动式监管的反复性

运动式监管依然是政府机构最为依赖的一种形式。在改革开放之前,运动式监管大多用于意识形态的灌输与教化,而改革开放之后,运动式监管则被拓展到了诸如食品安全等多种政治和社会领域。中央政府的决策能力是有限的,但是这并不意味着地方各级政府拥有相应的能力,并不意味着能够将相应职能分解和下放到地方政府。地方政府在决策动机、决策信息、决策能力与决策结构等方面的限制,使得地方政府相比中央政府而言缺少处理相关问题的能力,其结果会导致宏观政策协同的失灵,最后形成权力再度集中的压力。

三、食品安全监管中的绩效评估

(一)食品安全绩效评估

中国的政策协同过程是一个自上而下协同的过程。在这个过程中,绩效评估也是推动下层官员政策协同的一个重要工具，是衡量下层官员协同效果的一个重要标准，在中国的政策协同过程中处于重要的地位。"2012年国务院颁布的《国务院关于加强食品安全工作的决定》中，首次明确将食品安全纳入地方绩效考核范围，并将考核结果作为地方领导班子和领导干部综合考核评价的重要内容。《决定》规定，对于发生重大食品安全事故的地方，在文明城市、卫生城市等评优创建活动中实行一票否决。"①这一决定首次明确了乡（镇）政府和街道办事处要将食品安全工作列为重要职责内容，食品安全正式纳入到绩效评估的范围中来。绩效评估在政策协同的重要性为何如此突出？

中国绩效评估吸收和借鉴了西方的"新公共管理"的理念和方法，新公共管理理论的倡导者主张的主要目的是希望能够借鉴私人企业的量化管理模式来实现操作标准的客观化和可操作化，进而实现公共管理效率的提升与成本的降低。在整个过程中，上级试图只扮演裁判的角色，上级政府通过建立评估标准来有效实现优秀官员的晋升和问题官员的惩戒甚至退出。

在中国，绩效评估的意义则具有更深层的意义，上级政府在指标安排和权重设定中承担重要角色。绩效评估系统便成为一种主要模式，对于上级政府而言，绩效评估成为有效引导、规范和评价下级政府行为的利器。而对于下级政府而言，绩效评估系统提供了一个相对更为客观和规范的评价机制，形成了强大的激励作用。绩效是对之前政治效忠模式的调整，在传统运作模式之中，对执行主体的评价并不是来自法律而是依赖于道德上的忠诚，当元政策层需要实现一种协同之时，则迫切需要维持和巩固下级对上级的认同，这种认同来源于维系上级的权力地位和科层制度的秩序，而保障这种秩序的除了法律与正式制度，最重要体现为下级对上级的忠诚。这种忠诚既表

①　《国务院食品安全办负责人解读〈国务院关于加强食品安全工作的决定〉》，新华网，http://news.xinhuanet.com/yuqing/2012–07/04/c_123367078.htm.

现在一些舆论上的宣传，表现为通过强化意识形态等方面的教育来强化这种模式的合理性，更表现在实际行动中的执行强度与执行力度以及执行方式。这种忠诚会带来有效的秩序，但也会产生极大的惰性，下级官员不愿意改革。这种效忠可能发生下级和上级利益的冲突和矛盾，在所谓的大局意识和忠诚态度的影响下，服从上级似乎成了一个必要的选择。而绩效评估的出现使得这种效忠也要依赖于良好的绩效，以及对这种绩效的包装和宣传，绩效也就成为一个重要的指标。在政治晋升这个舞台上，所有渴望晋升的官员必须成为一个优秀的演员，能够将自身的业绩通过各种途径展示给公众以及拥有任命权的上级，在中国的体制和模式下，后者的关注与认同具有更大的意义。所以伴随着经济建设，制度之间的信任与效忠之间的大量行为也就昭然若揭。

（二）食品安全绩效评估的问题

1. 指标设计的冲突性

为了考核的全面化和科学化，指标设定往往是面面俱到的，包括经济、社会、人口与环境等指标，国家人事部《中国政府绩效评估研究》课题组曾提出的发展指标、职能指标、潜力指标三类共三十三项具体指标。[①]这种看似全面的统计指标其实内含着很多冲突，比如食品安全与经济发展就存在一定矛盾。在既有的评价体系中，高速的经济发展有助于官员的晋升，当晋升成为官员的主要目标时，地方政府有可能因为经济发展而放松对食品安全政策的管制。在实际的执行过程中，地方政府及其官员往往面临着多重目标与多重角色的博弈，进而在执行过程中优先选择那些权重较大的指标。

2. 执行过程的资源约束

政府绩效评估是一项系统性工程，需要有必要的人力与物力的支持，

---

① 参见桑助来：《政府绩效评估体系浮出水面》，《瞭望新闻周刊》，2004 年第 29 期。

"对于基层政府而言,基层政府的财力困难,权力弱化,部分基层政权成为所谓的'悬浮型'政权"[①]。而面对资源约束的困境时,基层政府缺少必要的资源支撑,完成任务的可能性也就大打折扣。

3. 评估主体的局限性

现行绩效评估的评价主体多为上级政府。尽管政府外部主体设计了多种评价机制和评价模式,但是毫无疑问,上级政府的评价约束和控制了下级官员的职位晋升和财政分配,上级政府仍是最为重要的评价主体。

4. 指标设计的不合理性

面对公众不断增长的需求,上级政府也往往提出一些过高的要求目标。在现实过程中,问题的解决依赖于体制的优化、法制的改善、经济的发展、技术的进步等外部环境的因素。尽管上级对绩效的要求,对于基层政府而言往往是超出自身能力,由于缺少相应的沟通机制,加之经费、考核完全掌握在上级政府手中,即使目标设置本身不科学,下级政府也是敢怒不敢言。政府的层层加压带来的是基层官员的层层抵制。在这种情况下,即使参与各方主体拥有合作的动机和意愿,也无法转化为实际行动。

(三)食品安全绩效评估的执行困境

1. 选择性执行

在资源的约束和既有体制的制约下, 要保证同时实现这些标准既不可能也不现实。绩效考评的一个不足就是只重视结果而非过程。这种管理模式在应用于经济发展等能够用行政发包程度高、同时横向竞争比较高的领域,地方政府拥有较大的积极性去实现相应目标。但是由于食品安全政策无法在官员晋升中产生较大影响, 地方政府也就缺少足够的动力来执行相应的

---

① 周飞舟:《从汲取型政权到"悬浮型"政权——税费改革对国家与农民关系之影响》,《社会学研究》,2006 年第 3 期。

政策。对于类似的政策,往往更加依赖于规则的完善与有效执行,但是这一模式对自由裁量权的追求却冲击了这种稳定程度。对于地方政府而言,如何将指标分类并且选择便成为地方政府的基本思考。地方政府将这些目标大体上分为三类:其一,基本指标,是指那些要求完成但是没有硬性要求的指标;其二,道德指标,是指那些诸如忠诚、信仰等价值指标;其三,硬指标,是指那些必须完成的指标,这些指标往往对于官员的职位、晋升有重要影响。在绩效考核中,达到前两个指标是获取晋升的必要条件而非充分条件,对于地方政府而言,要想获取更大程度的晋升,则必须要在一些特殊指标上满足相关的要求,如果无法达到相关要求,甚至可能会触发相应的一票否决制,这些项目一般包括经济发展、计划生育、社会稳定等指标。因此,对于地方政府而言,在执行目标时就需要一些安排,如果在一些基本指标上不达标,并不一定会受到指责或制裁。但是如果在硬指标上不达标则可能影响个人的晋升,如果因为硬指标不达标有可能导致转岗或者降级,影响个人的收入和奖励,也直接影响了今后的晋升机会,所以对于地方政府而言硬指标是至关重要的。

2. 虚假配合

中央不断增加压力背后反映的是中央政府无法充分确保能够调动基层按照上层的命令行事。由于政策目标往往包含着多个相互冲突的多个目标,而且政策目标损害了政策对象的利益,这个时候地方政府也就缺少了协同的动力。

对评估客体而言,如何在评估过程中提供对自己更加有利的数据成为重要的行为目标。当评估客体自身的公共价值信仰不够坚定时,往往出现拒绝提供真实数据的情况,甚至利用各种途径来干扰评估过程,那么评估结果的公正性也就大打折扣。尽管有一些检查活动来推动评估,但是上级也难免陷入各种被加工过的信息之中,并且根据这些错误的信息作出错误的决策。上级政府的检查有时只是检查基层的汇报结果,即使是深入基层进行实地调查,但是检查之前地方政府已经层层动员,在检查过程中也由当地官员陪同,检查的对象、内容已经被提前安排,检查过程已经安排周到细致。在这种精心安排之下,上级官员往往很难发现问题,检查结论也就符合基层官员的设计。

随着食品安全监管的重要性越来越强,并且已经与官员的考核、晋升挂钩,这使得地方政府官员有意愿推动食品安全治理。但是食品安全监管的成本巨大,在信息不对称的情况下弄虚作假显得更容易。在政府主导的模式下,由于地方官员拥有统计数据上的信息优势,并可能缺少独立的监督机制,地方官员拥有通过数字造假的冲动。当官员的考评压力增大时,地方政府数字造假的可能性就增大。"将官员晋升与绩效指标相挂钩的干部考核制度的确造成了反向激励,使官员倾向于在数字上造假。"[①]

3. 评估失灵

面对着不断强化的监管要求,基层官员的服务意愿受到一定的冲击,部分官员将工作的重点放在撰写文件来应付检查,并不是真正考虑如何真正解决相关问题。绩效评估强化了官员对数字的承诺,却诱导官员将数字这一软指标变成了硬指标,其行为脱离了公众的真实需求,也大大背离了元政策层的期望。问责制同绩效评估制度的相互绑架,量化的问责最终也只能处理个别的责任人,特别是对于一些与经济发展无关的部门就更无法通过数字来考察官员,官员工作成绩无法量化,晋升标准不明晰。这既无法从根本上发现问题的真相,也无法从制度上解决相关问题。

在地方层面,对上级表现为采用体制外的方式取悦或者应对上级部门的命令和检查。为了应对上级之命令和检查,下级政府往往选择将各种事项进行先后排序,选择那些执行成本较低、见效快的政策。而对那些成本高、难

---

① Oliver,S. M,Officials make statistics and statistics make officials:Campbell's Law and the CCP cadre evaluation system,*APSA 2014 Annual Meeting Paper*,Washington,DC. 2014.

度大的事项,地方政府的策略则是相互观望、抱团取暖,底线则是不发生群体性事件,对待其他部门的合作要求采取"不挑头、不掉队"的策略,都希望能够"搭便车",食品安全在多种目标博弈后就被纳入了"嘴上重要、手中次要、忙时不要"的领域。由于食品安全问题难以在官员中产生较大的激励作用,这也是追求"集中力量干大事"的"行政发包制"的软肋。而运行到一定阶段,官员的主要目标集中于"大事不出,中事不多,小事不断"的被动监管状态。

政府绩效评估在中国的广泛推广有其客观性,面对传统评估模式体现出的诸多弊端与不足,尽管绩效评估制度的内生性偏差和环境性偏差影响了这一制度本身的适用性,推广绩效评估仍成为中央政府的有效选择。对于上级政府而言,绩效评估成为有效引导、规范和评价下级政府行为的利器,而对于下级政府而言,绩效评估系统提供了一个相对更为客观和规范的评价机制,形成了强大的激励作用。

四、建构文化与价值层面之认同

文化与价值的关系问题较复杂,在这里只能从价值的文化性和文化的价值性两方面稍作描述。一方面,价值具有文化性,因为价值总是属于人的价值,而人总是文化的人。既然是文化的人,那么文化的人必然具有文化因素,这些因素也就势必进入主体的需要中,而人需要的文化因素,又必然会进入价值中,所以价值必然具有文化性。另一方面,文化具有价值性。因为文化生成后又以价值的形式作用于人,从而使文化具有了价值的性质。文化是一个比较广泛的概念,包括态度、信仰、价值、习惯等。

中国"部际协调"面临着"政府本位"的传统政治文化困境。有学者认为,"政府本位"的政治文化直接造成两种结果:第一,"政府本位"导致政府对社会诉求缺乏有效的反应,社会力量对政府内部的协调难以形成有效"倒逼"

机制，这直接影响了政府部际协调由被动转向主动的动力；第二，"政府本位"导致了政府内部的"部门主义"。①以此推导，打破这种文化困境是加强部门协调合作的必由之路。我们也可以通过培养一种正确的价值观念来应对这种消极的传统政治文化。

价值观是一种相对稳定的价值选择趋向结构。价值观是在社会实践基础上形成的，一旦形成，就在人的意识与无意识中起着或隐或显的支配作用。人们对活动的选择和参与的积极性直接决定于这些活动在人们意识中是否具有最优价值。价值观念虽然是主观的东西，但它通常会对行动者的决策和行动打上烙印，成为驱动行动者的深层次潜在因素。一个国家公共政策无论确立什么样的目标，最终都要有服务于民族、国家和社会的公共利益。作为政策的实施者，各个政府部门如果不能超越私益的价值观念，当与政策原本的公共价值相冲突时，地方政府部门的行动更可能偏离政策的目的。在政策执行过程中的各个政策部门的协调合作也难以成行，反过来也影响了政策的有效实施。可见，树立公共利益的价值观念是地方政府部门间政策执行过程中协调合作的关键。然而追求公共价值的观念是与组织或个人的理性动机相冲突的，公共价值观念的培养也是长期的过程。但是追求公共利益、创造公共价值是须臾不能忽视的工作。

对于政策部门协调系统来说，行政部门、行政领导者以及行政工作人员既可能是协调的主体，又可能是协调客体。一切取决于一定时空中的政策情境。无论是主体或客体，具备积极的价值观念，有利于政策部门间的协调合作，这对于有效的政策执行无疑是十分重要的。行政部门本身是非人格的，它的人格化是由部门领导者，甚至于行政工作人员组成的。从这个角度说，行政部门价值观念同部门领导及其工作人员所持的价值紧密联系。因此，在

---

① 张翔：《新中国"部际协调"六十年：过程、困境与对策探索》，《云南社会科学》，2012年第4期。

这里将注重对"人"价值观念的培养。围绕着"公共价值",行政工作人员,尤其是行政领导者要树立如下价值观念:

第一,正确政绩观,即地方政府部门及其工作人员对政绩的评价和看法,不同的政绩观会引导地方政府部门及其工作人员产生不同的业绩导向和管理公共事务的方式。地方政府部门及其工作人员应该树立的政绩观包括:要把实现人民群众的利益作为追求政绩的根本目的,要把实现经济社会的可持续发展作为创造政绩的重要内容,要把重实干、求实效作为实现政绩的重要途径,要把党和人民的需求作为评价政绩的重要尺度。总之,就是要树立办实事、务实效、求实绩的正确政绩观。正确的政绩观是地方政府部门及其工作人员产生正确行政行为的主观依据,坚持正确的政绩观,能够创造有价值的财富,造福一方百姓。相反,错误的政绩观只会导致侵害群众的利益,损害党和政府的形象。

第二,正确权力观,即地方政府部门及其工作人员对权力的评价和看法。权力观是地方政府部门及其工作人员能否有效、规范地行使权力、运用权力的价值前提。地方政府部门及其工作人员应该树立的正确权力观是:权力是人民赋予的,人民是权力的所有者;对政府工作人员来说,权力只意味着责任和义务,权力越大,责任也就越大,绝不能把权力当作以权谋私、巧取豪夺、中饱私囊的工具;必须把权力置于群众的有效监督之下,从而确保权力使用者与人民群众保持血肉联系。地方政府及其工作人员树立正确的权力观是确保权力的规范使用、提高权力使用效能、维护群众合法权益的基础。没有正确的权力观的指导和支配,廉洁行政、高效行政、依法行政等都将流于形式,成为空话而不可能实现。另外,中国正确的权力观包括权力配置与运行的系统观和法制与政令的一体观。权力配置与运行的系统观,即地方一级政府的权力配置与运行纳入一体化轨道,强调权力配置和运行的整体效能;法制与政令的一体观,即各级地方政府要自觉维护国家法制与政令的统一性,本部门制定的法规、政策、政令等不得与上级国家机关的相抵触。

第五节　机制性协同

在政策协同过程中，往往会出现大量的矛盾和冲突，除了加强制度建设，还需要加强各个主体之间的协同机制建设,推动各个主体的协调发展。机制性协同依赖于良好的信息沟通机制、利益补偿机制、协同激励机制、责任划分机制、行为约束机制等。通过上述机制的建立,有效提升不同参与主体的参与意愿、沟通能力和协商水平,进而推动彼此间的合作效果向良性和纵深发展。

一、建立信息沟通机制

信息沟通是不同部门通过一定媒介实现互相理解、支持、配合行政协调的行为，这包含政策执行部门内部的沟通和政策执行部门与目标群体之间的沟通。在传统的等级制组织中,对行动和资源配置进行协调本身就是大量的信息传达和命令向下传达的过程。协调不同部门之间的行为,需要不断流动和反馈的信息。元政策层可以通过建立相关的沟通网络,这样既可以避免在沟通中浪费资源,也可以为其提供良好的信息。但是到了现代社会,这一模式面临挑战,由于渠道的缺乏而导致平等部门间信息沟通的困难,因而完善部门间信息沟通平台成为一种必然的选择。

在食品安全监管过程中，尽管各个部门均依据不同的管理权限建立了不同的信息管理系统,但是不同部门之间有时却缺少必要的信息沟通。通过建构相关的信息交流平台,及时研究分析食品安全形势,进而实现互联互通和资源共享。通过建立信息共享机制,改变传统的相互通报制度。由食品安全监管的各自为战转变为协同作战,对食品安全问题实现全过程、立体化的有效监管,对食品安全造假者实现全方位、全领域的打击,对食品安全问题做到早发现、早预防、早整治、早解决。比如规定"农业部门发布有关初级农产品农药残留、兽药残留等检测信息。食药监和工商、质检等部门联合发布市场食品质量监督检查信息。食品药品监管局负责收集汇总、及时传递、分析整理,定期向社会发布食品安全综合信息。建立畅通的信息监测和通报网络体系,逐步形成统一、科学的食品安全信息评估和预警指标体系"①。通过搭建信息平台,实现信息的融合,方便各部门研判形势,及时高效作出决策。

信息资源是部门间合作的基础资源。随着社会的发展,信息资源也不断地丰富起来,而政府部门之间信息资源的整合和共享利用程度却不理想,信息资源在部门之间缺乏有效的共享,一度形成了"信息孤岛"现象。这种局面严重影响了部门间协调工作的开展,并造成资源浪费。早在20世纪30年代,科斯就提出了一个独特的见地。他认为,组织的规模是由其收集信息的成本决定的。他说,大型商业组织之所以能够发展,是因为他们的交易成本被融进了物品和服务的生产、销售与分配过程,而且公司都会尽量将这些交易成本最小化。其实,运行某项既定功能的交易成本越高,组织越倾向于将其纳入自己的领域,而不会外包给另一家公司去做。在科斯所观察的那个年代,组织之间做生意所形成的交易成本普遍都非常高,无论信息还是供应品都流动得非常缓慢,结果导致各家公司都纷纷选择自己来生产许多产品,而不是承包给外面的公司去做。因此,组织间的交易需要打破不同主体间的"信息孤岛"现象,建立信息流动和整合机制。

---

① 《国务院关于进一步加强食品安全工作的决定》,中国政府网,http://www.gov.cn/zwgk/2005-08/12/content_22130.htm.

互联网可以为解决这些问题提供最佳的工具。互联网为跨越组织界限之间的伙伴沟通和合作提供了更好、更快捷的途径。现代技术能够允许组织与组织周围的伙伴共享数据,整合商业过程,并令他们实时分享产品供求和顾客喜好的信息。信息技术为组织间网络增添了新的活力。事实上,组织间网络切实可行的首要原因就在于它的远距离通信能力——不用耗费大量的时间、不用频繁地乘坐飞机或火车就可以进行交流。信息技术的发展已经能以一种崭新而不同的方式将复杂的系统组织起来。这些技术上的进步有力地促进了组织间网络的发展。比方说,五角大楼的联合纵队司令将尝试着结束以往设置大型战地总部的做法,取而代之的是仅派一小部分人进入作战区域。这一小组将依靠后方阵地,利用信息技术与专业化贫民、军方和承包商专家共同组成的网络接轨。这种方法在二十年前根本就不可能实现。①

信息技术的发展还能够整合不同的信息系统,在有效整合现有的网络平台资源的基础上建立一个统一的政府数据开放平台。该数据平台能够确保不同的政府部门、社会组织或私人部门所收集的信息的标准统一,从而能够使不同的部门数据库之间相互对接与互通。统一的数据开放平台还能够保证公众的申请、要求或询问通过网络后台递送给相应的部门来处理,从而能够保证对公众需求的回应性。此外,统一的数据平台还能促进不同部门、不同地区之间的信息共享,从而突破时间和空间的限制,形成政府主导、公众参与、多元协调的食品安全治理格局。要协调管理各个层次部门的资源,并在现有的基础上统筹规划不同部门之间的信息系统,考虑电子政务的共享与协同,采用资源协调治理模式实现信息共享。与此同时,还要加强部门之间的沟通,协调好各部门之间的利益关系。在信息资源公开、共享的基础

①　参见[美]斯蒂芬·戈德史密斯、威廉·D.埃格斯:《网络化治理:公共部门的新形态》,孙迎春译,北京大学出版社,2008年,第16页。

上,还要加强信息公开的法治化管理。

二、完善利益协调机制

利益在政策协调的逻辑构造中处于核心地位,然而不同主体之间进行合作时,不同主体之间的利益出现分化,这也就形成了不同的利益诉求,利益并未成为政策协同的基本驱动力,反而造成不同主体之间利益整合更加困难。利益协调包括上级政府与下级政府间的利益协调。宏观政策只有调动地方政府的积极性,才能形成府际联动的效果。只有地方政府良好配合,才能够运用多种政策工具,消除政策协同过程中的梗阻现象,顺利实现政策协同。而在政府各个部门之间的关系中,各个部门也需要利益的重新分配与重新整合。

在政策协同过程中,参与主体众多,参与者之间的差异比较大,存在资源、能力、利益等方面的差距,政策协同过程涉及复杂的利益博弈关系,进而影响到合作效果。推动政策协同的关键是建立一个利益交流的平台,根据各自的资源互补情况以及交易的成本与收益的基本情况,建立合理的利益补偿机制。参与主体能够将自身的利益诉求公开讨论,采取多种途径降低交易成本,进而增加部门之间合作的动力,提升部门合作的可能性。只有建立相关的利益表达和整合的途径,政府特别是基层政府及其工作人员才有动力参与政策协同过程。

随着经济体制的转型和行政改革的深入,地方利益愈加凸显与强化,而合理、规范、合法的地方利益表达与协调机制也就显得更为重要,应该尽快予以构建。而地方利益表达机制的构建,关键在于设立必要的机构,确立相关的制度,明确各级政府间的权责关系,增加地方政府参与决策的渠道,使得地方利益得以准确、合理、及时地表达。由于上下级政府在进行单一谈判的过程中往往处于不对等的地位,下级政府势单力薄,因此下级政府的利益往往受到侵害,不能得到应有的保障。对此,我国可以参考西方的做法,设立专门的机构代表、维护地方利益。笔者认为,目前该专门机构可设置于县级以上各级人大常委会中,作为专门委员会而存在。各专门委员会应该常规性、制度化、定期性地了解、听取下级政府的利益诉求,协调各级政府之间的合作关系、竞争关系,协助本级政府应对、处理其与下级政府之间的利益冲突与争议。与此同时,政府机关的法制机构也可协助政府部门处理上下级政府间的利益冲突问题,使其专业性、法律性职能得以充分发挥。而除此之外,上级政府应该增加下级政府表达其利益诉求的途径,广泛听取下级政府的诉求,征求下级政府的意见,并对所征集意见进行科学研究与深入分析,并召集相关专家与部门领导对下级利益表达意见进行分析和论证。

三、完善协同激励机制

　　激励能够产生成功网络和失败网络之间的区别。激励是指在系统内通过对行为方式、奖罚方式、工作环境进行规范化的界定来激发引导系统内成员有效地实现系统目标的一系列活动。激励机制则是在系统中,采用多种激励方式来促使激励主体与激励客体之间实现相互影响、相互约束的关系、结构、方式及演进规律的总和。[①]激励机制产生的根源在于不同主体的投机的倾向。公共政策主体如果缺乏必要的激励机制,来自不同领域的供给主体会选择追求自己的价值目标和利益诉求,难以整合他们的力量来形成协同优势。激励机制能够激励公共政策的供给者调整产品和服务的结构来满足不确定的需求,能鼓励供给主体选择最好的路径和解决冲突的方法来完成复

---

　　① 参见王佳欣:《基于多中心视角的旅游公共服务供给机制研究》,2012 年天津大学博士研究生毕业论文,第 3 页。

杂的任务,并能充分发挥人力资本的效能来实现公共利益。结构不完善的激励机制可能会无意间影响到整个网络的绩效。建立激励机制应遵循一定的原则。首先,为了防止搭便车的行为存在,激励机制应该与结果而不是与供给主体的活动挂钩。"公共部门和私人部门之间存在一种新的合作方式。它需要网络各方进行思维转换,以一种完全不同的方式分享责任和风险,由此也要求一种不同的合作方式。"[①]激励机制还应使不同的供给主体在合作的过程中能够获得绩效担保。公共服务与其他服务不同,它不是以营利为目的的,因此它的供需关系不能通过价格来决定。为了维护公众的利益,合作者的利润水平会被控制在实际成本的某个区间范围内,以创新实现的超额利润在合同更新的时候应该被适当转化为政府的成本节约。与政府对于其他供给主体利润的限制相对应,政府应通过承诺足够的需求稳定性来减少合作者的风险。有效的激励机制还能避免供给主体的"扒皮"行为。扒皮行为是指供给主体快速抽取最容易办理的案件,而将难度大的案件留给其他伙伴去处理。"如果所有的供给主体产出相同,那么他们得到的回报就相同,而不管他们的投入。这种激励机制使得供给主体选择那些容易办理的案件,而避免那些难度大的案件。"[②]总之,完善的激励机制能够带来较高的合作供给的绩效。

在多个地方政府部门间展开的政策执行过程,也是这些部门行动的过程。政策间整合强调通过理顺不同政策间关系创造有利于政策部门间协调合作关系的达成。行动间整合则不然,它更多来自于政策内容,通过政策内容安排为相关地方政策部门提供协调合作的诱因。从心理学的角度讲,诱因就是能够引起有机体定向行为,并能满足某种需要的外部条件。若把组织看

---

① [美]斯蒂芬·戈德史密斯、威廉·D.埃格斯:《网络化治理:公共部门的新形态》,孙迎春译,北京大学出版社,2008年,第114页。

② Robert D.Behn,Peter A.Kant,Strategies for Avoiding the Pitfalls of Performance Contracting, *Public Productivity & Management Review*,1999,22(4):470–489.

作有机体,那么可以对组织的行动通过诱因机制进行诱导。在假定政策部门理性动机的前提下,政策提供的诱因必须一定程度上对这些部门的理性动机因势利导。

在政策执行过程中,多元部门形成了不同的目标和行为策略,需要搭建一个有效平台来推动实现多元互动式的协同管理,但协同管理是一个难以精确测量的目标。在政策协同过程中进行的活动包括目标的调整与再调整、资源的分配与再分配等一系列复杂的过程。面对这一复杂过程,既有制度的激励机制不够,如果某一部门不提供合作行为,也不会对本部门产生明显的影响,那么这个时候该部门提供合作的理由也就大大减少。如果缺少激励,该部门不努力造成协同效果不好,那么单一部门不能对整体协同效果做出太多贡献,其他部门也无法有效监督。即使是上级提出了命令,但是由于地方政府间的合作缺乏相应规范。各个部门只求完成任务,无法鼓励地方政府的积极协同,单一部门也就不会有动力去推动协同行为。这个时候能够推动政策协同的解释也就只剩下了官员的责任感与使命感。因此,改变现有地方政府管理体制,重新确定地方政府的激励机制,重构地方政府的动力来源,推动协同行为的自发产生。

协同强调建立均等化的讨论机制,但均等化不意味着平等化,更多是强调中央政府与地方政府、上级政府与下级政府、政府与社会的均等化的讨论机制,进而形成符合长远需要的政策目标。一旦明确目标,则要坚定改革的态度、厘清政策协同的思路、明确政策协同的进度、加大政策协同落实的力度。要使跨部门合作由软约束变为硬约束,稳扎稳打、步步为营,推动多部门合作真正落到实处。

四、完善责任划分机制

贝恩认为:"在很多的时候绩效的不理想是由合作的失败导致的。在美国,大部分的公共政策不再是由单一的政府部门来实施,而是通过公共部门、非营利部门和私人部门的相互合作来得以实施的。"[1]这种合作虽然为其他的行为主体参与公共服务的供给和管理打开了大门,但却模糊了公共政策制定和执行的过程及责任,导致国家的空心化。空心化的提法最早是指发达国家在产业升级换代过程中,其制造业向发展中国家转移,国内物质生产部门萎缩的现象。服务合作提供具有类似的特征,即政府直接的服务能力,包括人才、设施、知识、技能和管理体系,部分地转移政府直接控制的组织之外,相应形成政府对于外部服务者的依赖。当这种依赖发展到高度的水平时,被称为"国家空心化"。[2]国家的空心化使得原来很多由国家承担的责任转移给了私人部门或者社会组织,后者现在承担了很多原先由国家承担的责任。这带来了公私边界模糊,责任认定困难,使得不同的供给主体可能会相互推诿责任、导致"人人有责但却无人负责"的问题。

在食品安全治理过程中,上级的政策逻辑是一定的,在权力运行相对封闭的体制下,下级政府权力运行的基本逻辑在于能否满足以及在多大程度上满足上级的要求,这种权力与责任的不平衡也表现在中央和地方层面。在食品安全等相关领域,地方政府承担的责任更大但是资源匮乏,但对中央政府而言则是责任较小而权力资源丰富。在地方,各个部门所面临的问题、所拥有的权力、承担的责任、财政额度、人员编制等方面都是不同的,这也就造

---

① Behn,R.D,*Rethinking Democratic Accountability*,Washington,D.C.:Brookings Institution Press,2001.

② 参见敬乂嘉:《合作治理——再造公共服务的逻辑》,天津人民出版社,2009 年,第 162 页。

成了不同层级的政府之间、同一层级的不同部门之间的权力责任划分出现了权力与责任的不匹配。一些能够对上级政府目标做出重要贡献的部门的地位往往较高,而提供食品安全等公众服务相关部门则地位偏弱。同时,权力和责任的划分并不是均衡的,一些与公众切身利益直接相关的部门则往往承担了更大的责任,而与食品安全、警察、城管等工作相关的部门往往呈现出权力较小而责任较大的局面,建构权力与责任的平衡机制则是一种必然的途径。

在法治化的背景下,政府职权是法定的,相应的协调机制也应该是法定的,唯如此,才能明确各相关部门在协调机制中的职责、运作程序、监督等问题,实现部门职责分工协调机制的制度化、规范化、程序化,为协调机制的运作提供法律保障,确保协调机制在法治的轨道上运行。为此,可以以政府法规和形式出台《部门职责分工协调管理办法》,以法律形式规范的职责分工协调事项作出规定:一是规定职能部门在自己职权范围内可进行何种协调,以及如何实施协调意见等;二是规定非职能部门(包括专设的协调机构、上司)行政协调的范围、权限,协调意见的监督实施等;三是规定职责分工协调的原则与纪律、责任;四是规定各种协调方式的使用,包括不同协调方式使用的条件、范围、协调意见的效力等;五是规定对那些有意阻碍协调的处理办法,等等。针对政府内部协调机制的法制规范,不应当仅局限在定机构、定编制、定人员的层面,除了机构和人员的刚性约束,更要注重新体制下的协调程序的建设,对中央政府内部的行政协调主体、协调层级、协调方式手段、议事协调规则、适用范围、权力授予、责任落实、检查追究、配套机制等方面都应当作出一定的规范,"常态的行政协调行为必须穿上制度的外衣",才能保证行政协调的科学性、权威性和规制性,以更好地促进跨部门的合作,建设协调、高效、法治的服务型政府。

各地要把加强食品安全工作作为重大政治任务来抓,作为公共安全问题来抓,主要负责同志亲自抓,保证监管工作有责任、有岗位、有人员、有手段,支持监管部门履行职责。发挥食品安全委员会统一领导、食品安全办综合协调作用,加强各级食品安全办力量,强化食品安全工作的统筹协调,健全沟通协调机制,完善风险交流和形势会商工作机制。进一步加大食品安全投入力度,加强基层监管力量和基础设施建设,推动实现基层装备标准化,保障各级食品安全监管所需经费,特别是检验检测经费。

五、加强行为约束机制

就内部责任而言,政策部门内部责任的实现程度是建立在这些部门间共识程度的基础之上的。按照简单共识模型[①]的假设,只要任一参与者持否定态度,各方都无法达成共识,政策执行方案就无法通过;只有参与各方均接受政策执行的方案才能通过,双方达成共识的过程就是对政策执行方案进行修改的过程。政策部门间的冲突和矛盾,归根结底在于对同一事物有不同的认识或主张,而统一这种不同的看法和主张就是共识达成的过程。针对特定政策任务的责任分担、收益分配、优先程度、资源配置、实施手段等方面,倘若部门间基于外部责任的实现达成全面共识的理想状态,那么一定对政策执行效率大有裨益。然而由于政策部门狭隘立场、部门沟通的不充分以及某些客观条件的不具备等原因,全面共识的理想状态并非常态。

就组织的立场来说,政策部门存在无可根除的理性动机决定了其看待和处理部门间关系的一切立场,即"部门主义"或叫"部门利己主义",只在乎部门目标,不关注政策目标。在这样的立场之上,各个政策部门有"半封闭"的倾向,"我求你,你别求我"。只讲索取,不讲回报。从组织行为的研究中可

---

① "简单共识模型"参见陈玲:《制度、精英与共识:寻求中国政策过程的解释框架》,清华大学出版社,2011年,第53页。

知,沟通能使组织成员理解工作组织和其他成员的需要,而进行自我调适达成组织目标。沟通必须同时包括意念的传达与了解。从沟通的过程剖析可知发讯者需将正确信息以适当方式与途径传达到接收者后,再正确地将接收者的意见回馈给发讯者。若沟通过程中出现任何讯息传递的阻碍,如讯息受到噪音干扰,或是发讯者传达的意念无法为接收者所理解,如语言不通的情境,都将使得沟通的效果大打折扣,进而影响沟通双方对于沟通议题的认知程度。最后,一些其他的条件,诸如部门权责界定的清晰、政策资源充足、部门领导间的人际关系、部门间的互动历史等,都会影响政策部门间"共识"程度,进而决定着政策部门间相互承诺程度及落实。

政策部门的外部责任与内部责任的实现存在着一定的联系,因为外部责任包含着对政策部门间关系的管理。在外部责任强度高的情况下,可能会促成适宜的政策部门间关系,这意味着内部责任的实现。然而对于内部责任的实现,权力依赖观点(power-dependence relations)与资源依赖理论(resource dependence theory)均指出:独立程度较高(依赖对方程度较低)的一方通常是具有主导交易的权力的一方,依赖程度较高的一方则因此需配合对方、改变本身的目标或决定。换言之,被依赖者即具备行使改变对方并使其配合被依赖者的权力,并可能因使用此项权力而获得利益的经验,而可能企图利用此一权力(attempt to exploit the power)。当使用因依赖关系所造成的权力而能获得较大利益时,被依赖方极有可能背弃事前约定,产生投机行为。

地方政府的自主性往往具有"独立性"和"依附性"的双重特征。"独立性"是指由于中央政府的放权和市场化改革,赋予了地方政府根据本辖区的情况制定社会经济发展战略,统筹社会经济资源,制定地方性规章、政策等权力,使其拥有了管理辖区内公共事务的独立主体资格与权力。"依附性"则是指地方政府所获得独立性要在国家法律与政策的统一范围内实施,不得跨越边界。①

各个部门在诸多问题上往往代表各自利益,各持己见。政策协同上的不配套更会加剧部门之间的冲突和矛盾。中央政府的决策能力取决于决策机制、信息传递能力和信息加工能力等诸多因素制约。伴随着部门分权的加剧,代表不同行政机构利益的集团逐步出现和发展,其中的个别部门为了维护既得利益而拖延政策制定与政策执行,进一步造成了政策碎片化。

在政府主导型政策协同过程中蕴含着深刻的冲突,刚性程度越高,必然会牺牲不同部门的创新的空间和合作的主动性,协同效果也就大打折扣。尽管可以通过诸如问责、绩效评估等方式来实现下级政府行为的纠偏,但下级政府的伪协同操纵了纠偏过程,在绩效考核中最后脱颖而出的却有可能是一些“江湖大骗”,而问责制度对于这种集体性的违约行为也是凸显无力。这种问题的破解之道貌似在于调动自下而上的公众参与和媒体监督,但是这一路径实则意味着地方政府自治权的增强,而这种增强有可能诱发地方政府各自为政。客观而言,这一矛盾是特定治理模式的内在矛盾,并不能找到一个一劳永逸的应对之道。平衡二者之间的关系是政策协同中的基本难题,如果要解决相关问题,通过明确权力清单的形式,明确政府活动的基本内容、基本标准和基本要求,并以适当的形式向社会公开,允许公众监督,接受公众批评。在上级监督的层面,应当明确理念、增加经费、落实人员,在公众监督的层面,监督应该是开放、有效、低成本的。推动市场在政策协同中的作用,将一些事务性、辅助性、技术性、服务性的事权分流出去,培养市场机制在协同监管中的主动性、积极性,消除上级监督与公众监督之间的紧张关系,从而实现二者监督的无缝衔接,在动态过程中不断调整,寻求治理的平衡点。

---

① 参见沈德理:《非均衡格局中的地方自主性——对海南经济特区(1988—2002)发展的实证研究》,中国社会科学出版社,2004 年,第 290 页。

加强行为约束机制的另外一种形式是加强公务员轮岗交流机制。在当前的政府机构中,公务员进了一个部门就等于在这个部门中"安家落户",其福利待遇、身份定位、职业发展都由部门决定。这种境况使公务员在部门间进行流动的成本极高,从而形成"政府内部组织的永久性和稳定性","这种永久性会造成政府组织功能失调,并看到政府组织内部的不协调意境带来了许多社会与经济问题"。①这种永久性与稳定性导致决策过程的僵化,构成政府部门间在职责分配上的隔阂与界限,并使政策协调变得难以进行。因此,改革僵化的人事关系也是当前政府部门间整合的途径之一。

突破人事关系桎梏的关键在于促进公务员在政府部门间的流动,建立弹性化的公务员轮岗机制。近年来,轮岗机制在一些政府部门内部的各处室、科室之间得到推行并取得了良好的成效。经过近二十年的探索,在相近职责的部门间,尤其在相同的公共服务领域中,应该促进部门间的公务员轮岗。这种人事制度的变革有利于将公务员从僵化的岗位中脱离出来,促进不同部门间的沟通,从而为"伙伴关系"的建构提供必要的支撑。

在食品安全监管过程中,元政策层谋求通过多种形式来重构食品安全监管的横向和纵向体制,谋求多部门的合作共治来实现食品安全的政策目标。从路径来看,主要包括结构、功能、程序、机制四种维度来有效推动政策协同,形成一种四位一体的结构。但从之前的分析来看,每种手段都有其缺陷和不足,但是与这些有缺陷的手段相对应的是我国食品安全的总体水平在不断提升。之所以食品安全水平有一定的提升,一方面是因为生产者和消费者的食品安全意识都有了一定提升,另外一方面则是政府的协同手段发挥了化学作用,当多种手段共同使用的时候,的确起到了调动食品安全监管积极性的效果。这种四位一体的结构使得各级政府之间的权力、意志、绩效

---

① [美]盖伊·彼得斯:《政府未来的治理模式》,吴爱明等译,中国人民大学出版社,2001年,第10页。

互为促进,形成协同治理的局面,推动协同治理的效果不断改善。

六、完善公众监督机制

作为公共部门,各个政策部门殚精竭虑履行相应政策职责,责无旁贷。因此,对于某些政策部门执行不力、互相推诿与逃避政策责任的行为进行监督及相应的惩戒,也有利于政策部门间的协调合作,从而整体推进政策进程。所以在政策制定中应充分考虑参与的问题,政府内外的力量以监督者的角色如何参与到政策执行过程之中。当然,完善公众监督机制是有效发挥公众监督效能的基础,是实现公众监督规范化的关键,而规范化的核心则是建立一套设计规范且运行良好的公众监督机制。完善的公众监督机制包括公众监督的组织机制、激励机制、协调反馈机制、保障机制、制约机制和沟通机制、实施机制等系统整合的统一整体。为充分实现公众监督应有的功能,实现公众监督对行政权力的合理约束,需要从以下五个方面努力:

(一)完善公众监督组织机制

现代行政的发展过程中非常重视权力的监督和制约,其中一个非常重要的着力点就是加强公众监督。增强公众监督可以有效地还权于民,激发社会活力,建立公开、透明、自主的群体利益表达机制与载体,形成小政府、大社会的模式。新中国成立后特别是改革开放以来,我国政府通过多种途径将部分权力还给社会,已取得一定的成绩。当前工作的着力点是为民间群众自治组织的发展提供制度空间和法律保障。长期以来,我国政府干预市场与社会过多,民间非政府组织发育程度不够,民间组织难以满足社会发展的需要,助力民间组织的发展势在必行。目前影响非政府组织发展的主要原因包括法制保障不够、相关的政府职能目标错位、社会管理机制不健全等问题。

因此,要着力培养和发展公众监督的组织机制。在我国,农村村民自治和城市居民自治工作已经全面铺开,公民依法直接行使民主权利,管理自身事务和基层事业,实行自我管理、自我服务、自我教育,这已然成为公民有效参与行政权力监督的重要路径,从而使群众社会权利得到加强,很好地承接和行使政府转移、下放的权力,有效促进了当地公众监督程度的提高。城乡基层群众自治运行以来,对我国基层民主政治起到了巨大的推动作用,但在具体实践中也暴露出一些不足,诸如行政功能过强、自治功能弱化、城市居民参与度不高、农村村民选举中的贿选等问题。因此,当前要进一步明确基层组织的定位,加强对基层组织的指导和教育,实现政府管理与社会自治的良性互动和有效衔接。通过对基层民众自治的鼓励和支持,不断培养和提升社会组织自我管理能力,并使其监督政府的意愿和能力随之加强。

要加强和推动民间政策咨询组织在公众监督中的作用。完善管理机制,鼓励和支持民间咨询机构的发展,建立相应的机制使专家参与规范化,听取和采纳民间研究机构的合理建议。通过建立专家咨询机制和政府决策论证机制,凡是政府重大决策必须经过向专家征询意见,邀请专家参与论证。对专家的选择方式、专家参与的方式等作出明确规定。要加强和推动人大代表在公众监督中的作用。通过政治体制和行政体制的改革,理顺政府与人大之间的关系,明确划分不同政府与人大的职责和权利。可以考虑在人民代表大会下设相应机构,通过相应的机制对政府行为进行监督,强化人大对政府的预算管理和决策监督,向公众和媒体主动公开政府信息,鼓励和支持其对政府决策的监督,进一步完善对政府决策权力的运用进行制约的机制。制定有效的机制法规,对政府决策程序进行规范,通过程序的合理化、法制化保证决策的科学化、民主化,以减少决策行为的随意性。通过建立和推广专家咨询机制、人大质询机制、公众听证机制等,将人大制约、公民参与、专家咨询与论证等整合为政府决策必不可少的监督环节。

（二）创新公众监督激励机制

在我国，公民有权向政府工作提出批评和建议，可以通过申述、控告、举报违法违纪行为，也可以通过信访活动对政府机关及其工作人员的问题进行批评和检举。"监督主体与客体之间的监督与被监督之间的关系，在本质上是两种力量的较量，是两种利益关系作用力的对比。公共行政监督的主体与客体之间的力量对比，决定公共行政监督的实际效果。"①

首先，要建立健全举报激励机制，强化对举报人的保护、奖励和惩罚等。要积极拓宽举报渠道，积极创造良好的举报条件。我国政府已经明确举报人的权利义务，要进一步规范受理举报的机关的职责和程序，完善群众举报的体系和网络，建立并健全便利、安全、高效的举报机制。可以规定在处理举报材料过程中，鼓励实名举报，举报内容一经查实，一方面要对违法违纪人员依法处罚，另一方面则应对其在严格保密的前提下对举报人员予以奖励，对于大案要案适当增加奖励的数额，从精神上进行鼓励，从物质上增加其保障。严肃查处并严厉打击报复举报人的行为，对故意诬告陷害他人的举报者，一经查实，给予处罚。要进一步落实申诉、控告案件的可行机制，对于一些申诉、控告案件不能够让其石沉大海，用法律形式明确案件的处理方式、处理期限和结果。建立健全受理群众举报违纪违法行为的工作机制，确定公民的批评和建议权利的实现地位和效力、政府对批评建议的答复要求，以及对批评建议者的保障机制等。

其次，要强化举报受理机关查处的权力。我国现有的举报机关要接受上级党政机关的监管，这就导致其对上级机关的监督不敢进行监管，对同级机关的监督缺失足够的权威。因此，整合现有的举报受理机关，建立全国统一

① 宋世明：《体制转轨期加强公共行政监督的路径选择》，《理论探讨》，2001年第5期。

的举报受理体系,增加其相应的职权,提升其必要的法律地位。进一步强化举报受理的技术,继续规范原有的举报箱、举报电话、信访举报等途径,同时积极拓展网络举报,将网下举报与网上举报相结合,充分利用网络、媒体等新兴技术,丰富完善网络监督的新渠道。

最后,要扩大舆论监督的权力,保持舆论监督部门的独立性。对于舆论监督来说,要丰富舆论民意表达机制,保障舆论的权力。西方资本主义国家称社会舆论为第四种权力,可见其重要性。我国是社会主义国家,但也完全可以充分发挥舆论监督的正确导向作用。目前,首先要加快新闻立法,确立新闻舆论监督的地位,将媒体的权力、义务和责任,舆论监督的范围、对象、基本原则等通过法律的形式固定下来,将其纳入法治化轨道。为了确保舆论监督的权威性,要减少对舆论监督的行政干预,在坚持正确舆论监督导向和维护稳定大局的前提下,要保证新闻媒体对重大案件的采访权和报道权。通过法律保护这些权利,任何部门和个人不得干扰,以保证其真实性和公正性。要求新闻单位对舆论监督的报道实行独立负责制,通过立法对新闻职业道德提出明确的规范,要求舆论监督必须把社会效益放在首位,并完善失实报道惩戒赔偿机制。建立反腐败新闻发布机制,通过各种舆论媒介,开设廉政专栏或专题节目。适时通报反腐倡廉工作情况,对热点问题进行引导,并为群众参与反腐监督提供舆论阵地。

(三)创新公众监督协调机制

加强公众监督,促进政府机关廉政勤政建设并不是单一机构的单一政策所能影响乃至决定的。我国已经建成若干监督机制,但各种机制之间互相独立、互补沟通难以形成合力,必须建立监督体系的协调机制,才能充分发挥公共行政监督的整体功能,取得良好的监督效果。需要从宏观上建立监督整合机制,各监督部门之间应建立联系机制,对这种协调机构的性质、组成、

运作规则和具体工作方式等作出明文规定,以使其工作规范化。改革和完善
我国政府决策机制是一个长期的工作,就近期而言,以下工作应优先考虑。
首先,对不同的监督机制进行统一规范,协调现有监督主体的目标、监督机
构和监督过程,统一规范监督程序,可建立由政府统一领导,各监督部门参
加的监督协调委员会,对各监督主体进行综合指导和协调。其次,建立全国
统一的监督情报信息网,打破信息单独使用的局面,实现监督信息的全国联
网和全国共享,实现情报准确与技术全面客观的提供,强化信息的辅助作
用。再次,目前中国行政监督主体较多,而且大都有其相对独立的责任范围,
出现了九龙不治水的局面,需要整合不同的监督部门,使得不同部门能够在
受理、调查、移送、处理等方面能互相配合。最后,要使公众监督机制形成有
机整体,从而使整个行政监督系统更加有序地运行,以便调动更广泛的力量
来解决难题,发挥公共行政监督整体效能。

(四)创新公众监督反馈机制

良好的公众监督还需要公众监督反馈机制。公众监督是一项伟大的事
业,对社会经济的发展和维护社会公正、公平、正义有着重要的实践意义,全
社会都应该行动起来,积极推动公众监督的发展,对公众监督的各个环节予
以支持和积极回应。但我们发现,公众监督在相当多的时候是孤单的,让英
雄流血又流泪的事时有发生。回应机制的缺乏是造成公众监督环境不良的
重要因素。这主要包括三个方面:第一,国家机关及有关部门应树立起尊重
民意的意识,主动做好民意的收集和整理工作。要真正深入群众,了解群众
爱什么、恨什么、想什么、要什么,关注群众对政府及其公务人员的态度与评
价。对收集到的民意信息要及时进行分析与整理,善于从中发现有效信息,
为进一步决策和开展工作打下群众基础。第二,国家机关及有关部门在接到
公众监督表示后,应迅速进行反馈,及时核实处理相关问题,对公民表达的

情况属实的,政府部门应尽量利用现代传媒即刻作出反应。同时在舆论和行动上表示支持,尽量压缩从公民提出监督到政府作出反应的时间,提升反馈的速度,提高政府办事效率,树立高效政府的良好形象。值得指出的是,国家机关及相关检察部门要慎重对待公众监督中的部分错误和偏差,允许有不够准确的监督信息存在,保护公民的监督积极性。

(五)健全公共行政监督法制保障机制

公共行政监督是一种法制监督,这不仅意味着公共行政监督是对行政机关依法行政情况的监督,也意味着公共行政监督应依法进行。公民依法行使宪法和法律规定的监督权是一项正义的活动,应当积极予以鼓励,对监督者自身的合法权益,包括人身安全、财产安全和工作环境都要切实加强保护。我国诸多法律都对这些权利进行了明确的规定,但在现实过程中对公民行政监督的保障往往不是非常理想,侵犯公民行政监督的行为屡见不鲜。对此,我国仍然要进一步加快行政监督立法进程,制定一系列专门监督法律、法规。这些法律法规既要对监督主体的职责和权限、监督的对象和范围、监督的方式和手段、监督者与被监督者的义务和权利等作出明确规定。只有完善监督法制,才能为践行行政监督提供基本的规范程序和保障。要以广泛的公众监督为基础,以权威的法制监督为后盾,构建强大而统一的公众监督体系。

人民群众是权力监督的主体,人民群众的监督是社会主义本质的体现和民主监督制度的基础,同时更是整个权力监督体系的动力来源。[①]公众监督要产生真正的效力,成为制衡行政权力的有效手段,可以考虑跟现有的人大制度进行整合。首先,要改进人民代表选举机制,公众要在人大代表提名方面被赋予更大的权力。改变一些公民心目中选举是一种形式、走过场的思

---

① 参见李晓广:《论当代中国权力监督体系》,《中国特色社会主义研究》,2005 年第 1 期。

想观念,在选举过程中考虑建立非对抗性的竞争机制,探索候选人之间的公开竞选竞聘。进一步强化差额选举,选择出具有参政议政能力同时具备良好道德的代表充当民意维护的代言人,积极尝试逐步实施公开演讲或电视辩论,使公民对候选人有更感性的了解,进而在选举活动中作出自己的选择。逐步引入人大代表专职化,保障人大代表有足够的时间和精力进行监督。要在各级人大中建立人民监督委员会,使公民能够通过权威性机构来实现以权利监督制约权力。要建立和改进人民代表联系选区和选民的机制及人民代表的监督罢免机制,使人大代表真正成为本选区和选民的代言人,如果选民对代表产生不信任,选民就可以提议罢免。其次,要完善监督评价机制。实行群众评议机关机制,加强公民对政府机关及其工作人员的工作评价考核,确保公众监督的针对性。如何问责,除行政系统内部设有引咎辞职、末位淘汰等机制外,公众有权对政府的承诺进行绩效检查。可以考虑建立公民义务监督员和报告员机制,建立各级政府与公民保持经常联系和信息反馈反腐等重点问题恳谈会机制,使公众监督评价机制具体落实。建立和推行听证制度,在制定有关人民群众切身利益的公共政策时,要广泛听取并征求人民群众的意见,并不断细化听证的范围、程序、方式。

总之,地方政府部门间政策执行过程中的协调合作实现,要压制或引导政策部门的理性动机。具体说来,一方面要准确、清晰、合理地确定部门之间的职责分工,按照理性科层制的要求增强行政领导者和行政工作人员依法行政的观念和能力;另一方面,应建立完善的行政协调机制,并以法律制度形式对各个政府部门间的沟通协调行为进行明确规定,使各部门互相支持配合的责任和义务法定化。

当前中国政府部门间关系存在"权责壁垒",主要是由"机制调整"不到位造成的,但是当前学界侧重于体制研究的气氛无形中掩盖了"机制调整"

滞后的问题。[①]长期以来,中国政府进行精简,直至建立"大部制",都是要改革现行的行政体制。"大部制"在于通过部门机构的合并、政府职能的整合调整,试图解决职能交叉、部门争利、推诿扯皮、配合不力等问题。但仅仅通过组织结构的改革是无法消除部门间的不协调问题的,部门间的一些协调机制必须发挥作用。

---

① 参见张翔:《新中国"部际协调"六十年:过程、困境与对策探索》,《云南社会科学》,2012 年第4 期。

第六章
结 论

当代社会,各种纵横交错的跨部门公共问题时有出现,各个部门的物理边界越来越模糊,诸多问题呈现出"跨层级"与"跨部门"的特征。在跨界问题的频繁出现的背景下,政策协同研究不会是一个昙花一现的暂时过程,而将会是公共政策研究和实践领域很长一段时期的话题。如何思考完善政策协同过程,调动不同主体协同的积极性,探索跨部门、跨领域、划区域的治理机制和治理模式,进而适应不断变化的社会结构形式,将会成为一个持久的挑战。这种挑战是东、西方国家的共同挑战,但东、西方国家基于不同的治理思路形成了不同的治理模式。

一、基本结论

伪协同依靠的是群体官员借助于公权力运行过程中谋求利益的行为,权力并不是单独的外放或者是下放,更为重要的是完善制度来防止伪协同现象的存在与蔓延。在目前的压力型体制下,"自下而上的民主政治体制还处于艰难的探索过程中,在各级政府对下负责的政治责任机制和压力机制尚未建立起来的政治条件下,调动地方政府积极性的根本途径就是依托行政上的隶属关系,建立起一种自上而下的压力机制,由上级政府给下级政府下达经济社会发展硬性任务,并根据指标任务的完成情况给予不同奖励待遇"①。

(一)以顶层设计为前提,重塑协同理念

在应对整体性政策协同问题时,中国整体体现出较强的韧性和优势,但是政策协同的产生依赖于高层的推动与目标的渐进性,执行过程中的伪协同使得其无法有效应对数量庞大的微观协同问题,如何处理微观政策协同的不确定性是中国政策协同过程面临的根本挑战。毫无疑问,如果公众利益表达机制和公共决策机制的民主化方面没有根本性突破,那么政策伪协同依然会成为今后改革中的一道障碍。

政策协同本身需要从整体的高度出发,加强顶层设计。政策协同过程涉及多个层级和多个部门,牵一发而动全身,这就要求顶层设计必须从总体上考虑和设计相关领域的改革进程。顶层设计如果存在不科学、不合理之处,就无法从根本上消除诸如碎片化、部门主义、地方主义等问题,也就无法消除政策协同过程中的虚假协同、选择协同、附加协同、替代协同、差别协同等问题。当然,任何的顶层设计都不可能在初始阶段就设计得完美无缺,也不能在运行阶段成为包治百病的灵丹妙药,政策协同本身的复杂性决定了需要采用系统的、连续的、实质性的改革。一些应激式政策协同往往只是改良政策的无序配合,必然导致协同过程的反复性、长期性。为了实现政策的有效协同,就需要从顶层、整体的高度来分析和思考政策协同问题。这就需要从复杂的部门关系和利益关系中摆脱出来,从整体的高度来分析相关问题。政策协同过程中既需要考虑政策内部各个要素之间的关系,也需要考虑政

---

① 荣敬本等:《从压力型体制向民主合作体制的转变》,中央编译出版社,1998年,第7页。

策协同过程中政府部门横向层面与纵向层面的协同问题，特别是调动基层政府创新动力，"推动改革顶层设计和基层探索互动"①。政策协同既需要考虑政策协同的外部环境影响，还需要协同政策内部的构成要素与体系结构，政策协同本身并不是一步到位的，改革过程需要精心设计、分步配套，克服政策协同过渡期间产生的问题，对协同过程的管理和控制必须纳入中长期的时间框架。政策协同过程中既需要考虑体制问题，考虑体制、机制之间的有效配合，又需要考虑技术层面的协同，通过设计相关机制来推动各个部门之间的业务协同和信息共享，确保各个部门在信息交流、工作配合等方面的有效合作，建立一个能够自发协同的生态系统。

　　党的新一代领导集体高度重视顶层设计工作，成立了深化改革领导小组，谋求设计一个科学合理的顶层设计。顶层设计需要注意以下几点：其一，要有一个总体目标和长远规划，制定一个分阶段、分步骤的改革路线图和任务表。东、西方国家的顶层制度设计中都存在一些问题和风险，能否从非此即彼的思路中跳脱出来，找寻一条更加符合中国特色、更加有效的道路仍是今后改革的关键。其二，要敢于重点突破，政策协同是一个理想状态，改革不能面面俱到，不能一劳永逸，更不可能追求短期内的全面突破，要有一套科学民主的决策程序，注意吸收不同阶层、不同利益群体的意见和建议。一旦达成共识，要在重点领域寻求一种突破。其三，注意相互协调。改革初期中央层面需要相对集权，确保自身的政策能够有效执行，这样可以有效解决地方层面的"诸侯经济"而产生"诸侯政治"。政府主导型政策协同可以克服组织改革深化的障碍，一旦明确目标可以快速推进。同时，决策过程不能专断，必须要有序开放决策过程，善于撷取公众的智慧，接受公众的监督，否则就容易走向专断。

---

　　① 《习近平：推动改革顶层设计和基层探索互动》，新华网，http://news.xinhuanet.com/politics/2014-12/02/c_1113492626.htm。

当然,需要注意的是,既不可能存在完美的体制,也不可能设计出完美的顶层设计或者改革的一揽子方案,更不可能存在一套一劳永逸解决所有问题的制度设计。政策协同的重点在于顶层设计,但不意味着顶层设计的滞后就允许执行主体可以不作为。政策协同更加强调在遵从既有体制下有效推动和实现多部门合作。过于强调顶层设计容易陷入唯体制论,这既无法解释不同地方政府的差异化态度和行为,也不能解释许多地方创新行为的背后逻辑。对于政策执行主体而言,更多是强调自身在推动部门间有效协同方面的责任。顶层设计不是推卸责任的借口,更多还是依赖基层官员发挥主动性。每一个官员都应该拥有时不我待的使命感、责任感和紧迫感,勇于担当,谋求通过发挥主观能动性来发挥体制的优势,克制体制的劣势。

(二)以目标整合为途径,推动部门间的协同运作

政策协同是一个复杂的过程,涉及利益主体众多,关系错综复杂,诸多因素环环相扣,改革难度大,改革者和执行者容易畏首畏尾。如果不能从思想上进行大胆突破,改革很可能停滞不前,政策间的合作危机有可能导致政府的治理危机乃至政府的整体信任危机。我们需要在改革过程中凝聚改革共识,推动改革的主导者和参与者达成战略性的改革共识,并形成政策协同的基本策略。摒弃部门利益的束缚,增加彼此之间的理解和信任,抛弃狭隘的部门观念,建构部门之间的共享的价值观,这是推动部门间协同的前提。建立工作过程中的信任,提升参与主体的集体效能感,建立在彼此信任和共同目标基础之上的合作才能提升政策协同的效果。这需要巨大的政治勇气,努力突破既有部门体制的束缚,鼓励部门之间通过合作来建构目标,使得政策目标更具有包容性。要通过立法,提出更严格、更科学的根据,从根本上解决一些行为的盲目性,避免协同过程的反复性和随意性。

学者在分析中国决策模式时大多认为,中国决策呈现出封闭性的特征。

在多数情况下,决策主体并没有开启广泛决策的大门,广泛的利益相关者在事实上被排除在了决策过程之外,决策方案的形成是由体制内部的政治精英或决策官员作出的,而并不是不同决策主体和社会团体协作的产物。这种决策模式所制定出来的政策往往会忽略不同群体的正当诉求和利益,无法在社会层面上达成广泛的共识,进而也就对政策执行造成了障碍。政策这种决策模式的一个隐含的假设是,地方政府一定会按照中央政府的政策坚决执行相关政策,他们并不存在自身独立的利益和行为逻辑,这种假设是需要慎重考量的。地方政府内部部门之间相互博弈是地方政府政策执行过程中的重要表现,而忽略了地方政府的行为特征对于观察和分析中国政府的内部运作过程及其运行机制的研究则可能得出片面甚至错误的结论。而通过对政府政策协同过程及其模式的研究,可以更好地研究中国政府的组织制度及其决策过程。

(三)以组织整合为基础,克服"碎片化"管理困境

良好的协同依赖于完善的制度设计,迫切需要加大组织整合的力度,通过相关监管工作的合理分工,形成既相互制约又相互协调的权力运行机制。机构和政策设置之初是按照专业化的要求来设置的,暴露出来的问题需要不同部门的协同。如果各个部门出台政策时缺少其他部门政策的配套改革,就会增加不协调和不一致,这就使得部门协同所形成的不稳定性更加突出。政策协同并不单纯是政府某一部门的问题,更多取决于政府间的横向和纵向关系的整合,取决于政府和企业、公众、社会组织关系的整合。必须把政策放在复杂的关系网中,政策协同才会有更为宏观的视野和更加多样化的选择策略,最终实现政策协同。

1. 推动政府部门间的合作

协同的核心是强调多元主体的平等合作,这种合作模式不能建构在一

个中心权威之上,不能由一个单一的主体来推动。因此,中国这种通过严格依赖等级制度、一系列严格的命令以及分散的组织实体内部的管理来进行的协调是无法充分调动多元主体的积极性的。在既有的模式下,也只有元政策层可以有效推动这种行动。

在权力结构方面,中观层面需要相对分权,推动政策的公开化、民主化,通过引入外部监督来提升政策执行的效果和力度。推动组织结构从金字塔组织结构向扁平化的网状组织结构的转变。行政部门在进行重大的行政改革时,必须认真考察调整内部的职能可能对其他相关部门造成的实质性影响。政策协同与专业化并非背道而驰,部门专业化的过程、政策协同过程肯定专业化的存在,差别在于专业化更强调个体,而协同强调整体。

2. 推动政府外部组织的合作

政策协同以实现公共利益为基本目标和最高追求,但公共利益能否实现取决于政府与社会能否达成力量的均势。尽管政府多次强调加强社会组织建设,但是社会组织建设正处于破冰期,真正走向正轨尚需时日。各地社会组织建设水平差异较大,不能保证处于有效填补政策协同无法弥补的空白。我国食品安全社会组织建设仍存在短板,未能及时跟进。推动协同主体的多元化。避免政府中的小集团以公权力的名义阻挠政策协同的过程。在通过自上而下的改革出现困难时,借助于多元利益主体的博弈来推进改革。通过对民间组织、企业、公众的有效扶植,使其成为政策协同的推动力。政策协同要努力调动更多外部力量的参与,必须要调动广大社会组织参与协同治理的积极性和创造性。食品安全协同的有效破解,既需要政府的自身努力,也需要外部环境的培育。通过对行业组织在内的社会力量的培育,动员公民、社会、行业组织参与到食品安全监管过程中去。如果不能够建立良好的协同机制,一些负面因素容易被裹挟进来,协同往往在某个权力阶层内部打转,进而造成利益的固化或是阶层的固化,甚至造成吏治腐败和司法腐败等问题。

为了解决跨部门问题,政策协同过程需要多个组织的配合,各个部门的有效运作也为此奠定了基础。食品安全政策所涉及的组织结构复杂,部门利益多元,各个部门在相互博弈过程中逐步牺牲了原有的政策目标,在不断的博弈过程中达成一种普遍的妥协。作为不同的组织部门,除了要面临共同的问题与共同的利益之外,也有一些不同的利益目标。不同部门面临的共同问题使得组织重新建立,但是彼此之间的特殊利益又会再次对组织进行建构。向心的活动使得政策协同能够开展,而离心的状态令联合起来的不同组织彼此分离,这种整合又分离的过程,使得组织始终处于协同与伪协同的过程之中。由于双重利益目标的存在,基层部门的行动不时发生转变,其地位也在发生变化。政府不再是公共服务的唯一供给主体,在与其他主体合作的过程中政府也不再扮演高高在上的领导者的角色,但因为政府是公共利益的代表,它仍需要协调不同供给主体间的关系,扮演着一个网络中介者的角色。"就像生产一辆汽车需要集成复杂的组织网络一样,在当今复杂的世界中,特别是在应对恐怖分子威胁或协调就业服务与福利项目中向某人提供的各项服务时,政府也应采取这样的方式来完成它的许多职责……一个能力很强的集成商能够协调各种活动,处理各种问题,并保证高质量的服务供应,他是一个设计完美的网络中关键的组成部分。"①政府不再是"全能政府"而是"有限政府",政府主要扮演合作网络的元治理者的角色。

我国现阶段正处于转型期,外部环境始终处于动态变迁的过程,迫切要求公共政策要与外部环境保持动态一致性,决策过程要从单向封闭走向多元开放。这就要做到政策协同内部结构中决策主体、决策过程、决策过程科学规范等。一个具有正式权威和良性结构的协同组织,协调部门和组织间的

---

① [美]斯蒂芬·戈德史密斯、威廉·D.埃格斯:《网络化治理:公共部门的新形态》,孙迎春译,北京大学出版社,2008年,第68页。

利益冲突，增加相互之间的理解和信任，进而能够更为有效地协调政策过程。政策协同的过程涉及主体众多，牵涉利益众多，改革过程复杂，改革过程应循序渐进，切忌急躁冒进。改革特别是涉及全局的重大变革往往牵扯各方利益，首先要取得广泛共识，获取相关利益相关群体的认同。这也就决定了政策协同过程不会一帆风顺，甚至可能出现曲折和反复。

（四）以价值整合为载体，克服理念上的本位主义

政策协同需要一定的成本，降低成本既需要建构以信任和务实为特征的组织文化，还需要一套能够促进决策层形成并达成共识的有效制度。政策协同的执行过程中，每一次政策协同的过程都是利益与价值观的重新分配过程，这就需要领导人有壮士断腕的勇气、勇于担当的责任心和高超的政治艺术。当不同部门目标不一致、利益不兼容且行为不协调时，政策执行主体之间的政策冲突也就不可避免。基层食品监管和实施需要训练有素且能够密切配合的食品检验服务，当单一部门无法解决相应问题时，其他部门能够及时补上。为了减少政策间的冲突，协同可以通过明确的规则来获得和保障。通过建立明确的程序或者规则，可以限制每一个部门或者职位的行动，使各个部门与相互依赖的其他部门在行动上保持一致。这一模式需要外部的环境相对稳定，以便于各部门实现有效配合。同时，相互依赖的部门需要建立一系列的规则，从而对相关部门的行动加以规制，进而有效实现多部门的协同，建构良好的合作文化。组织之间的组织结构不同、决策程序和风格上的差异都会加重组织之间的冲突。在具体操作过程中，包括晋升的空间、人员的安排、岗位的调整等，如果调整不当，都可能成为诱发基层官员积极性不高的诱因。尽管可以增加硬性投入来改善硬件条件，但是却难以提升效率和服务水平，而问责的严厉化只能导致推诿的普遍化，最终导致伪协同的普遍化。因此，如何实现协同过程中由量的推进到质的升级，才是食品安全

协同监管过程中真正需要解决的问题，也是整个社会协同治理过程中真正需要解决的问题。

二、扩展讨论

本书试图通过对食品安全的分析来解释政策协同过程的一般规律。但是这一结论是否能够推广到其他领域仍有待于进一步验证。在协同过程中，不同部门对政策协同问题的价值和重要性有不同的观点和看法，而各个主体和各个层级之间又缺少有效的沟通机制。政策协同不单纯依赖于制度和体制，也依赖于制度背后的信任，建构良好的社会资本，推动政府内部部门间的信任、合作和互助。上级政府通过政治手段来谋求行政问题的解决，凭借革命时代中所累积起来的权威与权力，通过强大的政治动员能力带来整体协同。这种模式所体现出"适应-变革"的能力是中国能够持续进行深层次改革的重要原因，也是中国能够拥有持久的稳定的重要原因。但是这种协同是浅层次的，下级缺少足够的信念和态度，如何将协同从外部需要转化为内在需要，则需要通过价值整合来有效推动。

三、不足与展望

（一）研究不足

其一，由于种种条件的限制，本书主要使用事件史的分析方法，通过对政策协同的案例分析进而归纳具有一般趋势的结论。毫无疑问，从协同需要的产生到协同行为的完成，行为主体在其中扮演着一个最具能动性的角色，这一分析模式中一个不足就是对于事件的内部过程和政策部门间的实际互动掌握不足,因而对政策协同的行为主体进行了黑箱化处理。由于理论分析的需要,这一研究存在的主要问题是将执行主体进行了同质化处理,这本身无法有效解释在面临相似处境时不同行为主体的差异化活动,无法解释行为主体在政策协同过程中的差异化的应激过程。同时,出于理论假设的需要,本书将政策协同中的行为主体假设为自利化的理性人主义,这一分析是与现实的政策协同行为不同的。这一行为假设意味着必须通过上级政府强制化的命令来推动政策协同过程,但在现实过程中,诸多基层行为主体是奉行着利他主义的行为模式。但在现实中很难对不同程度和不同类型的利他主义行为模式进行有效区分,甚至也很难区分政策协同过程到底是基于利他主义动机而创造公共价值,抑或者基于理性人动机而谋求晋升等私人利益,这种困难也限制了本研究解释的张力。

其二,政策协同是制约我国食品安全的重要因素,但却不是唯一要素。影响食品安全的变量很多,单纯通过食品安全监管政策的协同无法改变全局。食品安全的建立是一项系统工程,需要政府、企业、公众的整体推进。将食品安全问题全部归结为政策协同问题并不能够解释食品安全政策的全部,从这点来看,本研究是初步的、局部的。在食品安全的链条中,食品生产者应该是食品安全的主要责任人,中国的食品生产者必须要承担起相应的社会责任。企业在作出决策时不能单纯考虑市场利益,必须将市场利益和企业应当承担的社会责任结合起来,企业必须积极响应国家号召,满足公众的切身要求,有效提升食品安全生产能力和生产水平。当然,要求中国承担社会责任必须有良好的政策环境,西方社会是先有市场后有政府,西方企业的社会责任来源于个人权利的维护;而中国是先有政府后有市场,企业的社会责任来源于国家在个人权利保障方面的责任,由此带来的国家权力的扩张和对社会责任理解的偏差,企业往往将其社会责任理解为经济的发展和繁荣方面所做出的贡献,很少考虑在个人权力和利益保护方面承担的责任。过多考虑经济发展,很少考虑个人发展,这种责任意识的匮乏也影响了企业的成长。因此,无论是个人、社会组织还是企业,都应该在履行社会责任的内容和深度上有更为明确的担当。

其三,在研究主题上,由于食品安全问题涉及的时间、空间及制度内容的跨度范围都比较大,内容相对庞杂,导致论证焦点不够有力,深度上依然有所欠缺。食品安全改革始终处于动态调整之中,政策是不断调整的,效果也在不断强化,有时甚至出现理论预测滞后于改革现实的情况,这也给分析带来了很多障碍。同时,现实过程中存在大量政策协同问题,由于政策类型不同,参与部门组合多样,政策协同过程可能出现多元差异。希望今后可以通过不同情境下多案例的比较研究,对理解中国语境下的政策协同过程的运作机理进行更加深入的比较分析,进而得出更加深入的结论。

(二)研究展望

政策协同仍是政策过程研究不可或缺的领域。推进政策协同是一个复杂的过程,元政策层的态度、意志和决心是其中最为重要的因素。元政策层可以"通过清除内部障碍,组建职能交叉的团队,为顾客提供一步到位的信息和服务,以及一种综合的而不是分散的、常人的眼光评估自身的工作,我们最优秀的组织确实正在将支离破碎的部分重新整合为一个整体"①。既要遵循政策协同的内在规律,同时必须要考虑这一政策演变过程中政府的实际执行能力。遵循由局部带动整体,由核心带动外围的思路量力前行、稳步推进,逐步实现时间和空间的协调。协同治理应当考虑实际,脱离实际执行能力协同方案也仅仅是空中楼阁,应从具体情况出发,采取不同的解决方案,建构基本结构和秩序,逐步提升协同的层次和质量。中国政府在协同治

---

① ［美］拉塞尔·林登:《无缝隙政府——公共部门再造指南》,汪大海译,中国人民大学出版社,2002年,第5页。

理过程中的还有许多需要面对和解决的困难,甚至可能出现治理的危机。但是中国在过去几十年的治理过程中所累积的经验和能力,以及经济发展所聚积的资源与信任,仍然为国家治理的成功转型提供了必要的时间与条件。

参考文献

一、中文著作

1.陈玲:《制度、精英与共识:寻求中国政策过程的解释框架》,清华大学出版社,2011 年。

2.陈向明:《质的研究方法与社会科学研究》,教育科学出版社,2000 年。

3.陈振明:《公共管理学》,中国人民大学出版社,2003 年。

4.陈振明:《政策科学》,中国人民大学出版社,2003 年。

5.韩俊主编:《中国食品安全报告(2007)》,社会科学文献出版社,2007 年。

6.何俊志、任军锋、朱德米编译:《新制度主义政治学译文精选》,天津人民出版社,2007 年。

7.金东日:《现代组织理论与管理》,天津大学出版社,2010 年。

8.敬乂嘉:《合作治理——再造公共服务的逻辑》,天津人民出版社,2009 年。

9.李光德:《经济转型期中国食品药品安全的社会性管制研究》,经济科学出版社,2008 年。

10.林尚立：《国内政府间关系》，浙江人民出版社，1998年。

11.刘伯龙、竺乾威：《当代中国公共政策》，复旦大学出版社，2000年。

12.刘宁、张庆：《透视中国重大食品安全事件》，法律出版社，2005年。

13.马伊里：《合作困境的组织社会学分析》，上海人民出版社，2008年。

14.秦富等：《欧美食品安全体系研究》，中国农业出版社，2003年。

15.荣敬本等：《从压力型体制向民主合作体制的转变》，中央编译出版社，1998年。

16.王艳林：《食品安全法概论》，中国计量出版社，2005年。

17.颜廷锐等：《中国行政体制改革问题报告》，中国发展出版社，2004年。

18.张涛：《食品安全法律规制研究》，厦门大学出版社，2006年。

19.张云华：《食品安全保障机制研究》，中国水利水电出版社，2007年。

20.赵德余：《政策制定的逻辑：经验与解释》，上海人民出版社，2010年。

21.周德翼、吕志轩：《食品安全的逻辑》，科学出版社，2008年。

22.周勍：《民以食为天——中国食品安全现状调查》，中国工人出版社，2007年。

23.周雪光：《组织社会学十讲》，社会科学文献出版社，2003年。

24.朱春奎等：《政策网络和政策工具：理论基础与中国实践》，复旦大学出版社，2011年。

二、外文译著

1.[美]R.科斯、A.阿尔钦、D.诺斯等：《财产权利与制度变迁——产权与新制度学派论文集》，刘守英等译，上海三联出版社、上海人民出版社，1994年。

2.[法]埃哈尔·费埃德博格：《权力与规则——组织行动的动力》，张月等译，上海人民出版社，2005年。

3.[美]埃里克·罗森布罗姆、罗伯特·克拉夫丘克:《公共行政学:管理、政治和法律的途径》,张成福等校译,中国人民大学出版社,2006年。

4.[美]艾尔·巴比:《社会研究方法》,邱泽奇译,华夏大学出版社,2005年。

5.[美]安东尼·唐斯:《官僚制内幕》,郭小聪译,中国人民大学出版社,2006年。

6.[美]保罗·A.萨巴蒂尔,汉克·C.詹金斯—史密斯编:《政策学习与变迁—— 一种倡议联盟途径》,邓征译,北京大学出版社,2011年。

7.[美]保罗·A.萨巴蒂尔主编:《政策过程理论》,彭宗超、钟开斌等译,生活·读书·新知三联书店,2004年。

8.[美]林布隆:《政策制定过程》,朱国斌译,华夏出版社,1988年。

9.[美]道格拉斯·诺斯:《经济史中的结构与变迁》,陈郁、罗华平等译,上海三联书店、上海人民出版社,1994.

10.[美]道格拉斯·诺斯:《制度、制度变迁与经济绩效》,刘守英译,上海三联书店,1994年。

11.[美]菲利普·库柏:《二十一世纪的公共行政:挑战与改革》,王巧玲、李文钊译,中国人民大学出版社,2006年。

12.[美]菲利普·希尔茨:《保护公众健康——美国食品药品百年监管历程》,姚明威译,中国水利出版社,2006年。

13.[美]简·芳汀:《构建虚拟化政府——信息技术与制度创新》,邵国松译,中国人民大学出版社,2004年。

14.[美]拉塞尔·林登:《无缝隙政府——公共部门再造指南》,汪大海等译,中国人民大学出版社,2002年。

15.[美]理查德·宾厄姆:《美国地方政府的管理》,九洲译,北京大学出版社,1997年。

16.[美]理查德·斯蒂尔曼二世:《公共行政学:概念与案例》,竺乾威等译,中国人民大学出版社,2004 年。

17.[美]罗伯特·K. 殷:《案例研究:设计与方法》,周海涛等译,重庆大学出版社,2010 年。

18.[美]罗伯特·阿格拉诺夫、迈克尔·麦克尔:《协作性公共管理:地方政府新战略》,李玲玲等译,北京大学出版社,2007 年。

19.[美]玛丽恩·内斯特尔:《食品安全——令人震惊的食品行业真相》,程池、黄宇彤译,社会科学文献出版社,2004 年。

20.[英]迈克·希尔、[荷]彼特·休普:《执行公共政策》,黄健荣等译,商务印书馆,2011 年。

21.[美]曼瑟尔·奥尔森:《集体行动的逻辑》,陈郁等译,上海三联书店、上海人民出版社,1995 年。

22.[英]米切尔·黑尧:《现代国家的政策过程》,赵成根译,中国青年出版社,2004 年。

23.[法]米歇尔·克罗齐耶、埃哈尔·费埃德:《行动者与系统——集体行动的政治学》,张月等译,世纪出版集团、上海人民出版社,2007 年。

24.[英]帕特里克·敦利威:《民主、官僚制与公共选择——政治科学中的经济学解释》,张庆东等译,中国青年出版社,2004 年。

25.[美]沈大伟:《中国共产党:收缩与调试》,吕增奎译,中央编译出版社,2011 年。

26.[美]斯蒂芬·戈德史密斯、威廉·埃格斯:《网络化治理——公共部门的新形态》,孙迎春译,北京大学出版社,2008 年。

27.[美]托马斯·R. 戴伊:《理解公共政策》,彭勃等译,华夏出版社,2004 年。

28.[美]托马斯·R. 戴伊:《自上而下的政策制定》,鞠方安等译,中国人民大学出版社,2002 年。

29.[美]威廉·N. 邓恩:《公共政策分析导论》,谢明等译,中国人民大学出版社,2002年。

30.[韩]吴锡泓,金荣秤编著:《政策学的主要理论》,金东日译,复旦大学出版社,2005年。

31.[美]尤金·巴达赫:《跨部门合作:管理"巧匠"的理论与实践》,周志恩、张弦译,北京大学出版社,2011年。

32.[美]约翰·W. 金登:《议程、备选方案与公共政策》,丁煌、方兴译,中国人民大学出版社,2004年。

33.[美]扎哈里亚迪斯主编:《比较政治学:理论、案例与方法》,宁骚等译,北京大学出版社,2008年。

34.[美]詹姆斯·G. 马奇、[挪]约翰·P. 奥尔森:《重新发现制度——政治的组织基础》,张伟译,生活·读书·新知三联书店,2011年。

35.[美]詹姆斯·安德森:《公共决策》,唐亮译,华夏出版社,1990年。

36.[美]詹姆斯·汤普森:《行动中的组织——行政理论的社会科学基础》,敬义佳译,世纪出版集团、上海人民出版社,2007年。

三、中文论文

1.曹堂哲:《战略协同型政府模式的缘起、途径和特征》,《广东行政学院学报》,2012年第8期。

2.曾维和:《从"企业家政府"到"整体政府"——当代西方政府改革组织创新的逻辑及方法》,《华中科技大学学报》,2008年第5期。

3.曾维和:《西方"整体政府"改革:理论、实践及启示》,《公共管理学报》,2008年第4期。

4.陈玲:《"合作政府":英国行政改革的新走向》,《东南学术》,2002年第5期。

5.丁煌、孙文:《从行政监管到社会共治:食品安全监管的体制突破——基于网络分析的视角》,《江苏行政学院学报》,2014 年第 1 期。

6.定明捷、曾凡军:《网络破碎、治理失灵与食品安全供给》,《公共管理学报》,2009 年第 4 期。

7.樊红敏:《政治行政化:县域治理的结构化逻辑—— 一把手日常行为的视角》,《经济社会体制比较》,2013 年第 1 期。

8.樊鹏:《论中国的"共识型"体制》,《开放时代》,2013 年第 3 期。

9.胡伟、石凯:《理解公共政策:政策网络的途径》,《上海交通大学学报》,2006 年第 4 期。

10.胡颖廉:《层层失守:猪肉质量监管的困局》,《经济社会体制比较》,2014 年第 2 期。

11.黄锡生、林水北:《论我国食品安全监管主体体系的完善》,《食品工业科技》,2006 年第 6 期。

12.冀玮:《多部门食品安全监管的必要性分析》,《中国行政管理》,2012年第 2 期。

13.解亚红:《"协同政府":新公共管理改革的新阶段》,《中国行政管理》,2004 年第 5 期。

14.金东日:《论体制及其先进性》,《学海》,2012 年第 1 期。

15.金东日:《中国政府过程的体制症结探析:以政策过程为中心》,《学海》,2008 年第 2 期。

16.李国强:《破裂型政府架构下的行政事务管理——以美国湿地管理机制为例》,《公共管理学报》,2007 年第 4 期。

17.刘鹏:《中国食品安全监管——基于体制变迁与绩效评估的实证研究》,《公共管理学报》,2010 年第 4 期。

18.刘亚平:《协作性公共管理:现状与前景》,《武汉大学学报》(哲学社会科学版），2010 年第 7 期。

19.刘亚平：《中国式"监管国家"的问题与反思：以食品安全为例》，《政治学研究》，2011 年第 2 期。

20.刘祖云：《政府间关系：合作博弈与府际治理》，《学海》，2007 年第 1 期。

21.罗杰、任瑞平、杨云霞：《论我国食品安全监管体制的缺陷与完善》，《食品科学》，2006 年第 1 期。

22.麻宝斌、李辉：《协同型政府：治理时代的政府形态》，《吉林大学社会科学学报》，2010 年第 4 期。

23.倪楠：《论食品安全法中的分段监管原则》，《西北大学学报》（哲学社会科学版），2012 年第 9 期。

24.彭纪生、仲为国、孙文祥：《政策测量、政策协同演变与经济绩效：基于创新政策的实证研究》，《管理世界》，2008 年第 9 期。

25.钱再见：《论公共政策冲突的形成机理及其消解机制建构》，《江海学刊》，2010 年第 4 期。

26.任敏：《我国流域公共治理的碎片化现象及成因分析》，《武汉大学学报》，2008 年第 4 期。

27.宋衍涛、卫旋：《在食品安全管理中加强我国行政问责制建设》，《中国行政管理》，2012 年第 12 期。

28.孙迎春：《政策测量、政策协同演变与公共部门协作治理改革的新趋势——以美国国家海洋政策协同框架为例》，《中国行政管理》，2011 年第 11 期。

29.王洛忠、郝君超、朱美静：《协同政府视域下我国奶业食品安全监管体制探析》，《中国行政管理》，2009 年第 10 期。

30.王绍光：《学习机制与适应能力：中国农村合作医疗体制变迁的启示》，《中国社会科学》，2008 年第 5 期。

31.王绍光：《中国公共政策议程设置的模式》，《中国社会科学》，2006 年第 5 期。

32.王耀忠:《食品安全监管的横向和纵向配置——食品安全监管的国际比较与启示》,《中国工业经济》,2005 年第 12 期。

33.王耀忠:《外部诱因和制度变迁:食品安全监管的制度解释》,《上海经济研究》,2006 年第 7 期。

34.谢宝剑,朱正威:《公共行政领域的定性研究方法应用探析》,《中国行政管理》,2009 年第 12 期。

35.谢庆奎:《中国政府的府际关系研究》,《北京大学学报》(哲学社会科学版),2001 年第 1 期。

36.颜海娜、聂勇浩:《制度选择的逻辑——我国食品安全监管体制的演变》,《公共管理学报》,2009 年第 7 期。

37.颜海娜:《我国食品安全监管体制改革——基于整体政府理论的分析》,《学术研究》,2010 年第 5 期。

38.杨宏星、赵鼎新:《绩效合法性与中国经济奇迹》,《学海》,2013 年第 3 期。

39.杨嵘均:《论中国食品安全问题的根源》,《政治学研究》,2012 年第 5 期。

40.张立荣、冷向明:《协同语境下公共危机管理模式创新探讨》,《中国行政管理》,2007 年第 10 期。

41.张梦中、[美]马克·霍哲:《案例研究方法论》,《中国行政管理》,2002 年第 1 期。

42.郑风田:《从多头监管到一个部门说话:我国食品安全监管体制急待重塑》,《中国行政管理》,2005 年第 12 期。

43.钟伟军:《地方政府在社会管理中的"不出事"逻辑:一个分析框架》,《浙江社会科学》,2011 年第 9 期。

44.仲为国、彭纪生、孙文祥:《政策测量、政策协同与技术绩效:基于中国创新政策的实证研究(1978—2006)》,《科学学与科学技术管理》,2009 年第

3 期。

45.周飞舟:《分税制十年:制度及其影响》,《中国社会科学》,2006 年第 6 期。

46.周黎安:《晋升博弈中政府官员的激励与合作——兼论我国地方保护主义和重复建设问题长期存在的原因》,《经济研究》,2004 年第 6 期。

47.周志忍、蒋敏娟:《战略整体政府下的政策协同:理论与发达国家的当代实践》,《国家行政学院学报》,2010 年第 6 期。

48.周志忍、蒋敏娟:《中国政府跨部门协同机制探析——一个叙事与诊断框架》,《公共行政评论》,2013 年第 1 期。

49.朱春奎、沈萍:《行动者、资源与行动策略——怒江水电开发的政策网络分析》,《公共行政评论》,2010 年第 4 期。

50.朱德米:《构建流域水污染防治的跨部门合作机制》,《中国行政管理》,2009 年第 4 期。

51.竺乾威:《从新公共管理到整体性治理》,《中国行政管理》,2008 年第 10 期。

52.祝小宁、刘畅:《地方政府间竞合的利益关系分析》,《中国行政管理》,2005 年第 6 期。

四、外文著作

1.B.Guy Peters,Concepts and Theories of Horizontal Policy Management,in B.Guy Peters,Jon Pierre,eds,*Handbook of Public Policy*,Sage Publications Ltd,2006.

2.Chisholm,D.,*Coordination without Hierarchy:Informal Structure in Multiorganizational System*,University of California Press,1989.

3.David Richards and Martin J. Smith,*Governance and Public Policy in the U K.*, Oxford University, 2002.

4.Joseph Stewart, David Hedge, James Lester, *Local Implementing Public Policy: An Introduction to the Introduction to Public Policy: An Evolutinary Approach.3rd* Revised edition, Cengage Learning Asia Pte Ltd, 2008.

5.Kevin J. O'Brien, *Popular Protest in China*, Harvard University Press, 2008.

6.Michael Hill, Peter L. Hupe, *Local Implementing Public Policy: An Introduction to the Study of Operational Governance*, 2nd Revised edition, SAGE Publications Ltd, 2008.

7.Perri, Diana Leat, Kimberly Seltzer and Gerry Stoker, *Governing in the Round-Strategies for Holistic Government*, The MezzaNine, 2001.

8.Tony Saich, *Governance and Politics of China*, Palgrave Macmillan, 2004.

9.Agranoff, R. and M. McGuire, *Collaborative Public Management: New Strategies for Local Governments*, Georgetown University Press. 2003.

10.Caswell Julie A, ed., *Valuing Food Safety Nutrition*, Westview Press, 1995.

11.Kickert J M, Klijn E H, Koppenjan F M., *Managing Complex Networks: Strategies for the Public Sector*, Sage Pubilications, 1997.

12.Koppenjan F M, Klijn E H., *Managing Uncertainties in Networks: A Network Approach to Problem Solving and Decision Making*, Taylor and Francis Group, 2004.

13.Vincent Ostrom, Robert Bish and Elinor Ostrom, *Local Government in the United States*, ICS Press, 1988.

五、外文论文

1.Andrew G.Walder,Markets and Income Inequality in Rural China:Political Advantage in an Expanding Economy, *American Sociological Review*,2002 (2).

2.Ann Marie Thomson,James L. Perry,Collaboration Processes:Inside the Black Box, *Public Administration Review*,2006(12).

3.Ashok Bhundia and Gus Donnell,UK Policy Coordination:The Importance of Institutional Design, *Fiscal Studies*,2002,Vol.23(1).

4.Barton,A. and Quinn,C.,The Supremacy of Joined-up Working:A Pandora's Box for Organizational Identity? *Public Policy and Administration*,2001, Vol.16(2).

5.Bian,Yanjie,Chinese Social Stratification and Social Mobility, *Annual Review of Sociology*,2002(1).

6.Box,R. C.,S. Gary,B. Marshall,J. Reed and C. M. Reed,New Public Management and Substantive Democracy, *Public Administration Review*,2001 (61).

7.Bryson,John M.,Barbara C. Crosby and Melissa Middleton Stone,The Design and Implementation of Cross-Sector Collaborations:Propositions from the Literature, *Public Administration Review*,2006,66 (s).

8.Cohen,Michael D.,James March and Johan Olsen,A Garbage Can Model of Organizational Choice, *Administrative Science Quarterly*,1972(3).

9.Donald F,Kettl,Managing Boundaries in American Administration, *Public Administration Review*,2006(12).

10.George Boyne,Introduction to the Symposium on New Labor and the Modernization of Public Management,*Public Administration*,2001(1).

11.Hank C. Jenkins-Smith and Paul A. Sabatier,Evaluating the Advocacy Coalition Framework,*Journal of Public Policy*,1994,14(2).

12.John M. Bryson,Barbara C. Crosby,Melissa Middleton Stone,The Design and Implementation of Cross-Sector,*Public Administration Review*,2006(12).

13.McGuire,Michael,Collaborative Public Management:Assessing What We Know and How We Know It,*Public Administration Review.* 2006(6).

14.McGuire,Michael,Intergovernmental Management:A View from the Bottom,*Public Administration Review*,2006.66(s).

15.Michael McGuire,Collaborative Public Management:Assessing What We,*Public Administration Review*,2006(12).

16.Mintrom M,Policy Entrepreneurs and the Diffusion of innovation.,*American Journal of Political Sciences*,1997,41(3).

17.OECD,Public Management Service/Public Management Committee,Government Coherence:the Role of the Centre of Government,Meeting of Senior Officials from Centers of Government on Government Coherence:the Role of the Centre of Government,Budapest,2000.

18.Oliver E. Williamson,The New Institutional Economics:Taking Stock,Looking Ahead,*Journal of Economic Literature*,2000,138(3).

19.Paul J Quirk,The Cooperative Resolution of Policy Conflict,*American Political Science Review*,1989(3).

20.Perri6,Joined-Up Government in the Western World in Comparative Perspective:A Preliminary Literature Review and Exploration,*Journal of Public*

Administration Research and Theory, 2004, 14(1).

21.Robert Agranoff, Inside Collaborative Networks: Ten Lessons for, *Public Administration Review*, 2006(12).

22.Ronald H. Coase, The Problem of Social Cost, *Journal of Law and Economics*, 1960, Vol.3(10).

23.Rosemary O, Leary, Catherine Gerard, Lisa Blomgren Bingham, Introduction to the Symposium on Collaborative Public, *Public Administration Review*, 2006(12).

24.Thomson, Ann Marie and James L. Perry, Collaboration Process: Inside the Black Box, *Public Administration Review* 2006.66(s).

25.Tim Lang, Food Industrialization and Food Power: Implications for Food Governance, *Development Policy Review*, 2003(21).

后 记

本书是在本人博士学位论文的基础上修改而成的。食品安全问题不单关系民众福祉、经济发展和社会和谐,还涉及国家治理体系的复杂变革。今年适逢我国改革开放四十周年,改革开放四十年来,我国经济社会发生了巨大而深刻的变化,国家治理能力也获得了全面性和根本性的提升。而食品安全问题的治理进程恰恰是观察国家治理能力提升的一个重要窗口。是理解国家治理能力一个重要途径。

在本书修订的过程中,国家食品监管体制又进行了新一轮调整。应该说,食品安全监管体制调整的背后,意味着食品安全监管能力得到了进一步提升,而食品安全形势也将得到更大改善。但是在看到食品安全治理取得巨大成就的同时,我们不应该忘记政策运行过程中的巨大成本和国家治理所付出的巨大努力。事实上,对于转型期的国家而言,治理的危机是普遍存在的,但治理的效果有赖于制度的整体性调整和回应。而以食品安全多元治理为主线,以政策协同过程为核心,通过对食品安全监管进程的研究去思考国家治理变迁,可以更加贴近中国这一大国的治理变革现实,也能够更好理解国家治理变迁的演绎逻辑和发展规律。

后　记

本书的出版,首先要感谢我的博士生导师南开大学金东日教授,金老师严谨的科研态度和卓越的学术智慧让我受益匪浅,也正是在先生的鼓励和质疑、批评和建议之下,本书的写作才能够得以顺利完成。同时还要感谢常健教授、沈亚平教授,王驿教授、孙涛教授、程同顺教授等老师的支持与指导。

在本书的撰写期间,天津外国语大学涉外法政学院的领导和同事给予了大力的支持和帮助,在此表示深深的感谢。

在本书出版过程中,文稿几经修改,这也使天津人民出版社王佳欢编辑的工作量倍增,但王佳欢编辑始终以其专业、耐心、细致、热情的指导来推动本书的面世,本书的出版同样凝聚了王佳欢编辑的大量智慧和心血,在此也表示深深感谢。

尽管作出了很大的学术努力,但于本人学识与理论功底有限,书中错漏难免。书中不详、不周、不妥之处,敬请读者不吝批评指正。

蔚　超

2018 年 6 月